大雅

为一种品格注脚

新师说
XINSHISHUO

ZHUANGZI ZHEXUE
JIANGJI

庄子哲学讲记

郑开 著

广西人民出版社

郑开，祖籍安徽合肥，1965 年生于内蒙古呼和浩特，1999 年毕业于北京大学哲学宗教学系，哲学博士。曾任中国社会科学院世界宗教研究所研究员，现任北京大学哲学宗教学系教授、博士生导师、中国哲学教研室主任，兼任北京大学道家研究中心主任。著有《道家形而上学研究》《德礼之间——前诸子时期思想史》等。

出版说明

每个时代的优秀教师，都以他们独特的言说影响着时代的精神状况乃至历史走向。今天仍然如此。因是，以出版的形式保存并共享这些珍贵的声音，以加深这种影响的广度和深度，是我们尝试“新师说”丛书的初衷。

早在人类轴心时代，柏拉图学园的门扉上就镌刻着“不懂几何学者不得入内”，学园里的教师们极深研几，试图以像数学一样精确的方式，对复杂而微妙的世界进行解释和分析，并赋予它们以秩序。孔子杏坛讲学，目的也是传授一种贯通天道与人伦的法则，这种法则既是宇宙的动力，也是我们日常生活与内心秩序的基础。此外，他们还试图唤醒一种行动的力量，一种合理塑造这个世界的简便方法。这些，对后世影响至深。

在今天，即使那些最好的教师或许都不再具有以上雄心。但哪怕是出于功利化的考量，他们的工作也并非可有可无。一旦跳出宏大的历史之流，把他们放到具体而微的时代横剖面，我们就能意识到这一点。他们对经典的熟稔以及对时代的感知，使得传统呈现出历久弥新的光亮，也使得时代的问题在一个不一样的视野中被照察。这些，对于我们处理今天的问题，无疑是富于启示性和建设性的。

除此之外，我们也有着其他方面的兴趣，我们希望保持足够的开放性，以面向世界与人本身的丰富性，以及思想的诸多可能。课堂蕴含着无限宝藏，积历史之厚，展未来之阔，愿“新师说”延续古老的“师说”传统，一如我们先人以及很多文明在传承中所做的那样。

序

2014年春我在北京大学讲授“庄子哲学”课程，这部《庄子哲学讲记》就是当时讲课的记录，当然也经过了一定程度的笔削和整理。

坊间流传不少讲庄子的书，分别以不同方法、从不同角度解释和阐发《庄子》，各有其特色亦各有其价值。我想强调的是，这部篇幅不大的讲记，旗帜鲜明地讨论“庄子哲学”，换言之，就是把《庄子》这部书当作“哲学文本”予以解读和分析。那么如何对《庄子》这部两千多年之前的经典文本进行现代意义上的哲学解读和理论分析呢？这个问题说起来可能千头万绪，归根结底只是一句话——“赋予《庄子》以某种哲学理论框架”而已！实际上《庄子》本身并没有提供一个符合现代人阅读并进行哲学分析的理论架构，倘若我们试图对它进行哲学性解读和分析的话，就需要确立一个理论框架和研究进路，尽可能如其所是解释和理解《庄子》，这是决定成败的关键，用下围棋的话说就是“只此一手”。

我认为，庄子哲学包括了思想世界与精神境界两个部分，这既是其理论结构同时也是其主要内容。所谓思想世界是指可以思议、可以诉诸概念语言表述和把握的思维内容，包括宇宙论、知识论和逻辑学甚至伦理学（含政治哲学）等显然是哲学传统中最为基础的部分，经过分析讨论我们将会发现《庄子》里隐含了严格意义上的思想世界，因为它对上述哲学问题的讨论相当充分，而且一以贯之，例如《齐物论》就体现了其严谨、深刻、逻辑性强的特点；而所谓精神境界则逸出了可思想、可思议、可名言的思想世界之外，超绝名相，不落言诠，因此"道的真理"不能乞灵于"名"与"知"（智）而只能诉诸洞见、觉解和实践智慧，诉诸内在而微妙的精神体验，进而言之，所谓"体道者"其实只能通过精神境界得以呈现，同样，"道是什么"这一问题也不能不由这种"不是答案的答案"来"回答"！这样看来，庄子笔下逍遥自任、游心太虚的神人、真人、至人和圣人，恰恰是其哲学思考的归宿，因为庄子正是通过他们提示那种放旷超逸的精神境界。事实上，对精神境界的强调，不仅是庄子哲学的特征同时也是战国中期以来整个中国哲学的特征，与自古希腊以来的西方哲学传统迥然不同。那么，把庄子哲学划分为思想世界和精神境界是不是出于臆断？简而言之，思想世界和精神境界大致可以分别对应于"物的世界"和"道的世界"——它们既是庄子哲学的两个部分，也是其理论结构的两个层次，而"道物关系"正是老庄道家哲学的重要基础。这就是区别思想世界与精神境界的部分理由。那么，我们能否通过追寻"物的规律"的智慧之路，穿过真理之门，进而躐入"道的真理"呢？这正是我们所要讲论的问题、所要运用的方法。

金圣叹曾推许《庄子》为"天下第一才子书"，深获我心。在我看来，《庄子》确是人世间甚至宇宙间的一部奇书。庄子既善于以汪洋恣肆、神鬼莫测的文字表达空灵深邃的哲学思考，呈现超逸出尘、天马行空的精神境界；同时又善于恍惚其辞，使人不容易准确把握其思想内涵。其思想的深刻性与文字的消遣性浑然一体，让千百年来的《庄子》阅读者和解释者或醍醐灌顶、茅塞顿开，或疑窦丛生、困惑不已。魏晋时期向秀《庄子注》，时人评价说“庄周不死”；我当然不能指望这本书能够使“庄周不死”，但希望指示出一条通向庄子思想世界的路，提示出庄子哲学突破思想世界之边缘、进入精神境界的“真理之门”。

郑 开

2015年初秋序于北京大学，恰值残荷听雨之时

目录

第一讲　庄子及其哲学精神

“庄子哲学”这个课程显然是要分析讨论庄子的哲学，而不是庄子的文学，或者其他什么东西。这一点是明确的。我们先讲一讲庄子其人其书，再讨论一下庄子的哲学精神。关于庄子，我曾试着写下了一段概括性的话：

> 庄子（约公元前369—前286年），名周，古代著名哲学家、思想家和文学家，道家学派的重要代表。他善于以瑰丽灵动、汪洋恣肆的文字表达空灵深邃的哲学思考，呈现超逸出尘、天马行空的精神境界；而《庄子》一书早已成为历代哲人、诗人和艺术家取之不尽、用之不竭的源头活水。

这是不是有点儿夸大其词？没有，绝对没有。我甚至时常懊恼自己写下的文字苍白无力，只是一些皮相之论，不能表达庄子精髓和神韵于万一！我还发现，很多古今的《庄子》注家都有同感，常恨自己不能很好地理解庄子及其思想。庄子哲学思想的深邃复杂远远超出了人们的想象，要想理解它没那么容易，即便是对现代人来说也是如此，这也是《庄子》这部经典使人常读常新的原因。我们现代人的科学思维和逻辑能力大概、也许、可能、说不定会超过古代哲人那么一点点，可是庄子哲学思考的成熟性和非凡洞见却一点儿也不比我们现代人逊色，甚至更深刻、更敏锐。研究哲学的人常说的一句话是，要想理解康德必须超过康德，同样，要想理解庄子也必须超过庄子。超过康德谈何容易，超过庄子也是如此。真正鞭辟入里地理解庄子思想从来都是一个不容易成功的挑战，特别是对于那些厚今薄古、妄自尊大的现代人来说。在不远的过去，庄子思想被认为是相对主义、不可知论，是颓废、混世、滑头的哲学，现在看来这些说法都是贻羞天下的笑谈。

今天我们讲庄子思想、庄子哲学，一定要注意把握它的独特性。《庄子》是一部奇书，古代思想世界里的奇书，中国哲学史上的奇书，世界历史上的奇书，甚至可以说它是宇宙间的奇书！为什么这样说呢？试想一下，倘若真的有外星人光临地球——插一句，自从看了刘慈欣的科幻小说《三体》三部曲之后，对外星文明的信心更强了——并且希望了解地球文明的思想，那他们感兴趣的是什么？是佛陀所说的“空”，孔子所说的“仁”，还是基督所宣扬的“爱”？可能都不是，因为他们对佛教、儒家和基督教文明相当陌生、十分隔膜；相反，他们也许会在晨曦的微光中阅读《老子》和《庄子》，吟咏老子的“有生于无”“无中生有”“有无相生”，玩味庄子的“梦为蝴蝶”美丽故事隐含的“物化”思想、“濠梁之辩”精彩对话中的深刻洞见。尤其是庄子，独具那种宇宙意识，因为他游眄四顾的目光不仅审视“人间世”，而且笼罩了整个宇宙，从哲学上说，他的哲学就意味着宇宙想象力或宇宙意识，或者更确切地说出了某种宇宙想象力或宇宙意识。

什么是宇宙想象力或宇宙意识？我想通过“社会学想象力”加以说明。有一本社会学名著，米尔斯写的，就叫《社会学想象力》。他试图说明这样的社会现象：普通人、老百姓、群氓往往不能正确理解个人命运，因为他们缺乏那种“社会学想象力”，认识不到自身际遇与社会结构性变动之间的因果关系。比如前些年的下岗工人，沮丧失落者有之，自怨自艾者有之，因为他们没有足够强的社会学想象力，认识清楚这其实是国有企业深层次改革的结果，属于不可抗力，与他们的技艺能力、道德操守一点儿关系也没有。我建议大家沿着“社会学想象力”概念进一步思考宇宙想象力或宇宙意识，这样就会领略哲学思维的特质。老子和庄子早已厌烦了那种人间的、太人间的东西，他们站得高、看得远、想得深，从天道的高度审视人道，也就是说从天地万物整个宇宙的宏阔视野反思人间事物及其价值，反思人性、荡涤心灵。这不是一种宇宙想象力或宇宙意识又是什么?！北宋文人苏东坡也具有类似的宇宙意识，他说：

> 寄蜉蝣于天地，渺沧海之一粟，哀吾生之须臾，羡长江之无穷。挟飞仙以遨游，抱明月而长终。知不可乎骤得，托遗响于悲风。……逝者如斯，而未尝往也；盈虚者如彼，而卒莫消长也。盖将自其变者而观之，则天地曾不能以一瞬；自其不变者而观之，则物与我皆无尽也，而又何羡乎？且夫天地之间，物各有主，苟非吾之所有，虽一毫而莫取。惟江上之清风，与山间之明月，耳得之而为声，目遇之而成色，取之无禁，用之

不竭，是造物者之无尽藏也。(《前赤壁赋》)

这段话里面多少有点儿庄子的影子。中国哲学从来就不认为天与人、天道与人道是疏离的，也反对把自然过程和人类历史割裂为两截，相反，古代哲人更愿意相信天人之际有着剪不断理还乱的复杂关系，而天人之间的和谐状态却是本来如此、应该如此的状态，就是说它是应然的、可期望的。这就是他们执着于究天人之际的原因。俄罗斯文学特别热衷和擅长对自然景色的描写，不惜笔墨，就是相信大自然与人类心灵之间的隐秘联系，艾特玛托夫（艾特玛托夫是吉尔吉斯人，但他的创作属于俄罗斯文学传统）的小说《成吉思汗的白云》很好地体现了这一点。说到底——其实说到底也简单，庄子的宇宙想象力或宇宙意识反映了他的思想旨趣：人并不是万物的尺度，不是社会政治道德伦理或家国天下的尺度。

好了，讲到这里，大家也许会有疑问：既然庄子这么独特、深刻、难以理解和把握，那么我们有什么理由、什么信心说我们能够认识到、了解了庄子的所思所想？对此我想讲几点看法，不见得成熟：第一，自古及今人们对庄子思想的认识和理解都人各不同，阅读《庄子》的经验也是五花八门，好似“诗无达诂”，又仿佛“有一千个读者就有一千个莎士比亚”。这恰好表明《庄子》这本书或者庄子思想需要阐释，问题在于怎样阐释，或者说什么样的阐释是合理的解释。第二，现时代距离庄子生活思考的年代很遥远，时空隔离，使我们很难真正理解古代的生活和思想，但过去的一切并没有逝入无尽的黑暗，因为还能够从现今的生活和思想发现其端倪；况且我们比起古代学者也许还有点儿特殊的优势，就是我们可能从长达三千年的思想史、哲学史——包括庄子思想脱胎的历史背景和围绕着《庄子》的理解史、阐释史——的脉络中分析研究庄子思想。正是在这个意义上，可以宣称：我们已沉浸于庄子思想世界里思考了三千年之久！第三，我想特别强调的是，把《庄子》视作哲学性文本，并据此研究和发掘庄子哲学，乃是前古未有之志业。我自信能够通过近代以来的哲学方法对庄子思想予以分析和澄清，赋予庄子思想以某种理论框架，探求庄子哲学的内容及其特征。可以说这是一条有希望超越古代、近代以前庄子研究的可能途径。是不是真的是这样，还是让我们拭目以待吧。

一、庄子和《庄子》

讨论庄子哲学，首先要了解一点儿庄子这个人，多少知道一点儿《庄子》这本书。因为庄子这个人是重要的历史人物，而《庄子》这本书又是古今罕见的不朽经典。

关于庄子生平事迹的史料比较少。《庄子》中记载了一些庄子的故事，司马迁《史记》也简略记叙了庄子的史迹，据此我们可以大概知道：庄子故里是在宋国一个叫“蒙”的地方（很可能位于现今河南商丘境内），庄子曾任当地的“漆园吏”，也就是管理漆园的小官儿（河南商丘现今没有“漆园”的遗迹，古代有没有，还不清楚）。他生活于战国中期，约略与孟子同时而稍晚。提到战国中期，我想大家都比较清楚，那是一个天崩地坼的危机时代，从政治社会伦理层面上说就是“礼崩乐坏”（孔子语）的时代，从学术思想精神层面看就是“道术将为天下裂”（庄子语）的时代，然而它同时也是哲学史上取得进一步突破的时代，而孟子和庄子正是这种“哲学进一步突破”的里程碑：继承了孔子以来儒家传统的孟子和发扬了老子以来道家传统的庄子，都是中国哲学史中最重要的人物，他们以其卓越的理论贡献而使得战国中期成为哲学发展的重要分水岭，奠定了中国哲学传统的理论基础，形成了不同于古希腊哲学传统的、另一种伟大的哲学传统。自此以往，儒家思想也被称为“孔孟之道”，而道家传统亦始终以“老庄”为思想渊薮。

刚才提到，史册里的庄子史料比较少，他的姓氏籍贯、生平事迹早已茫昧不可考原。然而，有趣的是，在《史记》里，惜墨如金的司马迁讲了一个绘声绘色的故事：

> 楚威王闻庄周贤，使使厚币迎之，许以为相。庄周笑谓楚使者曰：“千金，重利；卿相，尊位也。子独不见郊祭之牺牛乎？养食之数岁，衣以文绣，以入大庙。当是之时，虽欲为孤豚，岂可得乎？子亟去，无污我。我宁游戏污渎之中自快，无为有国者所羁，终身不仕，以快吾志焉。”（《史记·老子韩非列传》）

这段话取材于《庄子》，本来是一则寓言故事，然而司马迁把它当作“史料”载入《史记》，这是为什么呢？难道司马迁含混了故事（story）与历史（history）的界限，看朱成碧，“误把杭州作了汴州”？支配希罗多德写《历史》——这是西方“历史学”（history）的重要开端——的人文动机，就是要和之前的荷马史诗区别开来，因为后者是神话故事（mythous，myth），而历史则是逻各斯（logos）的体现。同样，古代中国的历史意识觉醒得很早，司马迁不会不知道历史和故事之间的界限，他曾特别指出“百家言黄帝，其文不雅驯，缙绅先生难言之”，对当时流传甚广的黄帝故事抱有一种审慎怀疑的态度。我倒是觉得，太史公司马迁的这种笔法蕴含着深意。合理的解释是，在司马迁看来，这个故事能够表明庄周这个历史人物的某些特点，事实上它的确是庄子思想旨趣和精神气质的写照，尽管司马迁很清楚它只是“空语无事实”的“寓言”而已。对于一个以哲学思考和精神境界留名史册的哲人而言，这段不是史料的“史料”恰好为我们描绘了一个超脱于名利富贵的、活生生的庄子！对于生活在大时代边缘希冀自由、痛苦思考的庄子来说，姓氏籍贯、世事浮沉、个人遭际等可能没那么重要，尽管可以通过庄子的生平事迹等历史记叙了解一点儿庄子，但这些资料终归只能描述其平庸社会生活之“迹”，不能内在地把握其深刻的思想动机，而对于一个哲人来说，思想动机才是真正的“所以迹”，更加关键、更加重要。庄子也许很穷困，有上顿没有下顿，但贫富与哲学洞见没有关系；他的生活也许平淡晦暗，但平庸的生活却不能遮掩其思想光辉。可见，司马迁选取一个故事写入庄子的“传记”，体现了他非凡的“史识”，他一定希望通过这种“不是史料的史料”捕捉并且传达庄子的精神气质和思想特质，这是不是一种历史书写中的“写意”“大写意”？举个例子。我所读过的传记中，瑞士心理学家荣格的自传《梦、回忆和思考》特色鲜明，几乎没有谈到家世、受教育的经历、恋爱结婚、世人的毁誉、见证过的历史事件什么的，似乎他只是在乡下、山间、湖畔的寓所里度过了波澜不惊的一生的宅男，然而却比较详细地记叙了内在的惊心动魄的精神史，真可谓惝恍迷离、神魂颠倒，正如自传开宗明义的第一句话所说：“我的一生是无意识充分发挥的一生。”荣格自传的形式与内容是不是一种提示，提示我们应该从内在精神层面把握庄子？换言之，倘若我们试图更深入、更内在地理解庄子，那么有一点应该明确，就是感受其精神气质、把握其思想特征，这也许是最确当、最有意义的方式和方法。

下面简单谈一谈《庄子》这本书。流传于今的《庄子》乃是庄子及庄子学派的思想史料，包括《内篇》《外篇》和《杂篇》三个部分，共计33篇，6万余字。首先应该指出的是，《庄子》这本书并不能确定就是庄子写的，或者说肯定不是庄子写的，因为先秦诸子著作（例如《管子》《墨子》等）都不是某个“子”（先生）的个人作品，《庄子》也是如此；换言之，《庄子》并非庄子自己写的，而应该理解为庄子学派的著述文集。余嘉锡先生的著作《目录学发微》《古书通例》比较透彻地阐述了包括诸子著作在内的早期经典的体例和形成规律，明确指出先秦子书都是文集。那么，《庄子》里面的哪些篇章或段落出于庄子之手，哪些部分出自庄子后学的争辩和著述呢？这也是一个值得探讨的问题。通常看法认为《内篇》乃庄子亲笔写的，而《外篇》《杂篇》却出于学生弟子的手笔，这一看法由来已久，然而却没有太多令人信服的根据。实际上，我们至今仍没有条件明确判断上述说法的对与错。可以明确的只是：《庄子》这本书经历了一个长期编撰和流传的经典化过程，而经过编辑重构，《内篇》抽精取华，保留了庄子学派哲学思想复杂而深邃的核心内容，这部分核心内容很可能是《庄子》中较早写出的，它作为思想母题反复出现于其他各篇什之中，从这种意义上说，这部分核心内容很可能与庄子有关。其次应当指出的是，今本《庄子》经过了魏晋时代郭象的删削与改编，已非先秦之旧。司马迁《史记》提到庄子“著书十余万言”，流传至魏晋之世仍有52篇之多，郭象作《庄子注》时，删去约三分之一的篇幅，形成了一个6万余字的33篇本，这也是唯一流传于今的《庄子》文本。

司马迁曾说，庄子著书，从体裁形式上说，大多是“寓言”；又说他“善属书离辞，指事类情”，“其言洸洋自恣以适己”，这是对庄子叙事特征以及文字风格的概括。我们怎么理解这几句话呢？司马迁所谓“寓言”大概是指隐含了深刻思想寓意的文字，有点儿像今天的寓言，《庄子》所载的200多个故事，也的确具有“寄寓之言”的意味，但不能仅仅理解为“寄寓之言”。《庄子》里面提到了三种“言”（言说或叙事方式）：“寓言”“重言”和“卮言”。其中“寓言”应该首先理解为“偶言”即“对话体”，实际上出现于《庄子》的“寓言故事”大部分就是通过对话展开思想阐述的，这一点与古希腊哲学家盛行借助于“对话”进行论辩与驳难的方式如出一辙。“重言”就是借重于历史上的名贤（例如孔子）或者托名于传说中的圣人（例如黄帝）提出问题、给出结论，犹如现在的“引经据典”。“卮言”最为重要、最为复杂而不易理解，然而却又最生动、最摄人心魄。明代著名文人杨慎（升庵）曾说：“《庄子》书恢谲佚宕于《六经》之外，殆鬼神于文者乎？”（《藏云山房老庄偶谈录》）很能说明问题。那么，什么是“卮言”呢？简单地说，它就是“曼衍之言”，用庄子自己的话说，就是“谬悠之说，荒唐之言，无端崖之辞”，即不拘于俗的语言形式，亦即从内容与形式上都突破了常态化日常语言的思想表达，更准确地说它是一种庄子独有的哲学叙事。

自老子以来的道家思想传统一直强调“知不知”“言无言”。《老子》的第一句话就是：“道可道，非常道；名可名，非常名。”老子还说：“道常无名。”意思是说，道，作为万物最后的、究极的本原，同时作为最高的真理和最根本的原则，绝不可能诉诸一般意义上的语言（主要是指日常语言）予以表达和把握。道的真理超绝名相，不落言筌，当人们试图言说它的那一瞬间、刹那，已经偏离了它、遮蔽了它、误解了它。然而，“无名”并不是彻底取缔“名”，它是一种特殊的“名”，比如说“无名川”“未名湖”“无字碑”；同样，老子和庄子所说的“无知”代表了一种特殊智慧和洞见，与日常语义中的“愚昧无知”之“无知”没有任何关系。那么，道家关于道的真理的阐明与论说，难道不是一种“言无言”或“说不可说”吗？我们看到，道家哲学叙事即讨论问题的言说方式是特别的，如“大白若辱（黑的意思）”“上德不德”“至乐无乐”等，表面上看这些表述多少有点儿奇诡甚至自相矛盾，其实是复杂而深刻的思想张力使得语言外壳发生了变形。《庄子》善于运用激进前卫的颠覆性语言策略，比如说时常有攻人未防的惊世骇俗的话语和炫人耳目的诡诞故事、特异性的逻辑和戏谑性语调、模棱两可的词句和吊诡矛盾的表达等等。从这个角度理解《庄子》的语言特色，就会发现“卮言”这种哲学叙事可以说是“有意味的形式”。一言以蔽之，庄子哲学中独特的“卮言”乃是启发人们进入那种不可言说的精神境界的跳板，而不是指引人们通向可以诉诸概念语言得以澄清的思想世界的桥梁。

二、思想对话关系中的庄子

庄子博学洽闻，史称“其学无所不窥”（《史记·老子韩非列传》)。庄子对人情物态的描写，准确生动，曲尽其妙，展现了其深刻的洞察力和丰富的知识量；更重要的是，他的思想深邃透彻，而且对诸子百家的学术思想有比较深透的了解与把握，分析起来鞭辟入里，批判起来入木三分。可以说，庄子既富于理论激情，又善于哲学沉思。《天下》是《庄子》的最后一篇，被认为是《庄子》的“自序”，也是有史以来第一篇学术思想史。《天下》以其独有的理论洞察力，分析批判了儒墨等诸子百家，特别是道家黄老学稷下学派，以及惠施、公孙龙子和辩者之徒，当然还提到了老聃和庄周。实际上《庄子》反映了战国中期以前的诸子百家与庄子学派之间的思想交流，而老子、孔子和惠施则是其中三个最重要的对话者。

《庄子》“其要归本于老子之言”“以明老子之术”(《史记·老子韩非列传》)，《天下》称老子“古之博大真人”，而在《庄子》里，老聃不仅反复出现，《老子》的文句更得到了创造性的阐释，老子思想也得到了巧具心思的发挥。下面比较两段文本：

载营魄抱一，能无离乎？专气致柔，能如婴儿乎？涤除玄览，能无疵乎？爱民治国，能无为乎？天门开阖，能为雌乎？明白四达，能无知乎？生之畜之。生而不有，为而不恃，长而不宰，是谓“玄德”。(《老子》第10章)

卫生之经，能抱一乎？能勿失乎？能无卜筮而知吉凶乎？能止乎？能已乎？能舍诸人而求诸己乎？能翛然乎？能侗然乎？能儿子乎？儿子终日嗥而嗌不嗄，和之至也；终日握而手不掜，共其德也；终日视而目不瞚，偏不在外也。行不知所之，居不知所为，与物委蛇，而同其波。是卫生之经已。……

夫至人者，相与交食乎地而交乐乎天，不以人物利害相撄，不相与为怪，不相与为谋，不相与为事，翛然而往，侗然而来。是谓卫生之经已。……“能儿子乎？”儿子动不知所为，行不知所之，身若槁木之枝而心若死灰。若是者，祸亦不至，福亦不来。祸福无有，恶有人灾也！（《庄子·庚桑楚》）

这两段话的意思我们稍后有机会再讨论，这里先按下不表。简单比较可知，《庄子·庚桑楚》那段话是对《老子》第10章的改写与发挥，并将老子思想概括为“卫生之经”（即养生的根本原则），而且还涉及《老子》第55章的部分内容，前面甚至还提到了“老子曰”。值得注意的是，庄子的改写与发挥淡化了《老子》第10章原有的、融合于养生思想之中的政治哲学色彩，却强化了沿心性论展开的向度。如果说老子哲学的宗旨在于“道德之意”的话，那么庄子继承了这一点，这是老庄之间的相同点。老庄之间的不同处又是什么呢？简单地说，就是老子偏重于政治而庄子关注于心性，以后我们将详细分析和讨论这方面的内容。

老子曾说：“大道废，有仁义。”（《老子》第18章）又说：“绝仁弃义。”（《老子》第19章）庄子继承了老子的思想衣钵，深刻质疑并彻底倾覆了儒家人文理性的核心——仁义，认为那是以虚伪的价值观念宰制人心。庄子挖苦儒家说：“儒以《诗》《礼》发冢。”（《庄子·外物》）又说：“中国之君子，明乎礼义而陋乎知人心。”（《庄子·田子方》）庄子质疑“仁义”，力图将“道德”和“仁义”区别开来，这难道不是意味深长的“价值重估”吗？《庄子》里的一段话正是针对儒家而发：

仁义，先王之蘧庐也，止可以一宿而不可久处……古之至人，假道于仁，托宿于义，以游逍遥之虚……夫六经，先王之陈迹也，岂其所以迹哉！……夫迹，履之所出，而迹岂履哉！（《庄子·天运》）

这段话是说，仁义好比是先王造的一座房子，只可以在其中留宿一夜，最多盘桓几天，不能久住，更不能终老于此。这样说是为了揭示仁义以及宣扬仁义的“六经”之局限性，可谓一针见血、一语中的。《汉书·艺文志》概括儒家学说，称之：“游文于六艺之中，留心于仁义之际。”从思想上分析，如果说儒家关注的焦点在于“仁义之际”，那么道家思想的根本旨趣就是“道德之意”。庄子很清楚，这是儒道思想的根本分歧之所在。所以他强调了道德高于仁义、包纳仁义同时区别于仁义的思想；而儒家学者却试图将道德和仁义之间画一个等号。

强烈质疑和彻底批判仁义的价值之外，《庄子》从“道高物外”哲学立场批判了战国中期徜徉于世的百家之说，称之为“物论”。《庄子》里的“齐物论”这几个字怎么读，怎么理解？可以理解为“齐同万物”“齐等物我”“万物齐一”，同时也可以按照章太炎的读法，解释为“整齐”各种各样的“物论”，也就是说，《庄子·齐物论》的主旨即“整齐物论”，就是对各种各样的“物论”进行分析和批判，包括儒家、墨家和名家的学说都被视为、贬低为“物论”，以区别于庄子心目中的“道论”；而《庄子·天下》的主要内容也是破斥种种“物论”（包括道家内部的黄老学派）。我们不妨以惠施为例予以说明。惠施是庄子一生的朋友，也是相互争辩的敌手。庄子批评惠施执着于“名”，沉湎于“辩”，更指出惠施理论之弊端与症结在于“散于万物而不厌”“逐万物而不反”，探讨的对象只是外在的物而已；而外物也是无穷无尽的，那么对物的追寻就仿佛“形与影竞走”既可悲又可叹。（《庄子·天下》）总之，惠施执着于“物”，关注的仅仅是“物”。庄子对惠施的批评直击要害，点出了惠施只看到了经验中的物，而不能认识思想世界里更深邃的东西——道的真理。

接下来我们进一步讨论庄子与惠子的思想差异。庄子与惠子之间的“濠梁之辩”，既兴味无穷，又很能说明问题，我把这段话抄录如下：

> 庄子与惠子游于濠梁之上。庄子曰：“鯈鱼出游从容，是鱼之乐也。”惠子曰：“子非鱼，安知鱼之乐？”庄子曰：“子非我，安知我不知鱼之乐？”惠子曰：“我非子，固不知子矣；子固非鱼也，子之不知鱼之乐，全矣。”庄子曰：“请循其本。子曰‘汝安知鱼乐’云者，既已知吾知之而问我，我知之濠上也。”（《庄子·秋水》）

这段话既重要又有意思，给大家简单翻译、解释一下。庄子和惠子在濠水边的石梁上游玩，看到有一种游得很快的小白鱼——鯈鱼（即白鲦），于是庄子说：“鯈鱼游水自由自在，这是鱼的快乐啊。”惠子说：“您不是鱼，怎么知道鱼的快乐呢？”庄子说：“您不是我，怎么知道我不知道鱼的快乐呢？”惠子说：“我不是您，固然不知道您了；您本来也不是鱼，您也不知道鱼的快乐，这就对了！”庄子说：“请从根本上来讲论之。您说‘你怎么知道鱼的快乐’这句话，（本身）就已经知道了我知道鱼的快乐却又问我，我知道鱼的快乐，是在濠水之上呵！”这里的对话和辩论是不是很有意思？从哲学上讲，人心隔肚皮，如何知道、如何能够知道他者的想法，是一个很困难的问题。李泽厚曾解释说，濠梁之辩中的惠施是逻辑上的胜利者，而庄子则是美学上的胜利者，这个说法有点启发性也有点道理。表面上看，惠施在逻辑上似乎无懈可击，庄子提出的“请循其本”好像是转移话题，顾左右而言他。然而《庄子·秋水》载录这段故事是为了记录惠子光荣的胜利、庄子可耻的落败吗？！实际上，准确理解濠梁之辩的关键却是“请循其本”这几个字。其中的“本”是指人类基本的精神经验，它不能完全诉诸“名”得以呈现，也不能通过“辩”得以阐明，相反，“名”和“辩”很有可能使其支离或者将其掩盖。比如说，今日之我与昨日之我是不是同一个我、以前有没有莎士比亚这个人等问题，根本不能通过逻辑得到充分证明，却是人类的基本精神经验。这样看来，庄子所谓的“请循其本”，试图从人类的基本精神经验出发点上驳斥惠施，他最后又说：“我知之濠上也。”虽然语焉不详，却启发人们更进一步思考，至少可以说，庄子希望通过濠梁之辩提示出一种更根本的方法，进而超过名辩和逻辑。仔细玩味，上文反复出现的“知”这个语词的含义并不完全相同：前几个“知”是指“知晓”即理智的了解（understanding），亦即通过名相语言能够把握的“知”与“识”；最后一个“我知之濠上”的“知”则意味着洞见、智的直观（insight），乃是一种特殊的智慧。总之，在庄子看来，惠施只见“物”而不见“道”，所以他的学术思想——包括“万物说”和“历物之意”，充其量只是“物论”而已，而未及“道的真理”，迥然不同于老庄所称的“道德之意”。

三、庄子的思想旨趣和精神气质

庄子“兼济道物”，既讨论“物”，又谈及“道”。实际上“道”“物”的分立与融合乃是庄子哲学的基点，而且其中隐含“两个世界”的划分：一个是“道的世界”，一个是“物的世界”，这是庄子的“世界观”。但是，必须指出，“道的世界”与“物的世界”只是思想上的划分，实际上它们两者不是相互疏离的而是彼此混同的，所以庄子既强调了“道”不同于“物”，例如“物物者非物”，同时又强调了“道”“物”不离，例如“物物者与物无际”（《庄子·知北游》）。进而言之，庄子哲学亦大致包含了两个层面的内容：一个是可言说、可思想、可知的、关于“物的世界”的理论，另一个则是不可言说、不可思想、不可知的、关于“道的世界”的理论。换言之，“物论”（“物的世界”及其规律）可以诉诸名相概念予以把握，“道论”则超绝名相、不落言筌，而诉诸深切动人的沉思、活泼泼的内在经验和超然物外的精神境界——这显然与西方哲学绝不相类，那它究竟是怎样一种理论形态呢?

我们知道，孟子创构儒家心性论，标志着儒家哲学的内在转向和进一步突破；与孟子差不多同时代的庄子与其不约而同地沿着心性论方向深度掘进，奠基了道家心性论哲学的基础。就是说，战国中期的孟子和庄子携手以进，以其取精用宏的创造性思考铸就了中国哲学的基本形态和范式——心性论哲学，这是一种独特的哲学理论形态，与自古希腊以来西方哲学传统中的知识论范式恰好相映成趣。总之，庄子哲学的核心在于“道的真理”的阐明与呈现，包括许多复杂而深邃的理论，例如心性论及精神境界理论，其中亦包含了许多重要而深刻的哲学问题，而“自由”“平等”与“和谐”则又是比较重要的三个关键词，足以表明庄子哲学的思想旨趣和精神气质。

章太炎曾指出，庄子的根本主张就是“自由”“平等”，却又不同于近代观念里的“自由”，堪称卓越的洞见。他还指出，庄子“自由”观念的真谛体现在“无待”这个概念上。（《国学概论》）什么是“无待”呢？按照道家的思想逻辑，“无”是“有”的对反，“无待”就是“有待”的反面，或者打破“有待”的局限性，换言之，就是破除是非彼此等一切对待、挣脱前提条件等一切依凭而达到独存孤迥的境界；从另一个方面讲，“无待”意味着“独立”，庄子特别强调“独立”，他经常说“遗物离人而立于独”（《庄子·田子方》）、“独与天地精神往来”（《庄子·天下》）。“列子御风而行”的寓言充分表明了这一点：

> 夫列子御风而行，泠然善也，旬有五日而后反。彼于致福者，未数数然也。此虽免乎行，犹有所待者也。若夫乘天地之正，而御六气之辩，以游无穷者，彼且恶乎待哉！（《庄子·逍遥游》）

列子御风凭虚往来尽管美妙，终究有待于“风”，由不得自己，还不能算是真正意义上的“自由”。其实《庄子·逍遥游》所说的大鹏“水击三千里”“抟摇而上者九万里”何尝不是如此呢？另一方面，讨论庄子哲学中的“自由”，似乎还应该从“自然”概念上推敲，实际上它就是“自然”（本来如此、自己而已的意思）概念的延展与深化，这是一个很有趣而且很有意义的问题，如果大家有兴趣，可以参看许抗生先生的著作《道家思想与现代文明》和李大华教授的著作《自然与自由：庄子哲学研究》，这里就不展开了。总之，只有通过“无待”“独立”和“自然”诸概念才能入于“自由”，才谈得上“逍遥”。“逍遥”本质上是一种放旷超逸、高蹈不羁的精神境界，“仿佛高山之巅冰雪之间自由自在的生活”（尼采语）。同时，“逍遥”的精神境界不仅仅意味着飘然远引、隐遁出世，更有一种大隐隐于市的意思，于“人间世”实现“逍遥游”，所以庄子既说“游乎四海之外”（《庄子·逍遥游》），又说“游世俗之间”（《庄子·天地》），并最终归结为“乘物以游心”（《庄子·人间世》）、“游心于德之和”（《庄子·德充符》）。总之，我们可以通过“无待”“逍遥”等概念理解和把握庄子的“自由”观念，这是一种诉诸内在超越的精神自由，也是一种绝对自由。

从经验上看，物与物之间都是不一样的，形色万殊；人与人也是不一样的，各如其面。那么仅仅从“物”的层面看，万物和众人没有什么同一性，也谈不上什么“平等”。然而，庄子强调说，从“道”的视角看，物与物、我与人之间并没有本质差别，因为“自其（万物）异者视之，肝胆楚越也；自其同者视之，万物皆一也”（《庄子·德充符》）。苏东坡亦云：“自其变者而观之，则天地曾不能以一瞬；自其不变者而观之，则物与我皆无尽也。”（《前赤壁赋》）随着视角的不同、“看法”的不一样，看到、认识到的东西也有差异；换言之，只有“以道观之”，才能看到形色万殊的万物竟然是同一的、平等的、没有区别的。庄子说：

举莛与楹，厉与西施，恢恑憰怪，道通为一。（《庄子·齐物论》）

人之生，气之聚也。聚则为生，散则为死。若死生为徒，吾又何患！故万物一也。是其所美者为神奇，其所恶者为臭腐；臭腐复化为神奇，神奇复化为臭腐。故曰“通天下一气耳”。（《庄子·知北游》）

第一段话中的“莛”（有的解释为草茎，有的解释为屋梁）与“楹”（柱子）是不同的东西，“厉”（丑的人）与西施的颜值也绝不一样，“恢恑憰怪”则是指各种各样的差别，千形万状、形形色色。这些相互区别的差异化存在，却在道这里被打通了。第二段话更进一步论证了人之生死、神奇与腐朽之间其实也没有什么本质区别，因为它们都是气化的存在，其同一性在于“通天下一气”。换句话说，万物万象，林林总总，虽然不同，但从道的角度看，却没有什么殊异。这是因为万物都处于生灭变化的万化之途中；倘若万物的变化是无穷无尽的，那必然就是相互转化的；设若万物是相互转化的，那也可以说它们彼此之间没有本质上（从道的恢宏视野审视）的不同。可见，庄子的平等观念最为彻底，不但主张人与人之间平等，而且还强调人与草木禽兽之间的平等，这难道不是一种绝对平等吗？从某种意义上说，“庄周梦蝶”的美丽故事正是这种绝对平等观念的注脚：

昔者庄周梦为胡蝶，栩栩然胡蝶也，自喻适志与！不知周也。俄然觉，则蘧蘧然周也。不知周之梦为胡蝶与，胡蝶之梦为周与？周与胡蝶，则必有分矣。此之谓物化。（《庄子·齐

物论》）

这个故事大家可能耳熟能详了，但其中蕴含的哲学意义却不容易认识清楚。首先庄周梦为蝴蝶从经验上说比较平常，然而他提出的问题饶有趣味：梦境中的庄周翩翩然一只上下飞舞的蝴蝶，根本不知道自己原来是庄周；忽然觉醒，却分明是庄周。不知道是庄周化作了蝴蝶呢，还是蝴蝶化为了庄周？其中的哲学问题是不是很深刻？日后我们还会对其中的问题详加分析讨论，这里只是想提示大家注意“物化”概念，它是庄子哲学的重要概念。如果说“无待”隐含了自由和独立的观念，有高扬个体生命价值的意味，那么“物化”则意味着打破主客之间的藩篱，消弭物我之间的隔阂，混同彼此而泯合物我，有强调物我、人我平等无间的意思。自由与独立只是高扬了个人精神自由的绝对价值，却并不能真正解决人与人、人与社会之间的矛盾与紧张，这样看来“物化”概念包含了庄子对人与人（他者）之间甚至天与人之间关系的深刻理解，这种理解指向了“天人合一”的精神境界。

和谐观念由来已久。《易传》提到了“太和”（最高和谐）概念，并试图把它与人性乃至于心性问题联系起来，正与庄子殊途同归。和谐属关系范畴，庄子哲学中的和谐观念涉及广泛层面的问题，包括个人生命的身心和谐，自我与他者即人与人之间的和谐，社会政治层面的和谐，以及天人关系上的和谐。“游心于德之和”（《庄子·德充符》）这个命题提示我们应该从精神层面（具体地说就是从心性论语境中）理解和把握庄子所说的和谐。简言之，精神境界意义上的和谐就意味着忘怀名利得失，忘怀知识、伦理和政治，意味着回归自然与自由。庄子反复提及的“忘”，正是为实现精神和谐境界扫除障碍、开辟道路。请看著名的“相忘于江湖”的寓言：

> 泉涸，鱼相与处于陆，相呴以湿，相濡以沫，不若相忘于江湖！（《庄子·天运》）

现在“相濡以沫”已经成为一个成语，而这段文字的关键却是“相忘于江湖”。“相忘于江湖”的启示毫无疑问是深刻的，其中隐含的自然、自由与和谐的问题更是耐人寻味。试想“自由”是什么？很难正面解释清楚吧。按照道家的思想逻辑，这个问题应该从反面进行推敲，因为我们能够真切感受到的只是“不自由”，“自由”却是感觉不到的；正如我们只能感觉到有形有名的“物”而不能感觉到无形无名的“道”一样。比如说，鱼儿优游于水，它是自由的，这时它并没有感到水的存在，而当水干涸的时候，它们痛感到了不自由，它们“相呴以湿，相濡以沫”，相互慰藉扶助，好比是推行德政、宣扬仁义，其实于事无补。正如一个汲汲以求仁义的时代恰恰是“缺德”的时代一样，主张德政和仁义并不能挽“礼崩乐坏”之狂澜于既倒，与其进入那种德政模式、仁义实践，还不如回归自然（即人性之本然）、回归自由、回归和谐，使人们生活于自由的（即感觉不到不自由）政治社会环境。可见儒家和道家思想很难在政治期望层面折中调和，司马迁曾指出儒道两家“道不同不相为谋”，当然是有道理的。为了强调回归自然、自由与和谐，庄子以华丽奔放、惊世骇俗的文字描绘了“至德之世”的愿景：

> 至德之世，其行填填，其视颠颠。当是时也，山无蹊隧，泽无舟梁；万物群生，连属其乡；禽兽成群，草木遂长。是故

> 禽兽可系羁而游，乌鹊之巢可攀援而窥。夫至德之世，同与禽兽居，族与万物并，恶乎知君子小人哉！同乎无知，其德不离；同乎无欲，是谓素朴；素朴而民性得矣。及至圣人，蹩躠为仁，踶跂为义，而天下始疑矣；澶漫为乐，摘辟为礼，而天下始分矣。故纯朴不残，孰为牺尊！白玉不毁，孰为珪璋！道德不废，安取仁义！性情不离，安用礼乐！五色不乱，孰为文采！五声不乱，孰应六律！夫残朴以为器，工匠之罪也；毁道德以为仁义，圣人之过也。（《庄子·马蹄》）

这是不是一种理想国抑或乌托邦？是不是对老子“小国寡民”思想淋漓尽致的发挥？然而更重要的是，“至德之世”折射了庄子的社会理想和政治期望，简单地说就是：遵从道德原则——注意这里所说的“道德”并非今天所说的道德（moral，morality），而是诉诸“道”和“德”这两个概念建构起来的理论——按照自己的自然本性生活，乃是人与人、人与物（草木禽兽）、人与天之间和谐的基础，礼乐文明、仁义价值、圣人言教都不应该成为其障碍，正如惠特曼诗句所言：“要认识宇宙本身是一条大路，是许多旅行者灵魂开辟的大路。为了灵魂的前进，一切都要让路，一切宗教，一切物质的东西，技艺，政府——一切过去和现在出现在这个地球或任何星球上的东西都会在灵魂沿着宇宙的庄严大路前进时堕落进壁龛和角落。”（《草叶集》）这难道不足以发人深省吗？诗人总是酸溜溜的，不相信鲜花会枯萎，相信美好的东西是永恒的。然而，鲜花永不凋零，又怎么为果实让开道路呢？果实不坠落、不腐烂，又怎么为种子让开道路呢？种子不突破那层坚硬的壳，发芽结果，又怎么完成植物生命传递、播迁的使命与目的呢？万物生化不息，化不暂停，形成了万化之途的宇宙长流，一切现实的存在都必然趋于灭亡，只有无穷无尽的流变才是永恒的。面对如此恢宏无情的大化流行和历史感，也许只有庄子的“物化”、陶渊明的“纵浪大化中”聊可慰藉渺小卑微的人生，抚触遍布伤痕的生活，拯救孤苦无告的心灵，解脱无意义生活之痛苦！

第二讲　庄子的言说：固着性与魔幻力之间

阅读《庄子》这部书，首先遇到的一个问题就是语言，这是一个比较复杂而且棘手的问题。文学批评家金圣叹特别欣赏《庄子》，认为它是“天下第一才子书”，这当然不是出于他个人的偏爱，而是大多数人的共识。庄子文章写得好，可以说千古之下无出其右者。但我想强调的是，《庄子》这部书还不能仅仅从文学角度去分析其语言特色，而更应该从哲学思考的内在规律方面考察其语言运用之妙，也就是说庄子之所以采取了这样一种“言说方式”和“叙事策略”有其更深刻的理由和原因。

司马迁早已注意到庄子语言运用卓有特色，称“其言洸洋自恣以适己”（《史记·老子韩非列传》）。陶弘景特别喜欢和推崇《庄子》，认为它是人世间最深刻的经典之一，“几于天人之际”（《真诰》）。陆德明称其文字“辞趣华深”（《经典释文》）。李白说他的文章“发乎天机”。苏东坡更是感叹说：“我昔有见，口未能言。及见庄子，先得我心。”意思是说，我曾经心中恍然若有所悟，想说却说不出来。这其实是我们生活中比较普遍的经验，然而庄子却早已将苏东坡欲言而未能言的东西说出来了。

一、文的自觉

《庄子》这部书的“言说方式”和“叙事策略”的确是很高明、很深刻的。闻一多说，《庄子》这部书已经达到了前所未有的“文的自觉”高度。什么是“文的自觉”？请看庄子的“夫子自道”吧：

> 芴漠无形，变化无常。死与生与，天地并与，神明往与！芒乎何之，忽乎何适，万物毕罗，莫足以归。古之道术有在于是者，庄周闻其风而悦之，以谬悠之说，荒唐之言，无端崖之辞，时恣纵而不傥，不以觭见之也。以天下为沉浊，不可与庄语，以卮言为曼衍，以重言为真，以寓言为广。独与天地精神往来而不敖倪于万物，不谴是非，以与世俗处。其书虽瑰玮而连犿无伤也。其辞虽参差而諔诡可观。彼其充实不可以已，上与造物者游，而下与外死生无终始者为友。其于本也，弘大而辟，深闳而肆，其于宗也，可谓稠适而上遂矣。虽然，其应于化而解于物也，其理不竭，其来不蜕，芒乎昧乎，未之尽者。（《庄子·天下篇》）
>
> 荃者所以在鱼，得鱼而忘荃；蹄者所以在兔，得兔而忘蹄；言者所以在意，得意而忘言。吾安得夫忘言之人而与之言

哉！（《庄子·外物篇》）

这两段话充分表明了庄子“文的自觉”意识，他对于如何表达自己的思想，有着高度的自觉性，跟先秦时代的其他哲学家不一样。我们从两个方面来梳理庄子的这种“文的自觉”。首先，哲学的“言说”“叙事”到底是什么样的一种语言，或者说需要什么样的一种语言，这在早期思想史的研究中是非常重要的。在古希腊，哲学思考与书写就是“逻各斯”（Logos）的体现，而“逻各斯”与“秘索斯”（Mythos，即神话和史诗）是对立的。比如荷马史诗，就完全靠想象力驰骋，有很多夸张的、不能认为是历史真实的东西。与之相反，“逻各斯”是一些精确的、实事求是的表达，代表理性的尺度。在历史的早期，绝大部分的“言说”“叙事”都是史诗、神话和传奇，它们笼罩一切。在历史的进程中，代表理性的、清晰的、条理清楚的表达方式不断地挣破这些旧的传统，随着这一进程，历史学开始独立出来，这就是我们今天讲的历史（History，古希腊语写作Istory），它（Istory）已经不再是单纯的Story（故事、传说）了。希罗多德就认为自己的《历史》与荷马史诗不一样，因为它是用“逻各斯”（方式）写的。与之相应，在前苏格拉底时代的哲学家的思想中，也都有很强的“逻各斯”的因素，他们谈论“自然”的“言说”依赖于“逻各斯”这种表达方式。

《孟子》曾说：“诗亡而后春秋作。”（《孟子·离娄下》）这句话似可说明思想与其表达形式之间的关系。有一种观点认为《诗》代表着“王道”，《诗》之衰亡则意味着“春秋”这个时代的来临，而春秋时代就不讲“王道”而讲“霸道”了。这是一种具有很强的政治意味的解读，但实际上我们也可以把这句话理解为一种“文体的变迁”。人类早期表达思想感情的文体形式一般都是“诗”，而西方跟中国的不同在于古希腊在“诗”和“史”之间还经历了一个“史诗”的阶段，而中国没有这个阶段，“诗亡”（诗的式微）之后，直接就是《春秋》一类的文体形式兴盛了起来。这里的《春秋》不光是《左传》，还有《国语》，而这两者之间的联系相当紧密。我们把《左传》中“经”的部分与《春秋》加以对照就会发现它不再只是依附于政治制度的话语，而是容纳了更多的东西。《国语》是一个“语”的体裁，讲诸侯国的历史。虽然《国语》开篇是《周语》，但周天子已经丧失了原先的地位，变得跟诸侯一样了。随着政治的结构性变动，“国语”这种体裁逐渐“下替”，出现了“家语”，《论语》就是一个典型的家语，《晏子春秋》的体裁也接近“家语”。文体的这种变迁使得文本逐渐疏离了制度和礼仪的过程，能够更多地容纳具有个人特征的思想和感情，到了“家语”这种文体的时候，表达个人性的思想的性质已经很浓了。《左传》后半部分关于叔向、子产、晏婴、季札等人的论述就具有很强的个人特点。我以为，表达个人性思想的强烈诉求推动了表述方式和文体的变迁。我们仔细考察这一历史进程，不难发现一个思想及其表达形式的历史趋势，即《诗》《书》所载的集体性思想逐渐演变为个人化的思想创作，而哲学诉诸个人性的独立思想。

《庄子》充分体现了个人性思考的特点，甚至呈现出了比较成熟的“论”的色彩。具而言之，《庄子》这部书的“论说”方式主要包括三种“言”：“寓言”“重言”和“卮言”。“寓言”前面已经提到，我们把它解释成“偶言”，即对话体；“重言”是指借重于别人的话；“卮言”的情况比较复杂，我们后面再详细讨论。《庄子·寓言》中讲“寓言十九，重言十七”，就是说“寓言”这种文体或体裁占据了《庄子》十分之九的篇幅，而“重言”占据了十分之七。这样看，“寓言”和“重言”这两种文体必然有重叠的地方。实际上，在对话体的“寓言”中，对话的人物也往往是黄帝、孔子、老聃，所以这一部分也可以算作“重言”。以上是庄子表述自己哲学思想的三种方式，从这里我们可以看出，他有很明确的叙述策略，有非常强的自觉性、目的性。

总而言之，庄子对于语言有着极其深刻的洞见：一方面对于语言的局限性，具体地说就是人类日常语言的固着性有很深刻的体察，另一方面又充分意识到了哲学思维实际上离不开语言，尽管任何语言都绝不可能恰如其分地表述“道的真理”（最高的究极真理）。

二、语言的固着性

庄子对于语言固着性的理解当然是源于老子，源于老子关于名和言的理论思考。老子对于名和言都抱有很深的怀疑态度，认为名言不能表达我们内心那些微妙的思想，换言之，道的真理绝不能诉诸概念与概念思维，即“道可道，非常道；名可名，非常名”（《老子》第1章）、“道常无名”（《老子》第32章）。那么，我们如何理解人类日常语言的局限性呢？举个例子，正月十五外面放烟火，大家到现场去了都觉得非常震撼，但事后要让你用语言来描述它却根本不可能，即便是“火树银花不夜天”这样的诗句也不能转达其万一，即使你拿照片给别人看，那也只是记录当时的影像，通过这样的影像，别人也很难进入你当时的那种新鲜而兴奋的心境，犹如禅宗所谓“悟”——活生生的精神经验难以言表。因为名与言只是以抽象形式转达了它所表达的对象的一部分，很有限的一部分。这就是语言的局限性或固着性。再比如，当我们使用“泰山”这样一个词的时候，我们能想象的不过是一座山在那里，或者很高，或者有南天门，或者泰山经石峪写着很多苍劲有力的大字，但这跟泰山本身有什么关系？无论如何，透过“泰山”语词所理解的“泰山”，比起真正的泰山来说，不过沧海一粟而已。同样，日常语言里面出现的“长江”也只是一条抽象的“河”，而实际中活生生的长江，不论我们在“长江”这个词后面添加多少形容词和摹状词，都跟长江没有必然的联系。为什么张承志《北方的河》能够感动人，就是因为他把祖国的大江大河写得富有生命力，就像在写一个活生生的人。由于语言的这种局限，寻求突破这种语言固着性就成了文学（特别是诗）的重要任务。那么对于哲学思考而言，倘若诉诸概念、拘于名言的话，那么我们所思维的对象（例如真理、本质）就会被框定、被局限，就会陷于语言的牢狱而不能自拔。

哲学研究经常遇到的问题就是，语言要表达一个既是又不是的东西的时候，它会非常拙劣、不灵活；然而我们生命和生活中却布满了这样的“既是又不是”的过程，这是一种非常普遍的经验。比如“太阳每天都是新的”“人不能踏进同一条河流”“梵志是不是梵志”——这个和尚不是早年出家的那个和尚，我也不是过去的那个我了。那么我们怎么去确定我们跟过去的那个东西的联系然后又要讲出这个区别呢？如果把这些经验化成语言的话，我们会觉得很困难，只会把这些语句弄得拐弯抹角，搞得很别扭。老子就洞见了这一点，就是语言表达不了什么东西。所以说他要讲“无名”的这个意义，从这个语言策略的角度讲，它也是很强的一个推动力。

三、语言的魔幻力

然而，问题的复杂性却在于，老子特别是庄子十分清楚语言既有局限性、固着性又不能脱离语言进行思考和表达。老子和庄子都认为，世故的人类语言不能表达“道”，或者说究极真理不落言筌。如果用这些概念名相表达“道”，那么“道”就成了具体的东西了，这个和他们的想法完全相悖。所以说他要从相反的方向来说它。但是，这并不意味着庄子这些哲学家在思考问题时认为这个名言是没有意义的、没有价值的。否则，《老子》五千言以及《庄子》这部书岂不是毫无意义吗？是不是面对“道的真理”只需“默而识之”呢？倘若如此为什么老庄还要想尽办法，分别以诗的语言和旨在打破日常语言的“卮言”形式叙说——提示性地表明“道的真理”呢？实际上，名言或者概念思维虽然有这样那样的毛病和弊端，但对人类生活世界却是不可或缺的。思想世界不能不通过语言得以揭示，也就是说语言足以创造出一个世界，是不是有点儿像上帝？

现在我来提个问题：怎样才能把一个刚从树上摘下来的苹果放入一个矿泉水瓶里，或者把一头大象放入西门子冰箱之中，然后再毫发无伤地取出来？答案很简单，就是语言，也就是当我们说出抑或写下“苹果（或大象）在瓶子（或冰箱）里”的语句时，奇迹就会发生，语言使得现实中不可能实现的事情成为可能。同样的道理，孙悟空也是由于吴承恩的生花妙笔成为艺术上的“真实”，而《西游记》文本的广泛传播和被阅读又使得孙猴子成了文化史甚至社会史中的“真实”，时至今日，有谁还能否认它是一种“社会实在”(social reality) 呢？虚实之间的相对、相生的关系如此，语言创造“真实”的魔幻作用亦如此。另外一个例子就是《射雕英雄传》中黄蓉给洪七公烧的两道菜，我记得很清楚，“好逑汤”和“二十四桥明月夜”。金庸借黄蓉之口讲述了它们的炮制方法，简直就是活色生香，强烈刺激舌尖上的味蕾，甚至可能要比真正的菜肴更好吃。语言的奇妙魔幻作用可见一斑。

接下来我们听听一位哲学家怎么讲。他说，你天天活着，一天加上另外一天，没有韵律也没有缘由，浑浑噩噩的，你觉得这个生活已经不是生活了，你觉得自己已经开始变得支离破碎，快奄奄一息了，但是你一开始讲述你的生活、讲述你关于生活的真实经验的话，一个故事就产生了。这个故事会讲得有声有色，活色生香。这个哲学家就是萨特。萨特说我们每个人一开始都是个讲故事的人，他如果用故事的眼光去看他亲历的这些事物的话，那么他就想像他所说的故事那样活下去，有滋有味地活下去。

我们可以看到，庄子不但要通过寓言讲他的这个故事，而且他自觉地用一种特别的方式去讲他的故事。他的这种方式，我们不妨称作诗一般的方式。

诗的本质是什么东西？诗的本质就是要去建立一个纯粹的、玲珑剔透的、金刚不坏的世界，使我们进入那样的一个空间。这就是诗的本质，不管它是采用一种什么样的形式。《红楼梦》虽然是章回体小说，但也可以认为它是诗，因为它具有诗的性质。同样，《庄子》也具有诗的性质，特别是其中的“卮言”。所谓“卮”，就是一个酒器。酒器嘛，我往里面倒酒倒满了之后它就到处流，流是没有什么方向、没有什么规则的，就是这么自然地出来了。历史上有的学者这么解释，这个“卮言”就是喝酒的时候说的那些话，都是醉了以后的那些话，这些解释都不准确。《庄子·天下篇》中说“以卮言为曼衍”，“曼衍”是什么意思呢？就是水到处流。我们在哲学上就把这个水到处流的、曼衍的一个状态称之为“无心之言”“不言之言”。这个“无心之言”就是发乎天机的东西，比如说“天籁”。《庄子》里有“天籁”“地籁”和“人籁”。“人籁”是我们喘息的声音、我们哼哼的声音、我们说话的声音。“地籁”就是说自然界各种各样的形态包括孔啊、窍啊什么的，风吹过，它们互相之间的运动发出的那种声音。“天籁”是什么呢？庄子没有明言“天籁”。“天籁”既不是“人籁”也不是“地籁”，大家想想，把“人籁”和“地籁”这两者排除之后还剩什么东西？应该说它是一切声音发出来之前的那个没有声音的根据。这都出自《齐物论》。《齐物论》还提到了一个意味深长的词——“鷇音”。“鷇音”是什么呢？鷇音是一个鸡蛋，啪，破了壳，小鸡出来。所以说这是那个最初的声音。有的解释说是小鸡在蛋壳里面凿蛋壳的那个声音。这些种种表面上看不尽相同的说法应该说都是庄子对“卮言”的说明。纵观《庄子》，往往是讲到理论最精微、思想最关键的地方就会启用“卮言”。比如庄子说：

> 藐姑射之山，有神人居焉，肌肤若冰雪，绰约如处子。不食五谷，吸风饮露。乘云气，御飞龙，而游乎四海之外。其神凝，使物不疵疠而年谷熟。……之人也，之德也，将旁礴万物以为一，世蕲乎乱，孰弊弊焉以天下为事！之人也，物莫之伤，大浸稽天而不溺，大旱金石流、土山焦而不热。是其尘垢秕糠，将犹陶铸尧舜者也。孰肯以物为事！（《庄子·逍遥游》）

我们知道，古希腊哲学以及其他人文科学（例如希罗多德写下的《历史》）的表达方式被称为“逻各斯”(Logos)，即条理分明的言说，而不同于“秘索思”(Muthos)，即诉诸离奇巧合和大胆想象的神话传说。前面提到的“藐姑射之山，有神人居焉”的那样一段话是什么性质的“文”“言”呢？显然它不是逻各斯，而更近于传奇和神话。实际上这段话也见于《山海经》，或者说出于《山海经》。可以说，《庄子》取材于神话，同时又创造性地改造了它，重新塑造成哲学文本，这样的话，其意就不能低估了。因为它是用一个自觉的言说方式、叙事策略来讲它的。表面上看，根据早期的注解，“卮言”的这个“卮”呢，跟“支离”的那个“支”是一样的。所谓“卮言”就是支离之言。就是说它看起来比较破碎，但是呢，这些破碎的文本里面反而有丰富的具象，似乎可以启发读者做无尽的遐想。因为这些具象都是活生生的，反而能容纳更多的想象、更大的思想解释空间。或者说，对于读者来讲呢，我们可以参与其中找到一些共鸣。然后我们也看到，这样的一个表述方式，比如说“寓言”跟“重言”，这些方式都不是特别特殊，因为在其他诸子百家的书里面也会有，但“卮言”却是庄子独有的。所以我们说它是以这样一种特殊的言说或表达方式呈现出的一种表现形式。庄子为什么启用“卮言”进行哲学论说，值得玩味。“卮言”又被解释为“不言之言”，仿佛《庄子》里那个令人捉摸不定的“天籁”。文中提到“藐姑射之山，有神人居焉”“肌肤若冰雪”“不食五谷”等等，文辞华丽奔放，想象奇特瑰丽，具有诗的特点，而从思想上分析，它企图提示、呈现出某种精神境界，而精神境界又是日常语言不能直接表达的东西。《老子》被称为“哲学诗”，部分原因是《老子》这个文本的大部分篇章是有韵的，但是关键理由呢，不在于它的形式，而在于它的气质是诗的气质。

既然讲到了诗，我们知道，诗里面也有一些自身的规律。这些规律一旦碰到很强烈的思想或感情，就会在诗的形式上打下一个烙印，就会给我们留下特别的印象。我们举个例子。诗的头两句是这么写的：“前年渝州杀刺史，今年开州杀刺史。”请大家一起参详，仅从这两句看，这哪是诗嘛！谁承认这是诗？但我要说这是杜甫写的，你看，大家觉得有点儿含糊了吧。请看接下来的两句：“群盗更狠如虎狼，食人更肯留妻子。”多有力量，对比感多么强啊！他就是这么写。表面上看，这首诗打破了诗的通常形式或样式，似乎违背了诗的一些基本规律。但是诗作的一些更本质的规律，它在哪里？就在于要把内心的那个激情，那个感动，要充分有力地表示出来，其他的东西都不在话下。他就是用这样的一个方式来写它。同样的，我们说有一些特殊的诗，比如说李商隐，我们知道他的诗不好懂，要理解他必须要进到内在的情感的逻辑和本质里面去。李商隐的有些诗写得很奇怪，从形式上讲你都觉得很奇怪，比如“荷叶生时春恨生，荷叶枯时秋恨成”，我们说这个跟前面讲的有点像，怎么这么写呢？李商隐他就这么写。同样，对于我们哲学的问题，特别是对于《庄子》这样特别奇特的哲学文本来讲，我们就说它的这样一些特殊的表达方式是很有意义的。我们说，诗里面，像陶渊明写“胸中之妙”就是要写心中很奇妙的感受。那么这样一些东西我们从哲学的这个视角来分析的话，它也是很了不起的。庄子要解决的问题，跟陶渊明有点像，比其他的那些诗人可能要更深入一点。比如说白居易写诗要让那些目不识丁的愚夫愚妇都能懂，韩愈写文章、写诗的目的是要让老百姓都看不懂，这个东西都是他们自己把读者限定以后，才决定了自己的写作风格。这只是一个风格的问题。但是我们说陶渊明或者庄子，他讲的不是一个风格的问题，而是说我们和自然或者我们跟“道”之间的关系，他要讲更深入的。所以说在这个地方呢，他要通过“道”跟“名”这样一个张力的关系来确定自己的这样一种表述方式。特别是这个“卮言”即“无心之言”，“无心之言”什么意思？它就是“不言”，或者说就是“言无言”。庄子想要表达的最深刻的东西，是无法用世俗的人类语言来表达的，只能用“卮言”予以提示或启示，其目的就是要召唤大家进入他的那样一个境界，主动地进入而非被动地观照。

四、叙事策略

庄子有见于语言的固着性，因而他采取一种比较激进的方式，以颠覆性的语言策略来打破我们惯常的思维定式。只有通过这种方式，你才能进入庄子的思想世界。另外，他要激发我们对根源问题的一种沉思，从而以一种有效的方式来打开物我以外的那种境界。要进入他的那样一个“天地与我并生，而万物与我为一”的境界，不是日常的语言所能表达的。它实际上相当于发出了一个给所有人的邀请函，但是不是能进入其中，领略其无限风光，还要看我们每个人自己的努力和觉悟。是不是能进入他所说的那样一个境界还是一个问题。但是他做的第一步有了，就是要启示大家，激发大家对这些问题进一步思考。实际上，语言不只是一种交际工具，因为语言都有社会性甚至政治性，道家（尤其是老子和庄子）早已洞见到了语言跟权力、语言跟制度之间的那种隐秘的关联。这个语言的固着性，有时候会妨碍我们活生生的人性的抒发，会造成对人性的扭曲和异化，这是它的根源之一。一般人不会反思到这一点，我们日常使用的语言竟然会对我们的思想形成桎梏，对我们的人性起到抑制的作用。道家的深刻性就是看到了这一点。有明确的证据表明，从《老子》开始到《庄子》都看到了语言的固着性，而且这跟社会事物有一定的关联。从这个角度看，我们的思维倘若没有经过深刻的哲学反思，所呈现的那种思维模式就会被莫名其妙的东西所左右，比如说意识形态、社会的实在等各种各样的东西。《庄子》试图打破语言的固着性，使我们的语言成为诗的语言，成为自由的表达，它就要把我们从日常语言所代表的那些制度化的话语、仪式以及过程中使用的那些格式化的语言中剥夺出来，彻底扬弃这些东西，使它成为我们所讲的诗的表达。

当然庄子也曾谈到“言意之辩”（参考前引《外物篇》），这是一个更为深刻的哲学问题。稍后，我们还会讨论这一点。总的来说，“道”与“名”（言）之间的关系最值得深思。叶维廉在他的著作《道家美学与西方文化》《中国诗学》中反复指出，道家一开始对语言便有前瞻性的见解，其“无言独化”的知识观念和语言策略，“触及根源性的一种前瞻精神，最能发挥英文字 radical 的双重意义，其一是激发根源问题的思索从而打开物物无碍的境界，其二是提供激进前卫的颠覆性的语言策略”。这里提到的“激进前卫的颠覆性的语言策略”，可谓老庄论说的惯技，比如说时常攻人未防的惊人的话语和故事，特异性的逻辑和戏谑性语调，模棱两可的词句和吊诡矛盾的表述。他还说，道家洞见到语言与权力的隐秘勾连，乃人性危殆和人性异化的根源。老子“无名”针对西周以来的名制而发，也就是说，诉诸君臣、父子、夫妇的封建宗法结构体系，特权的分封，尊卑关系的设定，名教或礼教的创建，“完全是为了某种政治利益而发明，是一种语言的建构”，“老子从名的框限中看出语言的危险性。语言的体制和政治的体制是互为表里的。道家对语言的质疑，对语言与权力关系的重新考虑，完全是出自这种人性危机的警觉。所以说，道家精神的投向，既是美学的也是政治的。政治上，他们要破解封建制度下圈定的‘道’（王道、天道）和名制下种种不同的语言建构，好让被压抑、逐离、隔绝的自然体（天赋的本能本样）的其他记忆复苏，引向全面人性、整体生命的收复。道家无形中提供了另一种语言的操作，来解除语言暴虐的框限；道家通过语言操作‘颠覆’权力宰制下刻印在我们心中的框架并将之爆破，还给我们一种若即若离若虚若实活泼泼的契道空间。……从这个观点，我们就可以了解到道家美学为什么要诉诸‘以物观物’，为什么中国山水画中都自由无碍地让观者同时浮游在鸟瞰、腾空平视、地面平视、仰视等角度，不锁定在透视，不限死在一种距离，引发一种自由浮动的印记行为，为什么文言诗中用一种灵活语法，跳脱大部分语言中定向定义的指义元素，让字与读者之间建立一种自由的关系，读者在字与字之间保持一种‘若即若离’的解读活动。……中国古典诗在并置物象、事件和（语言有时不得不圈出的）意义之‘间’，留出一个空隙，一种空，想象活动展张的空间，让我们在物物之间来来回回，冥思静听，像在中国山水画前景后景之间的空灵云雾，虚虚实实地，把我们平常的距离感消解了，在空的‘环中’，冥思万象，接受多层经验面感受面的交参竞跃而触发语言框限之外、指义之外、定距的透视之外更大的整体自然生命的活动”。当老子说出“上德不德”“大巧若拙”以及“绝圣弃智”“绝学无忧”的时候，他希图透过这种似是而非的反逻辑、模棱两可的词语和表述，突破语言固有的语义的阈限，提示某种超乎语言概念的哲学沉思。

更重要的是，道家借助独特的语言策略，提示了一种逆向思维，老庄特别喜欢且善于运用否定语词。老子说“正言若反”（第78章），又说“反者道之动”（第40章），这里所说的“反”字，包含两层意思：相反与反（返）回。钱锺书《管锥篇》（第二册）说：“‘反’有两义。一者，正反之反，违反也；二，往反（返）之反，回反（返）也……老子之‘反’融贯两义，即正反而合。”“正言若反”乃是老子“颠覆语言”的招数或策略。更值得玩味的却是，“反”=“无”（例如无知、无为、无名、无形、无物、无欲等）还提示了某种非同寻常的思维模式或思想方法，即“负的方法”（冯友兰语），或“负面的建构”“负面的超越”（叶维廉语）。

反思是哲学的特质。最初的中国哲学的创造性活动之迸发，亦源于对“名”的反思，而这种对“名”的反思首先体现于对语言与思想之间张力的自觉省察。事实上，《老子》和《庄子》都具有鲜明的语言特色。仿佛柏拉图的《泰阿泰德》被称为“宇宙诗”一样，《老子》被称为“哲学诗”。然而，《老子》之为“哲学诗”并不能仅仅归结为韵文体裁而已，还应该从“诗”“史”这样的古代文体如何确切地表述哲学的深邃思考这一角度推敲。换言之，《老子》《庄子》的语言特色也许出乎偶然因素（例如个人的兴趣与偏好或者一时兴起），却更具有某种必然性，特别是《庄子》，已经具有了闻一多所说的“文的自觉”。

第三讲　大与小：道物关系之一

今天我们讨论的问题是大与小。这个问题不仅我在以前的课上没有讲过，以我所见，在专业的研究领域内部，对这个问题的讨论与论证也不太充分。所以，我们有必要来讨论它。除此以外，还有什么理由呢？

一、老子的大小之说

首先，我们看到《老子》和《庄子》中经常讨论大、小的问题。打开《庄子》，在《逍遥游》《知北游》这些重要的篇章中都谈及大、小的问题，在这个问题上花费的笔墨也很多。反观《老子》，《老子》也盛言“大小”问题，并以此来描述“道”，规定“道”的性质。“道”有时被称作“道大”，又说“大曰逝，逝曰远，远曰反”之类，还有“大小，多少，报怨以德”等等，这些都是过去我们在经典释读中摸不着头脑的东西。接触经典时，我们常有这样的体会，那就是“大小”问题经常出现。那么，这些讲法有没有哲学的意义呢？若它们只是形容词，我们便不用深究；但若它们不是形容词，或者说隐含了一些其他的意义，那就需要讨论了。所以，讨论“大小”，首先是因为《老子》《庄子》书中就讲“大小”问题，而且这部分内容的意义不太容易搞清楚。

此外，更重要的是“大小”问题是和道家哲学的中心问题结合在一起的，它关联的首要问题是“道”和“物”的关系问题。也就是说，谈论“大小”的时候往往涉及“道”“物”关系的问题，我们要认识到这一点。可以说，什么是“道”？什么是“物”？“道”与“物”的联系及区别诸问题是道家哲学中最基础的问题，是道家哲学的一个基点。不解决这个问题，我们就搞不清楚《老子》《庄子》为什么谈道德之意、自然无为，为什么谈无名、无形。为此，将“大”和“小”置于“道”“物”关系的角度进行分析和讨论，是有意义的。

纵观《老子》文本自身，以及分析、比较各种《老子》的版本，我们不难发现，老子在谈论“道”的时候往往会提到“物”。也就是说，“道”与“物”两者之间似乎是对应的关系。但是，这些问题展开的思路又是什么呢？我们看到《老子》的文本有些随意性，这表明老子尝试用不同的路径和方法，以多元化地思考、讨论“道”“物”关系的问题。而这些多元化的方法中就包含了一些相互对立的概念，比如我们今天要讲的“大小”问题，当然还有多少、虚实、终始，甚至黑白、轻重、贵贱、利害、好恶等等，都在某种意义上是老子阐述和把握“道”“物”关系的途径。《庄子》更重视从利害、好恶、知与不知等方面进行讨论。然而，问题在于，譬如《老子》第2章的“有无相生，难易相成”（通行本）云云，是指什么意思呢？是指“道”，还是指“物”？参照其他文本（包括早期征引《老子》的各种古籍），我们或许能发现一点儿线索。有一部现在看来十分重要的先秦古书《文子》引述了这句话，而且“有无相生”之前多了两个字——“夫道”；马王堆汉墓帛书《老子》甲乙本又在“有无相生，难易相成”数语后面加了“恒也”两字。这表明这几句话旨在谈论“道”，然而却是通过道物之间的关系讨论“道”。显然，在老子的思维里，谈论“道”，就是通过对立关系，在对立的两方面相互抗衡、互相制约、互相渗透、相互转化的矛盾关系中呈现“道”的真理。这是老子把握“道”的方式、方法。

考察大与小的问题之前，我们不妨预先讨论一个在哲学史上很合逻辑且屡见不鲜的想法，这便是当我们思考“物的本原”“物从哪来”“物的基础是什么”这些问题时，往往以为大的东西都是由小的东西构成的。由此，人们便致力于在世间万物林林总总、大小不等的东西中分析，找到一个“小”的东西作为构成宇宙万物的基本东西。如果这个“小”的东西是不可再分的，就被称作“原子”，或者是“始基”。哲学史上的“原子论”由此而来。事实上，印度之“四大”、中国之“五行”也同属于这种思考方式，与西方之“原子”或许存在特征的差异，但思路并无二致。这样看来，大和小的关系是：“大”的物由“小”的物构成，“现在”经由“过去”而来，“将来”是从“现在”延伸的，凡此种种，都被人们当作常识或不言而喻的东西，几乎习焉不察。

首先需要认真追究的是老子哲学中的“大”与“小”，事实上，这个问题有点儿复杂，并不像表面上看的那样简单。例如《老子》

第25章论述“道”时说：“吾不知其名，字之曰道，强为之名曰大。”此时出现的“大”是指“道”。“字之曰道”意味着“道”不可以形容。能形容的我们可以用大小、多少、黑白等对偶概念规定，但“道”是不能形容的。这里的“字”，我们推敲，区别于“名”，如果“名”是诉诸语言进行的描述与刻画，那么出现于其中的“字”则弱化了名称、命名意义上的“名”，它仅仅只是个标记而已，用以指明那种不是姓名的名称，即不可形容的形容。正如当古人拥有了什么东西时，他就在上面做一个标记，他自己画，自己认识，别人或许也承认，这就是标记。自然语言有标记的作用，也有概念化描述与刻画之作用。老子“字之曰道”的“字”是“道”的标记。进而，“强为之名曰大”，“大”也是个标记，不得已而设定的一个标记。据此，我们还需深究一下这前后两句隐含的意思。既然“强为之名”，那它就和我们经验意义上、日常语言中表示“大小”的“大”不一样。与“大小”的“大”不一样，这在哲学语境中就有特殊的意义。接下来，“大曰逝，逝曰远，远曰反”，这些都是“道”本身的某些运动规律，蕴含着一些复杂的意思，隐含了一些无限的概念。通过对《庄子》文本的分析和研究，我们将呈现这一点，特别是庄子更明确地将“道”描述为一个无限的过程。总之，在《老子》中，“道”是一个恒常的东西，同时又是一个“大”的东西。这里的“大”具有无限发展的可能性的端倪。

进而，后文又说，“故道大、天大、地大、人亦大”，此即“四大”的观念。在经典解释中，我们发现这里的“大”和“大小”的“大”可能有些出入。我个人认为，不能简单地看作“大小”的“大”，其准确的意思近似于“重要性”。用“重要性”解释“四大”比较符合文本本身的意思。此句中的“人亦大”则与《易传》中天、地、人三才一贯的思想有着共通性，人道的准则与天地之道是一致的，或者起码是同构的。

我们对《老子》第25章的分析大略如上，下面再看几个例子。《老子》第32章说："道常无名，朴。虽小，天下莫能臣。"前引第25章说"强为之名曰大"，这里却又说"道"是"小"的东西，形成了强烈的对比或反差。此外，第41章说，"道殷无名"，这里的"殷"，我们过去写作"隐"，解释为掩盖、遮蔽。北大汉简出现后，我们有了些新的头绪——这个字写作"殷"，马王堆帛书《老子》乙本写作"褭"（褒的异体字，原文作褮），都属于文字的异体，通过古文字学家的研究，它们都是"细小"的意思，与"朴。虽小"的"小"字同指"幽微""细小"。一方面说它"大"，一方面又说它"小"，这是《老子》中常见的表述方式。又如《老子》第34章："常无欲，可名为小，万物归焉而不为主，可名为大。"这些都加强了我们对此问题的认识。《老子》第63章："大小，多少，报怨以德。"此处的"大小""多少"历来就有不同的看法，《韩非子》解释为"大必起于小""族（多）必起于少"，这种诠释与后文"图难于其易，为大于其细"比较吻合。但是，仅从文本本身看，我个人认为还可解释为"以大为小""以多为少"，反之亦可，即"以小为大""以少为多"。这种相对的理解不仅打破了大小、多少的固定化思维，而且也正好同后文的"报怨以德"相呼应，比较合乎逻辑，传统上也都是将这三句放在一起理解的。

第41章前面讲"大白若辱""大方无隅""大器晚成""大象无形"，这里的"大"虽然接近于"强为之名曰大"的"大"，但仍然应从日常语言的角度理解。"大白若辱"的"大"，首先指"最高的"，"大白"就是"纯白""最白"，尽管与我们日常语言中"大小”的“大”还有些不同，但也毕竟有所联系。这样，我们不难发现，老子有关“大小”的讨论在部分的意义上是与日常语言相联系的。比如“强为之名曰大”的“大”，也许“道”的体量很难用一般的词表述，所以，老子一面用“大”形容它，一面又用相反的词说明它。根据“道德之意”的种种原则，我们体会到“大小”问题还需置于哲学的思考中解决。

通过上述讨论，我们得出以下三点结论：第一，《老子》中的“大小”与日常语言有所联系；第二，“大”具有“最高”的意义，偏离了从字面理解的日常语言的意思；第三，“强为之名曰大”的“大”与“道殷（隐）无名”的“小”，通过同时讲述“大小”的相对意义以描画“道”，意思更进一层。第二、三两点与第一点分属两个不同的层次，与日常语言中的“大”“小”表述有着重要的区别。以上的总结是我们讨论《庄子》“小大之辩”的基础。

二、庄子的小大之辩

下面谈谈《庄子》中的“小大之辩”。《庄子》中的“大小”问题更复杂些，《逍遥游》开篇便提出“大小”的问题，具有较强的辩论意味。鲲鹏“抟扶摇而上者九万里”，蜩与学鸠则“决起而飞，抢榆枋，时则不至而控于地而已矣”。下面的一段文字是：

> 汤之问棘也是已。穷发之北有冥海者，天池也。有鱼焉，其广数千里，未有知其修者，其名为鲲。有鸟焉，其名为鹏，

背若太山，翼若垂天之云，抟扶摇羊角而上者九万里，绝云气，负青天，然后图南，且适南冥也。斥鴳笑之曰：“彼且奚适也？我腾跃而上，不过数仞而下，翱翔蓬蒿之间，此亦飞之至也。而彼且奚适也？”此小大之辩也。（《庄子·逍遥游》）

这里的“棘”指夏革（人名），“汤之问棘也是已”句后可能有文句上的脱漏，脱漏的内容有人通过其他的书补上了。唐代僧人神清的《北山录》引这段文字作“汤问革曰：‘上下四方有极乎？’革曰：‘无极之外，复无极也。’”多了十几个字。嵌入这十几个字似乎更容易理解原文，但是，经过仔细推敲觉得也未必然，这些文字有可能出自《列子》，问题比较复杂，就不多讨论了。

重点是后文的“小大之辩”。然而，此段和第一段好像没有什么联系，“小大之辩”的意涵也似乎不太清楚，那么，我们为什么要强调这段文本呢？这不仅需要注意文本的脉络结构或上下文联系，还需要借助一些注解以准确理解这段文字。在郭象的《庄子注》中，我们发现他使用了大量的笔墨讨论这个问题，其目的很明确，就是要消解“小大之辩”。在郭象看来，“小”是针对“大”而言的，所谓“对大于小”。而这并不是问题的关键，关键的问题在于“大小虽殊，其性一也”。归根到底，他是从“逍遥义”的层面理解与把握的。“大鹏”也好，“麻雀”也好，不管体型是“大”还是“小”，只要飞的姿态、动作没有什么障碍，就可以适性逍遥，就可以尽它自己的性。这是郭象的一种理解。

反观文本，现在所见的《庄子》，都是由郭象本传下来的，特别是《逍遥游》一篇，我们不难发现郭象改编的痕迹。比如，明显地感觉到其中存在着一些断层，可能脱漏了一些文句。这些情况都不得不使我们重新思考，郭象注释《庄子》时是如何对文本进行新的调整的。我们不能排除郭象把一些他认为没有用、他看着不入眼的东西一并删掉的可能性。所以，现在的文本在讲完这些内容之后，会立即进入“小大之辩”的讨论。《庄子注》接着庄子的“小大之辩”继续展开讨论，我认为这还比较符合庄子的意思。但是，《庄子》的原文是不是就如此，这是一个无法破解的疑案。我们讲的正是这样的一个问题，一方面，郭象的《庄子注》解释“小大之辩”可谓“特会庄生之理”；另一方面，我们还需质疑郭象的理解是不是有所偏颇。这是有必要讨论的。

实际上，依一般的经验阅读文本，我们都会发现庄子讲鲲鹏、讲“大”的东西时，是有正面褒扬的意思的。对于蜩、鸠这些“小”的东西，他反而觉得它们的层次比较低、境界比较狭隘。这个意思是明确的，即使在现有的《庄子》文本中也能体现出来。同时，郭象的那层意思也有。我们说，虽然不能排除郭象对于文本的改动，但也不能否认他的意见是有意义的。然而，问题在于后世的很多学者开始对郭象的解释进行批评。比如，俞樾就曾发表过一个很重要的意见，尽管他的考证有些烦琐和无聊，但主要观点是不能完全按照郭象的意思理解《逍遥游》的文本。由此，讲到“大小”问题时，就会涉及对于一些哲学问题的理解。庄子在《逍遥游》中讲大鹏，在后面还讲到“大”的树、“大”的葫芦，这些“大”的东西都是不好把握的问题，就像我们的哲学问题一样。

紧接着，《逍遥游》又讲述了一则寓言，说：“惠子谓庄子曰：‘魏王贻我大瓠之种。’”“瓠”就是葫芦。将它种在地里会长成一个很大、很重的葫芦；用它盛水，葫芦本身的结构都不能承受这种重量；将它一劈两半、剖制成瓢，则“瓠落无所容”。这样一个寓言置于鲲鹏寓言之后，意义是明显的。这里的“瓠”，包括后面的“斄牛”“大树”等等，实际上都指一种非常大、非常不好把握的东西，可以说，都是“道”的形况词，都是对“道”的作用的不得已而为之的描写。“道”是什么呢？我们还真不知道“道”是什么，还真不能用日常语言解说它，只能用这些“大”的东西隐喻它。因而，“大”是我们理解此段的思想脉络。在惠、庄的对话中，庄子批评惠施拥有一个大的葫芦却无法操纵它，批评他不会用“大”，所谓“拙于用大”。

接下来，庄子又讲述了“无用”与“有用”的关系，这种说法的隐喻性很强，意思是指“道”很宽广、难以把握。此段之后，还有“今子有大树，患其无用”一段，是说：有那么一棵大树，树干上全是疙疙瘩瘩的结，用它做桌子、椅子什么的都不行，总而言之是不“成材”。如果人们从世俗的、为我所用的、功利的、物的角度来考虑它的功用，那么，它确是不成材的无用之物，没有什么价值。而庄子的说法却出人意表，他说，“何不树之于无何有之乡，广莫之野，彷徨乎无为其侧，逍遥乎寝卧其下”，这样的树，“不夭斤斧，物无害者，无所可用，安所困苦哉”。这也是很强的隐喻。其中涉及的“无用之大用”，并不是以功利的角度分辨什么是有用，什么是无用。“树之于无何有之乡，广莫之野”的“逍遥”，展开而言，就是逍遥游的生存境界。《逍遥游》一篇，从“小大之辩”的讨论开始，又讲到“无用之大用”，最后是逍遥游的精神境界。这样就将所谓“用”，或者说世俗意义上的大、小的对立关系都一并超越了。沿着这种思想脉络，我们才能呈现庄子的哲学问题。

《庄子》中有这么一段话：“神明至精，与彼百化……六合为巨，未离其内；秋豪为小，待之成体。”（《庄子·知北游》）这里提到的“至精”很重要。“至精”就是很细微的东西，它“与彼百化”——和物一起运动、一起生灭变化。前面的语词“神明”，依过去的解释是指很精妙的东西，但我现在认为“神明”应该是用来形容“至精”的，具有不好把握的、神妙莫测的意思。也就是说，神妙莫测的“至精”在此发挥作用，它一会儿大一会儿小，但不论是大还是小，它都会在此起作用。这或许会使我们对庄子所说的“大小”留有一些印象，进而，再回过头来看《秋水》开篇的一段话。这段话虽然长，但写得非常好。大家可以欣赏一下什么是“《秋水》文章不染尘”：

秋水时至，百川灌河，泾流之大，两涘渚崖之间，不辩牛马。于是焉河伯欣然自喜，以天下之美为尽在己。顺流而东行，至于北海，东面而视，不见水端，于是焉河伯始旋其面目，望洋向若而叹曰：“野语有之曰，‘闻道百以为莫己若者’，我之谓也。且夫我尝闻少仲尼之闻而轻伯夷之义者，始吾弗信；今我睹子之难穷也，吾非至于子之门则殆矣，吾长见笑于大方之家。”

北海若曰：“井蛙不可以语于海者，拘于虚也；夏虫不可以语于冰者，笃于时也；曲士不可以语于道者，束于教也。今尔出于崖涘，观于大海，乃知尔丑，尔将可与语大理矣。天下之水，莫大于海，万川归之，不知何时止而不盈；尾闾泄之，不知何时已而不虚；春秋不变，水旱不知。此其过江河之流，不可为量数。而吾未尝以此自多者，自以比形于天地而受气于阴阳，吾在于天地之间，犹小石小木之在大山也，方存乎见少，又奚以自多！计四海之在天地之间也，不似礨空之在大泽乎？计中国之在海内，不似稊米之在大仓乎？号物之数谓之万，人处一焉；人卒九州，谷食之所生，舟车之所通，人处一焉；此其比万物也，不似豪末之在于马体乎？五帝之所连，三王之所争，仁人之所忧，任士之所劳，尽此矣。伯夷辞之以为名，仲尼语之以为博，此其自多也，不似尔向之自多于水乎？”（《庄子·秋水》）

秋汛时节，江河浩荡，“河伯欣然自喜，以天下之美为尽在己”。这里的“美”，准确的含义是壮观，与作为丑的对立面的“美”不同。随后，河伯“顺流而东行，至于北海”，领略北海的水势浩大后不禁“望洋兴叹”于自己的孤陋寡闻。接下来，北海若的回答涉及大、小关系的问题，并首先揭示出具体存在的局限性，井蛙受空间的局限，而夏虫则受时间的局限。这种类比的推理方法，其结论在于，只有河伯意识到自己的局限性，北海若才可以和他讲“大”的道理，所谓“语大理矣”。

值得注意的是“计四海之在天地之间也，不似礨空之在大泽乎？”这段话具有一定的针对性。“四海”“九州”“天地”“中国”都是很有特征、很有意味的语词，当时的人们对“天地”“中国”这样的“大物”很重视，这无疑与古代思想世界的基本预设相关。儒、道两家都有天地是万物之母的观念，《易传》说天地交而万物生。“天地”也是“物”，是“物之大者”，我们能够经验的最大的“物”就是“天地”。这种观点与阴阳家邹衍（邹衍的时代略早于庄子）所谓的“九州”“神州”“中国”等理论地理学有着密切的关系，不能简单地认为邹衍的理论只是想象的地理学。“九州”范围很广，“中国”只处其一，有些神话中说“中国”只是处于“九州”东南一隅而已。实际上，这是一种将“中国”的概念置于更加恢宏的视野进行思考的努力。邹衍的学说无疑为古代的地理观念开拓出一个宏伟的视野。由此，“四海”“九州”“天地”“中国”便都是我们能够体察的时空上的“大”的东西。

此处的“大九州说”类似于《山海经》，距离常识比较远。但《庄子》的议论似乎是针对“大九州说”而提出的，认为“大九州说”也还不够彻底。我们知道，哲学固然不是常识，但哲学需要回应常识。最重要的是，要在一种宇宙想象力之下驾驭这些常识观念。为此，《庄子》极具针对性地说：“计中国之在海内，不似稊米之在太仓乎？号物之数谓之万，人处一焉；人卒九州，谷食之所生，舟车之所通，人处一焉。”诸子百家热衷议论“五帝之所连，三王之所争”，以为这些东西很多。但庄子却认为他们无非是“自多”，因为在宇宙想象力的衡量下，在以道的尺度的衡量下，它们就没有那么“多”了，犹如“稊米之在太仓乎”，一个大仓库中的一粒小小的米，可以说几乎等于零。相对地看，不管体量多大，即便是“中国”“九州”“天地”，都还是很小的东西，这是针对邹衍的宏大理论而言的。仲尼、伯夷所常言的道理亦然。

接下来的对话更具有哲学意味。河伯问：“大天地而小豪末，可乎？”显然，他没能领会前文的意思。北海若回答说：“否。夫物，量无穷，时无止，分无常，终始无故。”并进而解释为什么是“终始无故”。其中，一个非常重要、使我们非常疑惑的问题是，为什么此句的主语（所谈论的对象）是“物”？经过分析，我们有理由认为，“量无穷，时无止”指的都是“道”，而不是物，如果再出现一个《庄子》的版本，在此处写的是“道”的话，我会毫不犹豫地认为现有传本的写法是错误的，可惜的是，我们并没有这种可资比较的版本。尽管如此，我们仍要赋予它一个比较合理的解释——这几句是对“道”的规定，而“物”是指“以道观之”的“物”。尽管意思有些拗口，但却符合道家的思想逻辑。譬如《老子》的“道之为物”，就是从“道”的角度观察物，就是“恍惚”。“道”既不是“无”也不是“有”，它不是物本身，又不是纯粹的“无”，因为它仍在起作用（注意古希腊哲学中意指“本体”“存在”的 being，就是“起作用”的意思）。由此，解释此句中的“物”为“以道观之”的“物”，便可以疏通下文的意思。

进而，在“以其至小，求穷其至大之域，是故迷乱而不能自得也。由此观之，又何以知毫末之足以定至细之倪，又何以知天地之足以穷至大之域”（《庄子·秋水》）一段中又出现了“至小”和“至大”这两个概念。这段话所针对的很可能是惠施的“大一”和“小一”，即“至大无外，谓之大一；至小无内，谓之小一”（《庄子·天下》）。换言之，是庄子对惠施旧说的批评。其中，虽然没有点明是指惠施，但从“至细之倪”“至大之域”的思考方式看，应该是有一定联系的。下面是“至精无形，至大不可围。是信情乎”。此处的“至精”与“至大”是至小、至大的不同写法，涉及大小、精粗的问题。无形的东西都不是大小精粗所能讨论的。所谓无形的东西，往往是指“道的真理”。“无形者，数之所不能分也；不可围者，数之所不能穷也。可以言论者，物之粗也；可以意致者，物之精也；言之所不能论，意之所不能察致者，不期精粗焉。”后面庄子更提出“以道观之”“以物观之”“以俗观之”“以差观之”“以趣观之”等等不同的看待问题的视野，视野一经转变，很多问题就会消解，成为没有任何意义的意见。纵观整个哲学史和思想史，可以说，庄子在此处作出了最为有力、最为系统的哲学论证，这种借助寓言（对话体）形式的展开，逻辑上更胜一筹。

最终，庄子的结论是“贵贱”“小大”的分别实际上并不固定，这种相对的关系会随着视野的变化而变化。最根本的视野是“以道观之”，倘能如此，则相互对立的关系将不复存在，对立双方的隔膜与分野也将泯除。既然如此，我们也可这样反向地推导——“道”不会呈现为诸如大小、贵贱等的对立。若用这类东西讲“道”，或许也可以，但同时还必须信守“道可道，非常道”的原则。因为你讲的只是些皮毛而非实质，你只能澄清关于和“道”联系的一些“物”的特点，然而并未触及“道”本身。当然，如果我们能够把握“物”的特点，也可以通过“物”的反面来想象和推敲“道”的性质，这也很正常。由此，我们有理由作出这样的推论，“量无穷，时无止”一段将“小大”与“终始”两个问题囊括其中。“小大”涉及哲学上的空间问题，而“终始”则涉及两个方面的问题：一是时间问题，二是与时间密切相关的因果问题。“终始”问题我们将在下一讲中详细讨论。

三、至大至小的讨论

以此为基础，我们再次讨论“至大”和“至小”问题。它反复出现于道家著作之中，其意义还有待我们进一步研究。譬如《秋水》中的“至精无形，至大不可围”“精至于无伦，大至于不可围”，《管子》中的“其大无外，其小无内”，这些都在描述“道”的性质与特点。《楚辞》中也有类似的说法。然而，并不限于道家著作，许多早期文献也都提及“至大”与“至小”，比如惠施的命题“至大无外”。他所谓“大一”的“一”不是一二三四的“一”，“大”更有极限的意思。此外，《中庸》一篇也涉及“大小”问题，其曰“语小，天下莫能破焉”，属于“大”的东西由“小”的东西构成的原子论思路。严复翻译“atom”（原子）一词时，就曾以“天下莫能破焉”作为翻译 atom 前理解，将其译为“莫破质点”，其中显然包含了“至小无内”的意思。

有的学者也曾思考和讨论这个问题，其中蒙文通的说法很有启发性。他说，“至大”“至小”之说为名家（如惠施之流）所言，名家的“大小”或“至大”“至小”只是一个概念，它们只出现于语言中。那么，它与实在有什么关系呢？如果我说“把大象装进瓶子里，然后再拿出来”，那么，在常识上这是不可能的。然而，它却可以且只能通过语言而实现。换言之，只要我说出或写下“把大象装进瓶子里，然后再拿出来”的语句即可。“把大象装进瓶子里，然后再拿出来”不可能成为一个实际的过程，但却可以出现于语言中。这就是语言的魔力，它表述的不仅是物理的真实关系，还包括日常生活中不可能实现的东西。正如“至大”和“至小”，它出现在名言中，且它只出现在名言中。名家并没有将它针对一个实体，而道家却把它当成一个实体了。由此，“至大”和“至小”就变得恍惚、不可致诘，最终很难搞清楚了。这是蒙文通先生的一个观点，促使我深入思考这个问题。

现在，我的观点更加明确。正如蒙文通先生所说，《庄子》中的“至大”和“至小”包含着一些比较复杂的问题。事实上，这在前面《秋水》篇的讨论中已经呈现出来了。即“大”与“小”是相对的，在对有形之物进行描述时，大小、黑白、贵贱，这些对立的关系都是可以的。然而，“道”却不能通过这种方式予以本质的规定，因为

“道”是没有“大小”的。由此可见，“至大”和“至小”问题是夹在夹缝之中，即“道”与物的鸿沟之间的。从物的角度看，无论是“至大”还是“至小”，都不足以描述“道”的本质属性，也都将触及各种各样复杂的哲学问题。但是，我们可以按照日常的观点，或者沿着原子论的思维方式一直追溯到最小的东西，比如说基本粒子、夸克之类。我们可以认为宇宙万物都是由它构成的。这是一种思路。当然，我们也可以按照《老子》的提示，在比体量上的“大”更深远、更复杂的意义上，或者在“重要性”的意义上考虑“大”的东西。老、庄哲学语境中“大”的含义本身即是对日常语义的一种突破。

根据上述分析，我们不难发现，“至大”“至小”两个概念出于这样一种思路，即推理。换言之，“小”的东西可以堆积成“大”的东西，通过“小”的东西可以想象或把握“大”的东西——从“小”的、内部的结构分析入手。这都是推理方法的运用。然而，问题的复杂性在于倘若我们因其固然，以“至大”“至小”这两个概念的方式描述、理解“道”，比如“至小无内”是一种描述，“至大无外”又是另一种描述。但是，这些描述或者规定却都不究极根本。因为“至大”“至小”的概念是在“心”或者“知”的概念之下推导出的。这表明，“大”“小”的语词（包括“至大”“至小”）并不能直接地说明“道”，除非它的含义发生了一些内部曲折，实际上，道家哲学语境中的“大”“小”的确发生了某些曲折性变化。由此可知，“道”无大小、黑白、贵贱之分，更不可度量，甚至“道”并不出现在空间中。请大家注意，“道”的这种性质在哲学上是非常重要的。据此，我们敢说，先秦哲学并不逊色于古希腊哲学。古希腊哲学中的核心概念“存在”（being）是不出现在空间中的，出现在空间中的是另外一种性质的东西——existence，实体性的、有大小（占据一定空间位置）的东西。在这种意义上，being与“道”有相近之处。而“至大”“至小”概念只是一种边缘的说法，终究用以刻画道物之间的鸿沟。我们有必要明确庄子哲学中的这层含义。

在此基础上，庄子的反思更进一步，他深刻地质疑“至大”“至小”概念本身所隐含的思考方式。比如《秋水》篇中河伯与北海若的对话，河伯的问题，其背后的思维模式都可归纳为“推”的思维，或者原子论式的思维。哲学上，这种正常且可以理解的思维模式却恰恰是庄子所反对的。庄子认为，问题本身就提错了，正如他在很多对话中都表示不知道对方的问题是什么。实质上，这说明问题本身就是个圈套，若依此作答，不论答正还是答反，都会陷入提问者的思维模式之“彀中”。这便是《庄子》中诸多对话的特点。可以说，从讨论“大小”问题到讨论“至大”“至小”这种哲学上较为严谨、透彻的问题，庄子意在折射一种强烈的倾向性，即为什么以“至大”“至小”的概念提出问题，这种思维模式本身就有问题。这才是庄子思想的深刻之所在。

下一讲，我们还将涉及终始和因果的问题。实际上，以庄子“以道观之”的道论视角反观，这些问题都不足为训。我们固然可以在一些论域之下讨论它们或者借以阐述“物的规律”，但是切不可将其视为“道的真理”。二者不能等量齐观，这是我们需要注意的差别。

四、多与少

与“大小”联系在一起的是“多少”的问题。《老子》第5、6、

81章都涉及“道”的整体作用。所谓“虚而不屈，动而愈出”，“道”不是什么都没有，而是不断地涌现；“绵绵若存，用之不勤”中的“勤”指“尽”，即“穷尽”，“道”似乎在一个地方起着无穷无尽的作用；“既以为人，己愈有；既以与人，己愈多”指出“道”不是可以消耗、可以磨损的东西。可以说，“道”的这种不可磨灭的特性与物截然不同，物一经分享便会减少而消失，然而“道”却“动而愈出”“绵绵若存”。《庄子》的“注焉而不满，酌焉而不竭”也是有关“道”的规律与物不同的表述。

《骈拇》篇中，庄子更扩展了“多少”问题的论域，他用多长出的一根手指比附仁义，追问仁义的必要性问题，视仁义为多于我们本性的东西。进而，因为仁义是多于本性的，所以是不合理的，只是一些皮毛。这其中，庄子明确地将仁义看作是物，看作是“有形的东西”，而所谓“道”则不包括仁义，甚至可能与仁义相反。那么，仁义为什么是“有形的东西”呢？原因在于，仁义是“有名”的，因为它“有名”所以它“有形”，所以它只能处在“物”的范畴中，不能等同于“道”。这是庄子哲学的思想逻辑。

最后，我们讨论一下“道是大全”这个问题。“道是大全”是冯友兰先生提出来的，用来概括“道”的特征，为此冯先生颇有点自鸣得意，也得到了很多学者的认同。然而，经过上述分析，我们已经比较明确了，“道”与“物”界限清晰，不容混淆。那么，问题就是“大全”具体指什么？我们可以说“道是大”，这个“大”不是大小意义上的“大”而是指“重要性”，庄子的“小大之辩”“小大之家”讲得更为透彻，视角的变化将呈现出问题本身的局限性。如果一直将其推到极限，以“至大”和“至小”的思维模式考察哲学问题，最终我们只能讲“物理（物的理、物的规律）”而不足以讲“道理（道的理、道的真理）”。由此，“道是大全”乃是比较含混的表达，如果说“道是物的大全”的话，那等于说所有的物及其规律的总和（机械性的相加）便是“道”。但这显然与庄子的思想相悖，庄子认为物与物的相加不能等于“道”，即便是天地万物的总和，亦不足以言“道”。事实上，我们通过“大小”问题讨论“道”“物”关系问题，“道”与“物”的不同是我们最后的、明确的结论。

第四讲　终与始：道物关系之二

讨论“大小”“多少”时，我们谈到老庄哲学中“大”“小”语词或概念的出现不是偶然的，并且它们还不尽是日常语言中的意义。“大”有时读作“太”，那么，“大一”与秦汉以来的“太一”之间的关系就很耐人寻味了。需要强调的是，这些问题只有在哲学文本中，进入抽象反思后才会生发出来。因此，老、庄所谈论的“大”“小”一定会涉及道物关系，我们也应该由此出发探讨道物关系。这是第一点。第二点便是认识到“道”不限于“大小”甚至“至大”“至小”这些语词和概念，它们只适合于讨论“物”，而不足以讨论“道”。庄子认为，讨论物的“大小”“多少”的思维方式本身是有问题、有局限性的。正如前面所说的那样，“道”的性质决定了它在空间上是不可度量的，“至大无外，至小无内”的说法只是侧面提示“道”的性质而已。很多思想家和研究者都没能理解这一点。我们的分析表明，庄子、惠施乃至其他人寓言式的对话都显示出道家试图超越讨论“物”的思维模式，因为这种思维模式不能用来思考“道的真理”。

一、终与始

接下来，我们集中讨论终始问题。终始是时间之流中才有的问题，需要在时间关系中思考，时间之流（宇宙整体的时间之流）在《庄子》中有时也称作“化”。宇宙间的所有现象，庄子都视为变动不居、反复终始的过程，换言之，物不是恒常的。这一点已经得到了近代科学的印证。比如，原子中有质子、中子、电子。以前认为质子很稳定，但人们很快发现质子也有半衰期，也就是说，它也是会变的，只不过变的周期长一些罢了。因此，“化”首先指变化，有时也特指看不见的、微妙的、整体性的变化。比如，现在外边草坪上的草已经不知怎么的就绿了，这就是“化”，是看不见的、微妙的变化，我们不一定总是能够察觉得到，但变化已经发生了。《庄子》的“万化之途”，实际上就是指现象世界都以“化”的方式变动不居。郭璞的名句“山无静树，川无停流”便是“化不暂停”思想的绝好注脚。

庄子将时间问题理解为“万化之途”，这是深刻的。依据常识，时间乃至思考都需要确定起点和终点，我们在终始之间考虑问题。然而，这些再自然不过的东西反而是习焉而不察的，庄子正是以其强有力的反思，审视这些“日用而不知”的内容。因此，终始首先是时间之流中确定的起点和终点。我们要梳理的是，庄子通过终始问题如何讨论宇宙过程、现象世界的本原乃至“道”的性质，也就是说，“道”“物”在时间上具有什么样的性质。如果说，上一讲我们讨论空间问题，那么，这一讲，我们将在时间的维度上分析“道的真理”投射于思想世界的痕迹。

首先，我们以这种问题意识和理解角度重新审视《老子》。《老子》说：“天下有始，以为天下母。”所谓“母”（或者“父”），当然都是比喻，针对的是“子”。《老子》中不乏以母子、父子关系比喻道物关系，但我们一定要清醒认识到，这种比喻性地讲论道物关系的方法还是比较粗浅、不透彻的。道家传统中，老子之后，庄子发展出更加抽象有力的理论方法，便可不再借助比喻。此外，“天下有始，以为天下母”显然是和《老子》中“道”创生万物的宇宙论模式结合在一起的，可与《老子》第1章相互参照。《老子》第1章的“无名天地之始，有名万物之母”，主要讲“有生于无”，即“无”的不断推动产生出“有”。因此，“始”的提出并不是孤立的，而是和《老子》的哲学问题联系在一起的。

通过老子的“始”“生”，我们意在提示这样一条历史线索：在《老子》《庄子》之间，《易传》已经开始撰写。其中，《彖传》和《象传》的宇宙发生理论与老庄的思想多有交涉。《彖传》中的“大哉乾元，万物资始，乃统天”“至哉坤元，万物资生，乃顺承天”，两句便很具代表性。“元”是“极”的意思。其中，“始”和“生”有所不同，与《老子》文本合而观之，“无名”（指“道”）是“天地之始”，“有名”（指“物”）是“万物之母”，有一点“生”的意味，却与《彖传》中的区别有些接近。值得注意的是，这些语词在《老子》中已然成为哲学概念，并用以讨论宇宙创生过程中的道物关系。仔细分辨的话，“生”和“成”也是不同的。因此，《老子》中已有讨论终始问题和宇宙创生的端倪，尽管没有提及“终”，却已指明物的运动是按照生灭变化发展的。尽管儒家也讲终始问题，譬如《论语·学而》篇的“慎终追远，民德归厚矣”，但是，这里的“终始”其实是指人的生死，二者之间还是有所区别的。因此，在早期思想家广泛讨论的终始问题中，我们的研究重点是沿着时间过程把握现象世界的流变，及其与“道”之间的关联。

万物（包括天地）都是出现于时空之中的东西，都是“有”。我们经常说“东西”——宇宙万物的总称，就是按照东南西北划分林林总总的宇宙万物，并概括为“东西”。同理，春夏秋冬四时也用“春秋”概括。言外之意，可见的事物都是出现在时空中的。仔细追究的话，时间和空间也有不同的讲法来源，比如“四方”“五方”“六合”等学说，原先都分属于不同的思想系统。道家文献经常讲“六合”，《管子》的《宙合》一篇即属于道家黄老学的著作。“宙”指时间，“六合”指“四方”和“天地”之总括，是对空间的界定。大家熟知的“天地四方曰宇，往古来今曰宙”的说法见于《尸子》。《文子》中亦有“往古来今谓之宙，四方上下谓之宇”。值得注意的是，《文子》引用此句时直接说“老子曰”，这显示出道家体系思考时空观念的传统。而《庄子》中的描述则更加深入，所谓“有实而无乎处者，宇也。有长而无本剽者，宙也”。

以上是终始问题的历史背景和一般的情况，下面我们将通过一些复杂的文献，系统地呈现道家哲学有关终始问题的洞见。首先，有必要提示这样一个命题，所谓“道无终始，物有死生”，意思是，“道”没有终始，它恒常不动，与之相对的是物，生灭变化，是它在时间中展开的形式。对此，我们如何理解呢？

> 虽然，请尝言之。有始也者，有未始有始也者，有未始有夫未始有始也者。有有也者，有无也者，有未始有无也者，有未始有夫未始有无也者。俄而有无矣，而未知有无之果孰有孰无也。今我则已有谓矣，而未知吾所谓之其果有谓乎，其果无谓乎？（《庄子·齐物论》）

这是非常著名的一段话。“虽然”两字接续前一段，后面的“请尝言之”，是指让我给你说一说，捋一捋。这四个字并不是可有可无的，这以下的问题是早期哲学所不能回避的，即宇宙有没有一个开始，或者说，我们能不能从宇宙开始的角度探究物的本原？如果物的本原是“道”，我们能不能从宇宙开始的角度探讨“道”的性质、“道的真理”？在此，庄子的理论是，有一个起点，即“有始”，没有起点的也可以设定起点。沿着这一思路，我们会不断地追问，没有起点的状态之前是什么？我们在讨论“有无”时也会追问“无”之前是什么？“无形”之前是什么？这种讨论不是无意义的，解决这个问题哲学才能前进。然而，古往今来，人们对于这段话的理解却存在着很大的分歧。

> 有始者，有未始有有始者，有未始有夫未始有有始者；有有者，有无者，有未始有有无者，有未始有夫未始有有无者。所谓有始者，繁愤未发，萌兆牙蘖，未有形埒垠堮，无无蠕蠕，将欲生兴而未成物类。有未始有有始者，天气始下，地气始上，阴阳错合，相与优游，竞畅于宇宙之间，被德含和，缤纷茏苁，欲与物接而未成兆朕。有未始有夫未始有有始者，天含和而未降，地怀气而未扬，虚无寂寞，萧条霄霓，无有仿

佛，气遂而大通冥冥者也。（《淮南子·俶真训》）

这段话第一句与《齐物论》类似，从“所谓有始者”起便是解释性的文字，涉及宇宙创生的各个阶段，相当于《齐物论》的“请尝言之”。如果设定了“始”，那么，开始之前的就不承认了吗？所以，又必须有“未始”。有了“未始”，我们还可以依照这样的思路继续追问，这就形成了一个不断追问的趋势，最终的结果必然是无穷后退。我们现有的宇宙学知识表明，在宇宙最初的三分钟之内，宇宙的基本结构和时空拓扑都形成了，宇宙长期演化的基本东西都奠定了，“时”、“空”、能量与物质它们都是在最初的瞬间发生的。《淮南子》这段正是讲宇宙开辟过程中的某些状态，或某些“时间点”并且标定了每个时间节点发生了什么。

这是《淮南子》的理解，这种理解一直被认为是理解《齐物论》的重要参照系。它当然是重要的参照系，可我们要说的是“但是”。但是，这段文字有没有误解的可能呢？第一，《淮南子》显然以自己的理解将《齐物论》一段复写了一遍，但是，其中描述的状态和阶段难以理解；第二，《齐物论》一段究竟是什么意思，这是必须认真考虑的问题。因为文献本身非常复杂，所以，我们在梳理和推敲时便需要参照与之相关的其他内容。

古之人，其知有所至矣。恶乎至？有以为未始有物者，至矣，尽矣，不可以加矣。其次以为有物矣，而未始有封也。其次以为有封焉，而未始有是非也。（《庄子·齐物论》）

“古之人，其知有所至矣。恶乎至？”意在追问“知”的极点。

随后，“有以为未始有物者，至矣，尽矣，不可以加矣”一句指出，我们探究事物的性质要有一个“极点”，即不可解释的理论预设。而这个“极点”就是“未始有物者”，这是一条不可逾越的界线。换言之，关于物的知识有个界限和边界，所谓“至矣，尽矣，不可以加矣”，至此便不能再增加了，必须要打断。准确地说，它意在扭转思考和论证的方向，意在划下一条鸿沟，这条鸿沟也称为“知止”，“知”在此处是个转折，不需要再探究了，因为继续下去也没有意义了。

《齐物论》中，这段话虽然位于第一条材料之先，却可作为第一条材料的重要参照系，这更加表明《齐物论》文本的形成过程比较复杂。由此，引文第一条的“请尝言之”以下，实际上展示的是一个荒谬的、自相矛盾的说法：按照一般的终始观点讲物，终将形成一个十分荒谬的状态，这与我们现在所说的归谬推理没有什么不同，我们也称之为无穷后退的“恶无限”。往下面可以一直推、一直写“有始也者，有未始有始也者，有未始有夫未始有始也者”等等，没有完结。显然，《淮南子》的作者并没有真正理解《庄子》的意思。庄子似乎在讲一个复杂的宇宙论，实际上却在展示宇宙创生论的局限性。他启示我们说，倘若我们按照宇宙论的思维方式和理论模式思考道物关系，那么讲着讲着便会在逻辑上不知怎的不能继续了。

古之人，其知有所至矣。恶乎至？有以为未始有物者，至矣，尽矣，弗可以加矣。其次以为有物矣，将以生为丧也，以死为反也，是以分已。其次曰始无有，既而有生，生俄而死；以无有为首，以生为体，以死为尻。（《庄子·庚桑楚》）

参照此段我们继续推敲前引《齐物论》的片段。《齐物论》的宇宙学说，意在表明宇宙论的方式必然导致一些无穷后退的结果。宇宙论的推理方式，看似很合理、逻辑性很强，可庄子正是以推理的方法破斥推理本身，这是非常高明的。由此，《齐物论》的明确取向是，"始""未始"的理论都是在时间之流中设定一些端点、起点和终点。如此这般地考虑问题，在庄子看来是有局限性的，"始"与"未始"，好像一个有开始，而另一个没有开始，二者有所区别。但事实上，它们并无二致，在逻辑上是一个东西。

由此可知，第一条材料中隐含着这样的哲学问题：庄子试图展现两种与终始问题相关的思想取向，一是认为宇宙有一个开始——所谓"有始"，一是认为宇宙有一个"未始有始"的状态。然而，这两种表面上相反的东西，实际上却出于同一个逻辑，因为一旦确定了"有始"，就会循着"有始"本身而推演出"未始"。当年，牟宗三先生讲述《齐物论》时就有这样深刻的洞见，他说，《齐物论》中有"有始"和"未始"两种论调，而这两种论调最后归结到基本上是一个东西，从更大的范围看，是一套系统里的东西。

下面请看一条材料：

> 有始也者，有未始有始也者，有未始有始也者，有未始有始夫未始有始也者。有有也者，有无也者，有未始有无也者，有未始有夫未始有无也者。

大家肯定觉得这条材料比较奇怪，它出自何处呢？其实是我自己杜撰的。为什么杜撰它呢？推敲《齐物论》文本的前后规律，我们发现这段话可能还有一些脱文，这是完全可能的。对于这种理论性较强的文本而言，缺少一个字，乃至缺少半个字都可能阻断我们的准确理解。为此，我们尝试着对它进行补足，于是便参考了这条材料。我们为什么能够补足这段疑阙的文本呢？事实上，引文第一条呈现出严格的对称性，它一方面讲“始”，一方面讲“未始”，将二者呈现出来之后，庄子显然在暗示它们是一丘之貉，或者是穿一条裤子都嫌肥的难兄难弟，都应该被否定，都没有意义。

这种略显复杂的讲法，是为了向大家展示经典研究的方法，研究经典一定不要忽视理论分析。我们知道，哲学文本不同于一般的、由常识语言写成的文书，哲学史、思想史的内容具有很强的稳定性，这种稳定性源于其自身展开的内在规律，这其中往往贯穿着某种思想逻辑。哲学史、思想史譬如河流，潮来浪去，惊涛拍岸的浪花都是些表面的东西，并未触及这条河流的本质。静水深流、中流砥柱才是它的本质，同时又是非常稳定的。思想的产生也绝非偶然，它出现于何处，乃至何时出现都具有某种必然性，而研究这种必然性，正是对于哲学文本的研究者的要求。

下面还有一段话值得参考：

> 殷汤问于夏革曰：“古初有物乎？”夏革曰：“古初无物，今恶得物？后之人将谓今之无物，可乎？”殷汤曰：“然则物无先后乎？”夏革曰：“物之终始，初无极已。始或为终，终或为始，恶知其纪？然自物之外，自事之先，朕所不知也。”殷汤曰：“然则上下八方有极尽乎？”革曰：“不知也。”汤固问。革曰：“无则无极，有则有尽；朕何以知之？然无极之外复无无极，无尽之中复无无尽。无极复无无极，无尽复无无尽。朕以是知其无极无尽也，而不知其有极有尽也。”（《列子·汤问》）

这段话与“终始”相关的问题意识代表着道家的倾向，很有推究的必要。其中，“古初有物乎”“物无先后乎”“上下八方有极尽乎”等等，恰好呈现出古书中推究“有生于无”的情形。“无则无极”以下基本是按照《齐物论》的论调演绎的。这里的“夏革”，其实同上一讲选取的《逍遥游》“汤之问棘也”一段中的“夏棘”是同一个人。那段材料十分古怪，“穷发之北”等一系列表述基本上都是用《山海经》的叙事讲述的。因而，有人以为“无极之外复无无极”一段应该接在“汤之问棘也”一段之后。我个人理解，《庄子》中的那段话可能是记错了，错将《列子》的内容记入了《庄子》中。在此，之所以提示出这些文献上的复杂问题，是为了提醒大家在研究问题的时候有必要关注诸如此类的复杂脉络。

我们说，古人追问起源性质的问题是很合理的，也很容易理解，因为我们在日常生活中也会很自然地提出这类的问题。比如我们极目远望便是一抹黛色远山，你们会问，山的那边还有些什么呢？如果有人回答说山的那边还是山，你会觉得这个答案也不错，只是缺少点儿诗意，于是你便会幻想山的那边有各种各样的东西，比如大片大片的白桦林、金黄色的杏园和美丽的姑娘等等。然而，哲学家讨论起源性质的问题时，会直接推至宇宙的极点——始和终，这样的例子在哲学史上屡见不鲜。而《庄子》的独特性和深刻性则在于，在他看来，这种追问起源的思维模式在究极的意义上自相矛盾，不足为训。按照庄子的理论脉络和思想逻辑，所谓“终始”的规律，无论如何还是在“物的世界”中打转，而试图以探究“物”的方式探究“道”只能是南辕北辙、缘木求鱼。为此，对于“终始”的推敲便只能限定于“日新之流”“万化之途”的哲学语境中，而“道无终始”的命题即是指“道”不会出现在时间中。

总之，联系上一讲的“道”不出现在空间中，我们说，时间和空间都不能用来度量“道”，“道”不在时空之中。这一点与物相反。人们往往习惯于将 Being 翻译为“存在”，而这种译法的问题便在于包含有“在”字。“在”作为介词，引导的是标明时间和空间的状语，它其实是 Existence，而不是 Being。Existence 具有实质性的含义，换言之，它可以且必须于外部呈现或展开，而“外部”就是指处在时空中的东西。因此，Existence 与具有本体论意义的 being 不同。从时空的不可度量性看，我们固然可以说，作为万物本原的“道”更接近于 Being，而 Existence 更像是“物”。

值得注意的是，《老子》《庄子》诸书中的“道”并非纯粹的无，有时称它为“恍惚”，有时又称它为“存”（注意没有介词“在”），如《老子》第4章“湛兮似或存”。实际上，这个“存”是“有”的意思，是无形的“有”，说明它虽然无形但却起作用。此外，“似”与“或”意思相同，为什么采用叠加的方式表述呢？其实，这是一种强烈的提示——以恍惚其辞的形式提示“道”。又如出现于《庄子》中的概念“真宰”，很多人以为是物的支配者，其实庄子说的是“若有真宰”，物的背后好像有东西在控制它、操纵它、支配它并且作为它的本原或基础。但是，庄子却并没有直接肯定有这样的“真宰”。曾经很多学者以为“真宰”就是“道”，就是“道”的别名，由此可见“道”就是“物”的存在根据，所以能够包含、支配、驾驭着“物”。这当然是误解。“若有”既没有肯定的意思，也没有否定的意思，《齐物论》的“始”与“未始”与之同理。可见，道家的“道”是多么地不同于“物”。“道”不是一个“在”的“东西”，既不“在这儿”也不“在那儿”，而是无所不在，无形但却起作用。正因其无形，我们便不能确定它是否是那个“在”（Existence）。通过分析我们发现，哲学上的这些概念和命题并不偶然，它们都是深入缜密思考的结果。至此，大家可能感觉我在过度解释庄子的思想——赋予他一种比较现代的内容和形式。为了回应我自己对于自己的质疑，我们引入《秋水》篇的这段材料：

> 道无终始，物有死生，不恃其成；一虚一满，不位乎其形。年不可举，时不可止；消息盈虚，终则有始。是所以语大义之方，论万物之理也。物之生也，若骤若驰。无动而不变，无时而不移。何为乎，何不为乎？夫固将自化。（《庄子·秋水》）

“论万物之理”的“论”读作“伦”，有条理之意。“物之生也”之后似乎与前面没有什么关联。前一部分依旧从终始、大小、多少的变化角度分析问题，而后一部分则指出，当我们从动量、大小、速度、位置等方面讲论物的性质（“物理”）时，这个物却是“若骤若驰”、无时而不移的。那么，我们又该如何理解它？显然，当我们用物理学或者诸多理性的方式讨论物的时候，人类的理性往往倾向于借助一些概念把握事物的规律，比如时间、空间、终始、大小、长短、速度、位置、有无等等。这种方式固然有其合理性，但是，这样僵化、机械地理解事物是有问题的，《秋水》这段文字的意义便在于此。换言之，我们试图精确地掌控出现于时空之中的物，这是不可能的。依据现有的知识，我们或者知道物的动量，或者知道物的位置，我们不可能同时知道它们二者。

所以，对于不出现于时空中的“道”，我们更不能用一般意义上的知识，或者人类的概念式思维、人类的理性把握。进而，庄子深邃的力度在于，他指明“终始”之说的提出是源于人们已经习惯了用终始的方式思考，而这种思考方式本身是有问题的。提出错误的问题，是因为我们思考问题的模式是错误的。如此高远的理论视野，用《庄子》自己的话表述即是“以道观之”。根据上下文分析，“殷汤问于夏革”一段夏革的回答也有此意——偏于有、偏于无、偏于有始、偏于未始都是不足取的。因为一般的知识理性的认识模式，或概念思维的认知途径，都不足以探求作为宇宙本原的“道的真理”。

二、因与果

可以说，“终始无故”命题背后隐含的哲学问题，一方面是对于宇宙论的质疑和解构；另一方面是对于宇宙论背后的概念思维的问题模式，抑或理性论证的哲学叙事的反思。这其中，庄子将更为强烈的质疑和反思指向因果关系。我们知道，因果规律作为基本规律，不论在哲学传统还是在科学传统中都很根本。若要确定因果关系，最起码要明确时间上的前后关系。严格地讲，《庄子》中的“故”有时是语词，有时是概念。我们的重点是作为哲学概念的“故”，这个“故”就是因果或因果规律的意思。在时间之流中出现一个东西或事件，紧接着又会继起另外一个东西或事件，其间，内在且必然的规律就是因果（或因果规律）。然而，“道”不出现于时空之中，因果关系对于“道的真理”而言，就是没有意义的。这是庄子的特殊视野，这也符合道家的思想逻辑。

> 天其运乎？地其处乎？日月其争于所乎？孰主张是？孰维纲是？孰居无事推而行是？意者其有机缄而不得已邪？意者其运转而不能自止邪？云者为雨乎？雨者为云乎？孰隆施是？孰居无事淫乐而劝是？风起北方，一西一东，有上彷徨。孰嘘吸是？孰居无事而披拂是？敢问何故？（《庄子·天运》）

庄子一连串的提问最后归结为“敢问何故”。长久以来，哲学一直在追问事物的究极原因，任何“打破砂锅瓮（问）到底”的追问最终都有可能成为哲学问题。这种系统性的、总体意义上的追问，在庄子看来都可以归结为“故”。这个类似于《楚辞·天问》的段落向来为思考自然哲学的人（包括科学家）所特别关注，“耗散结构”理论的创始人普理高津就认为其中蕴含了最早的自组织思想。我们知道，经典力学的基础是因果规律，经典力学之后，各种各样的反动与超越，其实都是从不同的方向对因果理论的思考。现代物理学的统计力学便将概率解引入了动力学方程（比如说薛定谔方程），然而，在机械力学的坚定信奉者看来，这是绝对不能容忍的，因为数学的方程都是上帝的语言，上帝怎么可能说出一些模棱两可的话呢？爱因斯坦也曾表示，上帝怎么可能以掷骰子的方式决定宇宙的运行呢？哲学的分析表明，归根结底，统计力学是在瓦解人们对因果律的信仰，消解着“故”的问题意识，质疑了偶然与必然的截然两分。

什么是偶然？什么又是必然？这或许是一个假问题，尤其是运用在历史上。历史上一些事件发生了，而另外的一些事件没有发生。我们能够对历史进行假设吗？显然，这是没有意义的。如果我们说历史上的事件都是一些偶然现象的话，就像茨威格在《人类星光闪烁时》中写到的人类历史上几个莫名其妙的瞬间，他认为这些都说明人类历史出乎偶然，这当然是误解。因果、偶然与必然诸概念，如果置于“终始”的时间长流中予以审视，也许会看得更清楚一点儿。庄子将其中主要的特点概括出来了。

“天运”是天象的运行，属于物理过程。对于物而言，因果规律当然是它的基本规律。但是，如果结合“天运”这个语词背后的复杂内涵探讨与之相关的“道的真理”，那么，因果属性的“故”就不够用了。《庄子》这里既没有说“故”有道理，也没有说它没有道理，而只是怀疑这样的“故”。原因是什么呢？历来讲法很多，例如王夫之曾说：“自然者，本无故而然。”（《庄子解》）在他看来，“天运”就是自然而然的意思，不需要探求它背后的“故”。我们要重视这个观点，但这并不代表我们赞同他的说法，因为这种说法可能受郭象“独化论”的影响太大了。

事实上，庄子追究“故”、怀疑“故”的背后隐含着两个重要的哲学问题。其一，可以说“道”是隐身于万物背后的那个原因、那种规律，甚至于那样的主宰者、支配者，这是很自然的想法。“道”是物的本原，不知道“道”能不能离开物，但物一定不能离开“道”。其二，“道”不是物的根本原因，物本身有其自己的原因。这后一种想法基本上是郭象的理解，也比较接近于王夫之的观点，但他们的理解还不够全面。庄子只是质疑而已，他既没有否定也没有肯定。正如“若有真宰”的“真宰”，它或许只是一个戏法、一个辞藻，用以提示我们思考这个问题。如果问题解决了，那么这个词也便不需要了。在《庄子》的思想中，这种可能性完全有。

总之，宇宙万物背后究竟有没有一物是其主宰，这是问题的关键。如果有，“道”俨然成为上帝的化身，在它的推动下，宇宙万物成为一个有规律、有秩序的整体，如同钟表需要上发条一般，宇宙也需要第一推动力。这种对于第一推动力的预设，已经成为一种强大的思想传统，自古希腊至牛顿绵延不绝。而另一种思考则在中国哲学史上具有强大的影响力，即郭象的“独化论”。郭象的“独化”，就是自生自化，它主要围绕着“自然而然”的意思展开，强调事物自身就是其存在和运动的原因。然而，庄子并没有那么偏颇，他似乎很讲究均衡，他往往不会特别深究以至于走入极端。庄子常说，“奚以知其然也”“不知所由”“不知其然”——你怎么能知道背后的那个原因呢？你不知道它，当然你也用不着知道它。它就是那么回事，庄子也并不因此就认为它没有。我们要理解这种思想上的复杂性。

接下来，我们分析一下这其中的原因。人们普遍承认的那个坚不可摧的“故”，为什么并不可靠呢？

> 圣人之生也天行，其死也物化；静而与阴同德，动而与阳同波；不为福先，不为祸始；感而后应，迫而后动，不得已而后起。去知与故，循天之理。故无天灾，无物累，无人非，无鬼责。其生若浮，其死若休。（《庄子·刻意》）

“天行”与“天运”意义相近，是指依照自然行动。“物化”的含义相对复杂一些，但也基本上与万物的基础性变迁相吻合。后面的“静而与阴同德，动而与阳同波”则完全进入一种“天人合一”的状态与境界。最终，庄子水到渠成地提示出“去知与故”这一非常重要的命题。“知”与“智”是相通的，这里的“故”有“故习”的意思，指社会习俗与生活习惯。但是，在这段文本的语境中分析，我们说，这个“故”也有因果概念的意思，这层含义不能排除。因此，“故”与“智”都属于一般意义上的理性功能，而只有去掉、扫荡它们才可以“循天之理”。值得注意的是，“天理”作为一个语词抑或概念，哲学史上首先出现于《庄子》，《养生主》《刻意》各篇都有提及，而并非自宋明理学才开始讨论。然而，庄子的“天理”也有其特殊的意思，它指一种不需要分别的自然形态。这是第一层意思。

进而，所谓“知”指的是知识理性的方式，它包括概念思维、智力技巧等伎俩。庄子提出“终始无故”并不是简单地在“万化之流”或者物的层面上否定并取缔因果规律。庄子质疑和探究的是更深入、更根本的关系，比如道物的关系。他的意思是因果规律不足以探究更具基础性的道物关系，原因在于因果律所依凭的“知”或“智”不能解决这个问题。这以后，庄子由思想世界转入精神境界。这是第二层意思。

此外，还有第三层意思，涉及《庄子》中与因果相关的另一个特殊的问题，即是“或使”还是“莫为”？这是什么意思呢？“或使”的理论认为万物的变化背后有一个摆布它的力量或原因。正如生活遭遇波折时，有人会觉得在冥冥之中有一个东西，或者是“命”在操纵着他，用哲学的语言表述就是“或使”。而“莫为”的理论则认为没有一个东西支配着你，一切都是自然过程造成的，不需要再寻求一个更深、更复杂的原因，自身就是自身的原因。“或使”和“莫为”这两种理论的提出者是稷下学派的两位先生。“或使”是接子（接予）的理论，“莫为”是季真的思想，他们都是齐国稷下学派非常重要的人物。

> 少知曰：“季真之莫为，接子之或使，二家之议，孰正于其情？孰偏于其理？”太公调曰：“鸡鸣狗吠，是人之所知；虽有大知，不能以言读其所自化，又不能以意其所将为。斯而析之，精至于无伦，大至于不可围，或之使，莫之为，未免于物而终以为过。”（《庄子·则阳》）

少知的疑问是，季真和接子这两种完全相反的理论究竟谁对谁错。“或使”是哲学史上屡见不鲜的“本质主义”。“本质主义”者认为事物有个本质，本质支配着现象。而持“莫为”观点的人则围绕着现象转，我们杜撰一个词叫作“现象主义”，郭象有些近似于这种“现象主义”者。面对这两种思考方法或哲学流派，庄子借太公调之口指出它们都不对，都容易走极端，不能偏执于任何一方。这种复杂的讨论，重点在于“道”不可以是“有”也不可以是“无”。“道”根本就不能用“无”来解释。我们知道，老子倾向于以“无”解释“道”，但发展到庄子，他认为这也是一种偏执。同时，我们更不能将“道”归结为“有”，因为这已经被老子批判并超越了。那么，我们该如何驾驭这两种类型呢？事实上，庄子意在借助“或使”和“莫为”指明这样一些特点和问题，即当我们讨论“道”或道物关系的时候，是不可以使用“或使”和“莫为”的，无论是“本质主义”还是“现象主义”，都无法正确地回答道物之间的关系。

至此，我们一直强调物是可以置于“终始”的时间长流中观察和认识的，而“道”却不能。那么，“道”与“物”难道是割裂的，风马牛不相及的吗？果真如此，那就根本地误解了庄子的初衷。《庄子》中道物关系的两个基本点是：“道”不同于物，然而，“道”又是物的本原。这种既是又不是的关系正是哲学思考的对象。我们需要在这种道物的复杂性关系中正确地认识物的规律，同时也正确地认识“道”的规律，这是《庄子》的全部文本所不遗余力地阐明的观点。

我们继续探讨，超越了“或使”和“莫为”之后，庄子提示出怎样一种道物关系呢？

> 有先天地生者物邪？物物者非物。物出不得先物也，犹其有物也。犹其有物也，无已。（《庄子·知北游》）

“先天地生者”这个问题与《庄子·齐物论》和《列子·汤问》的“古初有物乎”等问题是一致的。道家在《庄子·知北游》中有一个非常重要的思想转折，那就是此处的“物物者非物”，或“物物者与物无际”。庄子自创的这个新的语词——“物物者”，使物成为物的那个“东西”，它是物的本原，它就是“道”。它有什么特点呢？庄子说，“物物者与物无际”。“际”就是界限，“与物无际”是说它和物之间没有界限，可以隐没于物。换言之，“道”无所不在于物，所谓“道无所不在”“目击而道存”。如果我们对此加以同情地理解，那么，物是可以看见的，而“道”则只能依靠“洞见”。我们既不能把物当作一个“或使”的东西，也不能把它当作一个孤零零的“莫为”的东西。“道”与其所派生的物是没有界限、没有隔膜的。我们用“派生”这个词就是提示大家，“道”与物本来就是自然而然地在一起的，只是人们在思想中将它们加以区别。

三、死与生

接下来，我们讨论与终始问题相关的死生问题。“死生”或者“生死”都是生命的边际——起点或终点。在死生的问题上，庄子考虑的不是愿意死不愿意死、愿意活不愿意活，而是生命的价值和意义，正如泰戈尔在《飞鸟集》中写下的“生如夏花之绚烂，死如秋叶之静美”，这也意在折射生命的意旨。我曾经读过托尔斯泰的一本小书，在序言中他提到，一开始想写一本书叫作《论死亡》，因为他曾对死亡的问题十分着迷，进行了深入思考。然而，写着写着，他在思考和撰写过程中发觉自己的思想开阔了，最后他重新定位了这本书的主题，确定为《论生命》。顾名思义，《论生命》讲述的是“生命”，它已然超越了“死亡”的局限性。由此可见，在生死问题的背后，不同的人有着不同的动机。而哲学家讨论生死问题则非同凡响，苏格拉底说“哲学就是练习死亡”，他那样淡定地面对死亡，他看到了死亡具有铁一般的必然性，因而思考死亡的问题，并认识到哲学讨论死亡的意义。与之相比，《庄子》中的死生问题或许还要更加复杂一些。

首先，在“终始”或时间的“万化之途”中，庄子将个人的生命投放在一个无穷无尽的过程中，并在这种宏阔的背景下讨论生与死。表面上看，《庄子》的文字“汪洋恣肆”、潇洒飘逸，但在另外的角度上，庄子其实非常沉痛，他的文字反映出一种强烈的“悲剧意识”。所谓“悲剧”，是指常人所认为有价值的东西都必将崩溃，如果你觉得生命是有价值的，那么它必定会转化为“死”，这就是我们的宿命，这就是哲学性的“悲剧意识”。显然，庄子一方面具有一种高远的境界，另一方面也具有一种强烈的人文动机——“悲剧意识”。庄子特别喜欢思考死生问题，对于这个问题，他有很多振聋发聩的启示。

> 庄子妻死，惠子吊之，庄子则方箕踞鼓盆而歌。惠子曰：“与人居，长子老身，死不哭亦足矣，又鼓盆而歌，不亦甚乎！”庄子曰：“不然。是其始死也，我独何能无概然！察其始而本无生，非徒无生也而本无形，非徒无形也而本无气。杂乎芒芴之间，变而有气，气变而有形，形变而有生，今又变而之死，是相与为春秋冬夏四时行也。人且偃然寝于巨室，而我嗷嗷然随而哭之，自以为不通乎命，故止也。”（《庄子·至乐》）

庄子妻死，好友惠施前来吊唁，庄子本人好像并不以为意，一边敲打一边唱歌。惠施认为依照日常的礼俗，庄子应该悲戚才对，可他现在不但不流泪反而还挺高兴，这太过分了。庄子回应说“是其始死也，我独何能无概然”，意思是他确实也失落。但随即，他便转化到哲学的语境中讨论妻子的死。在庄子看来，妻子的生命和万物一样，都是宇宙大化的一个片段，从“芒芴”之间有“气”，从“气”再化为人，如同春夏秋冬四季的变换，是个自然的过程。这是哲学家对于生死的特别理解，是在一种哲学语境、宇宙视野下考察个体的生命。

> 子祀、子舆、子犁、子来四人相与语曰：“孰能以无为首，

以生为脊，以死为尻，孰知死生存亡之一体者，吾与之友矣。”四人相视而笑，莫逆于心，遂相与为友。（《庄子·大宗师》）

这段话中，庄子的意思是“死生存亡”是一体的，有生就有死，无所谓高兴不高兴，重要的是“安时而处顺”。

彼方且与造物者为人，而游乎天地之一气。彼以生为附赘县疣，以死为决疣溃痈，夫若然者，又恶知死生先后之所在！假于异物，托于同体；忘其肝胆，遗其耳目；反覆终始，不知端倪；芒然彷徨乎尘垢之外，逍遥乎无为之业。彼又恶能愦愦然为世俗之礼，以观众人之耳目哉！（《庄子·大宗师》）

“夫若然者”是将生、死看得不值一提，相比于哲学所开拓出的精神境界，生死的问题便可被抛诸脑后。庄子写下如此惊世骇俗的语言并不是偶然的。所谓“游乎天地之一气”“以生为附赘县疣，以死为决疣溃痈”，他意识到生与死在本质上没有任何的区别，他真正能够视死如生，视生如死。这段话是不是振聋发聩？它表明庄子进入了一个精神的境界，他以此超脱生的束缚、死的局限。

在参透生死方面，陶渊明与庄子心心相印。他的“纵浪大化中，无喜亦无惧”以及“死者长已矣，同体托山阿”，似乎都是在点化《庄子·大宗师》的语段。正如消解终始问题一般，死和生也都不是一个开始或一个结束，只要个体的生命与“道的真理”之间建立起一种内在而恒常的联系，将个体生命融入“万化之途”的无穷无尽的宇宙过程中，那么，个体生命便不再被限定为一个从生开始，至死结束的局限性片段。这是我们此讲的主要内容，也是《庄子》

的思想精髓。

最后，我们讨论一个饶有意味的小问题。《庄子·养生主》描写的庖丁屠牛，神乎其技，牛被分解后“如土委地”——像一把土掉在地上分解。宋代的一个学者曾说，他看到在“如土委地”之前还有几个通行本中没有的字，即“牛不知其死也”。从严谨的角度讲，我并不同意将“牛不知其死也”这几个字视为通行本中漏掉的内容，它们有可能是注文掺入正文的结果。但是，这样的“注文”或者“异文”很有意思，它很符合庄子的思想逻辑。牛在合规律地被分解之后，便和宇宙大化合为一体，所谓“与阴同德”“与阳同波”。那么，对于生死，它还有什么知道与不知道的分别呢？生死的界限根本就模糊了！倘此，曾形成的世界观、方法论和伦理学岂不是需要彻底颠覆了吗？

第五讲　有与无：道物关系之三

前面两讲，我们讨论了道物关系的两个方面。之所以探讨道物关系问题，是因为理解“道”不能不通过“物”的现象世界；反之亦然，“物”也要通过“道”才能从根本上把握。这是从相反相成的角度看问题，这也是道家哲学自始就具有的思考特点。我们曾明确且比较充分地论证了“道”不出现在时空中，不可以用“大小”（空间性的尺度）衡量它，也不可以借助“终始”（时间性的、生灭变化的标尺）度量它。事实上，老子“无”的概念中已经包含了这样的思想。为此，我们有必要在“有无”这一哲学理论层面上进一步地推敲道物关系。

一、有与无

我们知道，哲学家探讨现象世界时，对象一旦进入哲学家的思考就要被概念化。所谓概念化，是指凡出现在思想世界中的东西都有了“名”的标记，没有“名”不能表达的东西。我们讨论牛的概念、马的概念时，不必牵来一头牛或一匹马，不需要很具体地看。这就是我们一般人使用语言或通过语词标记“物”的思想世界。确乎如此，这是一个由语言建构起来的思想世界。而哲学体系中的“名”又有了更加抽象的变化——从我们日常语言中的语词变成了概念。这些概念可以按照不同的原则予以分类，这其中，道家的分类原则比较特殊，他们分成最抽象的两类：一是“有”，比如“有物”“有形”；一是“无”，比如“无形”“无物”“无有”。值得注意的是，道家所谓的“无物”或“无有”，在现象世界中是没有的，它们只是名言标记的东西，只在语言中出现，只呈现于思想的世界中。然而，名言可以标记“无”，却不一定能阐释“无”，这一点有些像数字0，又有点儿像数学里的无限（无穷大、无限小）概念。

数学中0的发现是非常重要的，同时也是非常晚的。关于0的发现，存在着各种各样的说法，其中，一种很自然的解释是说，人们在计数时（无论是五进制或十进制），比如一千个加上两个，中间的0比较麻烦。最初都是空一个格，但空格容易混淆，或者被遗漏，那样的话，做生意、往来贸易就会很麻烦。人们考虑发明一个新的东西，于是便写进去0。0在现象世界中是看不见的、找不到的，换言之，自然界中并没有0，0不是一个自然数。我们数数数到十、二十的时候，起初也不需要0，也不会出现0，而是直接说“十”（Ten）、“二十”（Twenty）即可。对吧？无限大同样也不是一个数，实际上不存在什么无限大，但它在数学中却很有用，甚至不可或缺。同理，哲学家在使用概念时也必须提取出一个东西并对其进行标记，这就是“无”，它仿佛具有数学中的0和无限大的性质。

“无”在《老子》中是“道”的根本属性。“无”的发现表明，只有典型的哲学思考才能将它挖掘并呈现出来。如果只是追逐于事物，沉溺于现象世界，只关注我们能够看到的、能够摸到的，便找不到“无”。这是“无”的一个特点。与此同时，老子的“无”还有另一个特点，老子通过“无”诠释并规定“道”，而“无”却不是抽象意义上的，它比较具体。它可以是“无物”“无形”“无名”“无为”“无欲”等等一系列，所谓“无”都是“无形”“无名”等的省略。这一点在古代语文中是合理的，古人经常选择省略那些他们认为不言而喻的东西。然而，两千多年后的我们，在理解文本时却不能忽视那些被省略的东西。这里的意思是说，“无”不是纯粹的什么都没有。当“无”不是纯粹的什么都没有时，它与“有”之间的联系才能恰当地建立。因此，透过“有无”讨论现象世界与本原之“道”关系的思路，是由老子开创的，庄子继承着这种思路。

二、道与物

鉴于此，我们今天首先试图在哲学思考的内在规律上，深入挖掘老子的“无”所蕴含的、可以进一步开拓的路径和方向。接下来，我们还将概括并区别出道家讨论“有无”问题的几种模式。这种概括并区别的前提是承认老、庄之间的继承关系。我们说，庄子在延续老子思想的同时，也推进着老子的思想。他将在老子那里还只是端倪的东西发挥得比较透彻。以此为基础，我们将分析庄子对于本原之“道”有哪些和老子不同的讲法，分析庄子为什么如此讲，他的讲法在哲学理论上的必然性又是什么。最后，我们还将在讨论“有无”问题的基础上，进一步扩展到讨论“内外”“天人”等诸问题。这些问题在《庄子》中讨论得更加充分，也更有特点。

“有无”的问题，如果我们同西方学者交流，他们会觉得这是典型的哲学问题。然而，在中国哲学的传统中，道、儒两家对此的观点却并不一致，道家盛言之，而儒家似乎比较漠视。可以说，儒家的学者并没有充分地讨论过“有无”的问题。张载曾说：“大易不言有无，言有无，诸子之陋也。”他说诸子学讲论“有无”，其实指的是道家或者黄老学。“大易”，即是指《周易》。在张载看来，一切都是“有”，《周易》从来不讲“有无”，讲“有无”都是诸子的弊端。这种看法当然是片面的，我们要认识到“有无”问题包含着重要的哲学意义。从《老子》开始，道家著作中的“无”就不是什么都没有的，不是纯粹的“无”（Nothingness）。老子“无”的发现中有一个特别的概念——“无心”，倘若我们将其理解为“没有心”或者“没心没肺”，那当然是误解，为此有必要通过文献的梳理，讨论并澄清“无心”的意涵。

> 圣人无常心，以百姓心为心。（王弼、河上、严遵、傅奕诸本同）
>
> 圣人无心，以百姓心为心。（敦煌本）
>
> □人恒无心，以百省之心为心。（马王堆帛书乙本）
>
> 圣人恒无心，以百生之心为心。（北大汉简本）

关于《老子》第49章的首句，通行的几个版本，比如王弼本、河上公本、严遵本以及《道藏》中收录的傅奕古本都作“圣人无常心，以百姓心为心”。但是，近年来新发现的版本或作“圣人无心”，或作“圣人恒无心”“圣人常无心”。它们谁对谁错呢？经过语文学和文献学的研讨，我们认为“常无心”“恒无心”的读法是正确的，而“无常心”是错误的。这是因为“无心”的概念不能割裂，正如“无名”一词不能割裂一样。如果割裂它，《老子》第1章“无名天地之始，有名万物之母”一句就读不懂了。事实上，王安石“无，名天地之始；有，名万物之母”的读法和解释是不符合早期道家哲学的本来意思的。最简单的理由就是“无名”作为一个哲学概念，它不可拆分、不能割裂。正如我们不能将“无名之朴”读成“无，名之朴”；也不能将“道常无名”读成“道常无，名”。另外，“常心”在庄子哲学中也是一个固定的概念。过去，许多《老子》的注本纠结于此，生发出很多不必要的讨论，现在看来可以一扫而空了。

除文献学的证据外，更重要的是，“无心”也是一个严格而固定的哲学概念。我们过去以为两个双字词或三个字的复合词概念比较晚起，而单字词的概念相对较早，其实未必。一旦进入哲学的思考，这条语文规律就打破了。“无心”概念只有在哲学思考的文本中才会出现。那么，“无心”究竟是什么意思呢？我们不能望文生义。历史上，围绕“无心”的含义曾有过很多的讨论，有一种讲法认为“无心”是“无心之心”，是一种特殊意义的“心”，正如“无名”“无形”一般，这是河上公的解释。王安石的《老子注》现已亡佚。至于说“无心”是“无思无为”的意思，这显然是用《系辞传》的内容进行比附。那么，“无思无为”指的又是什么呢？我们平时思考复杂的问题时，往往会绞尽脑汁反复地想，无论如何都想知道其中的关联，从这一步是如何推到另一步等等。然而，道家强调“反”，认为我们思虑绵密地解决问题时，不妨将思想停止在此处或者朝向相反的方向，因为按照常规的思路进行往往不会得到好的结果。

这里不妨讲一个哲学系有意思的掌故：曾经有一位研究西方哲学的老专家和我们聊天（我们当时还很年轻），说他总是为了思考一个问题而夜不能寐，但却还是解决不了。我们就和他开玩笑说“停下”，让思想沉寂下来，使那些不断涌现的稀奇古怪的念头归于寂静！他说，怎么能停下呢？我们说，你们平时习惯了遇到问题、遇到难解棘手的问题时绞尽脑汁地思考，但这不一定是最好的办法。我们想要加快思维的节奏、延续思考的时间是比较容易的（尽管也有一定的限制），但是想要停下来却不那么容易。我们心猿意马，不断生起各种各样的念头，但是要让它停下来甚至还能收放自如，还真需要些锻炼才行。总之，讲这些是为了强调“无心”在生活中运用的广泛性，表明它不是玩弄概念的游戏。前人所说确都有一定的道理，但是高亨读成“常心”就没有什么道理。而“无思无为”“无心之心”等说法则是对一般意义上的“心的功能”——比如运用概念思维进行理性的推理、计算、判断等的反动。让思想停下来，然后向相反的方向运行，“无心”就具有这样的意义。

此外，《老子》第49章提到“无心”的同时，也还提到了“浑其心”“浑浑焉”，这是理解“无心”概念的非常明显、非常精确的线索。“浑其心”就是使心混沌起来、不分彼此起来，就是要瓦解一般意义上的“心的活动”“心的功能”。“浑其心”在有些版本中也写作“浑浑焉”，这更是一个描述状态的词，指的是达到一种莫分彼此的感知状态，要沉入万物的波流与其一起运动、存在才能体会这种状态。因此，“无心”是一种特殊的精神状态或者意识状态。它不是一种思想状态，如果是思想的话，则往往需要借助概念、名言等理性工具才能进行。

以上的分析表明，老庄道家的“有无”问题范围广阔且思考精微。而与《老子》相比，庄子的讲法更加透彻。

> 万物皆种也，以不同形相禅，始卒若环，莫得其伦，是谓天均。天均者天倪也。（《庄子·寓言》）

所谓“万物皆种也，以不同形相禅”是指物各具不同的形状且不断地变化。“始卒若环，莫得其伦”相当于物的变化过程，比如A变成B，B又变成C，C又变成A，无穷无尽的变化总会回到原点。值得注意的是，“始卒若环”作为一种循环往复的运动模式，指的是“物”而不是“道”。至于“道”，《齐物论》中曾特别提到“道枢”这一概念，“枢”就是门的枢纽中空之处，有些类似于“环”，所以“道枢”也被称为“环中”，意思是指“道”不在事物生灭变化的链条上，不处于这个链条的任何一环，它在“环中”。“道枢”和“环中”描述的不仅是“道”的规律，而且还形象地体现着道与物之间的关系，也有助于我们理解物的规律。这之后，《庄子》还提到“今夫百昌皆生于土，皆反于土”（《在宥》）、“万物皆出于机，皆入于机”（《至乐》）、“精神生于道，形本生于精，万物以形相生”（《知北游》）等等，它们描述物的规律，同时也折射出对于“道”的规律的暗示。显然，我们分析“有无”问题，必须置于道物关系中予以思考，在此基础上分析《庄子》解决问题的思路才更有意义。

接下来，我们首先回顾《老子》中提出的问题。

> 道生一，一生二，二生三，三生万物。万物负阴而抱阳，冲气以为和。（《老子》第42章）

这是一种明显的宇宙论，后世倾向于用“气”的概念与理论对它进行解释，这是第一种理论模式。讲论“有”生于“无”时，“道”就是“无”，而“一”是“道”的另外一个名词。关于“道”能否自己生自己的问题，在此先不予追究，我们关注的是“有”生于“无”的展开方式。

第二种理论模式不太容易觉察，需要深入分析才能呈现。《老子》第1章说，“无名天地之始”，“天地”有时写作“万物”，这也是正确的，它们都只是一种修辞。关键在于这一命题中包含着“始”这个字眼。“始”是一种置于宇宙论模式讲论“有无”关系的思路。《老子》中多次使用“母子关系”形容“道物关系”，比如《老子》第52章的“天下有始以为天下母。既得其母，以知其子，既知其子，复守其母，没身不殆。”这样的理论完全可以抽绎为第一种模式。“母”“子”及其关系都可以进一步发挥成体系完备的理论表述。然而，问题的复杂性在于，第1章的“无名”和“有名”，我们习惯于将“无名”置换为“道”，而“有名”却不知该指什么。之所以出现“始”“母”“名”的问题，我们有理由推断，是因为《老子》中合并了不同的思维模式，具有混杂性。准确地说，其中叠置了不同层面的东西。

《老子》第51章讲“道生之，德畜之”，其中，表示受动的“之”字主要指“物”，“畜”是养育的意思，与“生”相比，具有更多的“成”的意味。《老子》第10章也有“生之、畜之”之类的话，其中的“之”都是指“物”。那么，“道生之，德畜之，物形之”（或者如马王堆帛书本所写作“器形之”更胜）的“之”都是指“物”。这里，尽管老子也用“生”“畜”这样的语词，有些像“道生万物”观念的残余，但是，我们仔细体会，它还是与“道生万物”的宇宙论观念有所不同的，不同之处在于老子在道物关系的框架中嵌入了“德”的概念进行理论思考，应该说，这是一个全新的方向。如果不能看出这一点的话，我们就不太能够理解老子在此处阐述的“道”和“德”究竟是一种怎样的关系，因为《老子》中并没有直接告诉我们这个问题。《庄子》亦然，他也没有明确地说“道”与“德”究竟是一种怎样的关系。后人常言“德者，得也”，认为“德”是指有得于“道”的东西。我们说，这种讲法是比较鲁莽的，是将“德”的含义浅薄化、庸俗化。我个人考证的结论是，这种“德者，得也”的观念或者诠释形成于战国中期偏晚以后，这种理解实际上干扰了我们对于早期“道”“德”关系的理解。“德”是如何得于“道”的呢？难道类似于古希腊哲学所热衷讨论的“分有”吗？

我在这里想要强调的是，从“道生一，一生二，二生三”到“三生万物”，这是一种阐发“有生于无”的宇宙论模式。而另一种通过“道”“德”和“物”的关系讨论问题的模式，则明显具有削弱“宇宙创化论”的倾向性。为此，我们有必要思考，这样的转变意味着什么？是对前一种模式不满意，抑或是对道物关系进行多方的探讨？这些都是很重要的问题。

总之，在“道生之，德畜之”等论述中，“生”与“成”（即“畜”）是不同的，这一点已经隐含在《老子》的各种论述中了，将有助于我们理解“道”与“德”的准确含义。中国哲学研究的一个重要且基本的方法，就是对各种各样的概念、范畴进行全面的梳理与厘清，进而探析其准确的含义。开创这种方法的张岱年先生曾有这样一种说法：“道”是宇宙万物最终的基础和根据，是生成万物的本原；道家著作中的“德”意味着万物生长的内在基础。那么，什么是“万物生长的内在基础”呢？我以前也不十分理解，只是觉得很有道理。现在看来，这种说法确实很有道理，其原因在于“德”主要是指物的“成”的部分，而“生”在《老子》中的准确含义是指前者和后者之间有紧密的甚至必然的联系。“道生之”表明“道”是物的本原，凡物皆来源于、产生于“道”。而“物”成为“物”的瞬间及之后，便进入了“德畜之”的阶段，“德畜之”是说“德”抚育着物，物要在一定的时空中保持相对稳定的性质才能够称为“物”。凡物都各具其性，“德”是支撑着每一个“物”的独特性的最根本的基础。

经过上述的推敲，“德”实际上比较接近于后来中国哲学经常讨论的“性”。在道家哲学中，“性”的概念确实更多地来源于“德”。准确地讲，“德”不是一般意义上的“性”，它更具基础性，姑且称为“性之性”。换言之，“德”是对各种各样的物性进一步抽象得出的普遍意义上的“性”。高亨认为，《老子》中“德”的各种用例都具有“性”的含义，这种判断是非常准确的。我虽然认为高亨的某些解释不正确，但是，他洞见到了这一点，这同时也证明他对文本是非常熟悉的。因此，我们说，《老子》第51章“道生之，德畜之，物（器）形之”的表述与第42章的宇宙创生论模式迥然不同。前者通过“道德之意”的合理的内在构造，从“物”具有自身独特性的角度，将它与“道”“德”这两个最为根本的概念建立起联系。这是说明“道物关系”或者“有无关系”的一种新的思路。

进而，《老子》第1章谈到“有名”“无名”这两个概念，我们又该如何理解这样一对概念呢？事实上，我们不太容易将它们生吞活剥地置于上述框架中，我们姑且将它们作为一个问题留在这里。《老子》中对于“名”的考虑非常复杂，比如《老子》提到“朴”的时候，启用了“无名之朴”的说法，认为百姓在“自化”的过程中，如果出现欲望泛滥的情况则必须“镇之以无名之朴”。同时，《老子》中也讲到“朴散则为器”的重要命题，这些都涉及“名”与“物”、“朴”与“器”之间的关系问题。“器”是有“名”的，而“朴”是没有“名”的，或者说不可名的。这样的思考和构造实际上已经预示了“名”在道物关系中也是一个非常重要且不可或缺的环节或要素。

《老子》《庄子》中都有一些费解的内容。譬如《老子》第23章，“故从事于道者，同于道；德者，同于德；失者，同于失。同于道者，道亦乐得之；同于德者，德亦乐得之；同于失者，失亦乐得之”。这段话的确切含义，我们还不是很清楚。我个人以为，理解诸如此类的文本还是应该置于某种哲学问题的框架中，具体地说，是将它放在道物关系的架构中，通过“道”“德”的理论结构进行重新梳理和分析。同样，《庄子·徐无鬼》中“故德总乎道之所一，而言休乎知之所不知，至矣。道之所一者，德不能同也。知之所不能知者，辩不能举也”一句也十分难解。在此，我的提示是，《老子》中已经隐含了讨论道物关系的不同模式，运用这些模式，我们便有可能打开过去以为难解的一些语句与问题的缺口，进而展开更加深入的研究。然而，《老子》中的有些内容也还不太显豁，这样便需要依靠《庄子》赐予我们一些新的灵感和新的启发，以便对《老子》中的一些问题理解得更深入、更透彻。

三、物物者非物

当我们再度审视上文提到的《庄子》中诸如“万物皆出于机，

皆入于机”等表述时，我们发现，这其中并未包含宇宙论的色彩与痕迹。也就是说，庄子另辟蹊径，讲论了一套不同于宇宙论的内容。庄子似乎有意识地避免了宇宙论的模式，避免了沿着宇宙论模式阐述“有无”问题，阐述道物关系。这是我们阅读《庄子》的一个深刻的印象。但是，问题的复杂性在于庄子在某些地方也会提到宇宙论，也会借助气的理论和宇宙的创生过程讨论“道”与“物”的关系问题。《庄子》中确有这样的段落：

> 芒乎芴乎，而无从出乎！芴乎芒乎，而无有象乎！万物职职，皆从无为殖。……察其始而本无生，非徒无生也而本无形，非徒无形也而本无气。杂乎芒芴之间，变而有气，气变而有形，形变而有生，今又变而之死，是相与为春秋冬夏四时行也。（《庄子·至乐》）

这里的“芒芴”，在含义和性质上都与“恍惚”相同，这些表明状态的词往往是双声叠韵的，比如“恍惚”“窈冥”常被写成各种各样的字形，异体字相当多。这种现象背后的意义虽然还有待于挖掘，但我们能够确定的是，此段中的“芒芴”就是“恍惚”。而“无从出乎”“无有象乎”似乎是在解释《老子》中“其中有精，其中有象”的意思。接下来，“察其始而本无生”一段意在展现时空之内的变化，即“春秋冬夏四时行也”的万化之流的状态。在“始”或“生”引导的这一个系列中，有形有气的是一个东西，属于一个阶段。于是，物便展现为“万化之途”。我们很容易将这种说法与老子的思想联系在一起，也就是同我们所说的第一种理论模式联系在一起，这是合理的想法。

> 泰初有无，无有无名；一之所起，有一而未形。物得以生，谓之德；未形者有分，且然无间，谓之命；留动而生物，物成生理，谓之形；形体保神，各有仪则，谓之性。性修反德，德至同于初。（《庄子·天地》）

这段话比较特别。我们上一讲的“终始”问题，实际上已经取缔了所谓“古始”“太初”这样一些设定终始的条件，但是，那时我们论述的重点在于澄清“道”不在时间的流程中。而此处，我们关注的是道物关系的问题，所以又将“泰初”的概念提示出来。“泰初”即是“无”，“无”即是“无有”——“无物”“无形”，同时它也是“无名”的意思。“无有”和“无名”是它的两个基本性质。此后的“一之所起，有一而未形”的“一”是一种未形的状态，即未经分化的原始状态。值得注意的是，庄子讨论“有形之物”时，甚至“有一而未形”时都强调了“物得以生，谓之德”这一命题。这个命题的含义就是张岱年先生所说的“德”是“万物生长的内在基础”。实际上，“物得以生”的时候还没有物，“物得以生”的基础被归结为“德”。其后，才是“有分”“有命”“有形”“有性”这样一系列东西的产生。这一系列东西就是我们后来所理解的“物”的基本概念和范畴。

显然，《庄子·天地》的“泰初有无”这一段，从无到有再到物，物具有稳定的性质之后，才称得上是各具其性意义上的东西，所谓“形体保神，各有仪则谓之性”。这种模式与前一条材料明显不同。这种特别明显的区别，如果我们在哲学上进行概括的话，则前者属于一种宇宙论的模式，基本上是自然哲学的思考方式；而后者就更接近于“本体论”或者形而上学的模式。这里的“本体论”加上引号，是为了与西方意义上的本体论划清界限。相比之下，《庄子》对于第一种模式是刻意规避且有所抵触的，而对于第二种模式则讲解得更加充分，这是他的主要倾向。事实上，我们也正是借助于《庄子》重新思考《老子》中的部分内容。我们说，庄子虽然发挥了老子的思想，但也有所取舍。与老子相比，他开拓了一种更进一步的思路，这是他们二者的区别。

有大物者，不可以物；物而不物，故能物物。明乎物物者之非物也。（《庄子·在宥》）

物物者与物无际，而物有际者，所谓物际者也；不际之际，际之者不际也。（《庄子·知北游》）

道不可闻，闻而非也；道不可见，见而非也；道不可言，言而非也。知形形之不形乎！道不当名。（同上）

有先天地生者物邪？物物者非物。物出不得先物也，犹其有物也。（同上）

这四条材料分别出自《在宥》和《知北游》，这两篇在《庄子》中是十分重要的。《在宥》一篇基本上是在对于《老子》的理解和再理解的基础上写成的哲学文本。而《知北游》一篇则树立了一个典型，即把“道”呈现在“知识论语境”中进行讨论。对于道家而言，知识论的语境十分重要。首先，在“物物者非物”的命题中，“物物”就是使物成为物的那个“东西”，而它本身并不是物。《庄子》明确地指出，“有”不能成为“有”的根据或本原。《庄子》也用这样一种特殊的命题形式规定了道与物之间的关系，即“物物者”为“道”，而物就是我们日常所说的现象。事实上，这几个命题我们在之前都讨论过，这里重新提出是为了联系上述两种理论模式。我们讨论“终始”问题时曾说，这个问题是在一种自然哲学或者宇宙论的思考方式支配下才能提出的问题。庄子提出这个问题之后，他立即作出了转折，这个转折就是所谓“物物者非物”的命题。这一表述的意义在于，它明确了“道”不是物，物是可见的，而“道”则是不可见的。既然我们能够看见的只是“物”，那么，我们又该如何理解“道”呢？庄子的解释是，因为“道”是与“物”相反的“东西”，所以人们看见“物”的时候，就需要从反面推想“道”。可见，与宇宙论模式相比，后一种思考方式显然要更复杂一些。

事实上，宇宙论的模式存在着各种各样的弊端。其原因在于，诉诸宇宙创生的过程本身并不具有说服力。宇宙的创生过程，例如“一生二，二生三，三生万物”，这里的“生”都是比喻性的，具体到如何“生”、何以“生”等一系列的问题都需要我们再解释。然而，在《庄子》的思辨条件下，如果你想表达的东西需要经历一番自我辩护之后才能讲出来，那么，这本身便是十分困难的。以此观之，“道物关系”问题或者“有无”问题的解决必须开辟一些新的方向，这些新的方向又必须是具有理论上的合理性和必然性的。所谓合理性和必然性，是指这一方向的理论性更加透彻。《庄子》指明，“道”不是物而是物的反面，反之亦然，我们在物中根本找不到“道”，即使我们将全世界的能量和物质全部累加在一起，最终它也不能等于“道”。这就是庄子提出的反命题、新方向——“道”不是现象世界中的所谓“存在”。这也是《庄子》的核心观点。由此可见，在这两种规定“道”、物关系的理论模式之间，庄子的取舍具有很明显的倾向性，他明显地发展了老子的思想。

此外，关于“物物者非物”的理论意义，我们可以参看郭象的注解，他的注解非常透彻。郭象似乎对“有生于无”的讲法特别不满意，他坚持认为物都是自己产生的，恰好“物物者非物”的命题为其提供了一个立论的基础——借助于“物物者非物”，郭象为其“物自物”命题找寻到了与《庄子》间的连接点。事实上，郭象的理论仍然还是比较抽象的。

> 天地与我并生，而万物与我为一。既已为一矣，且得有言乎？既已谓之一矣，且得无言乎？一与言为二，二与一为三。自此以往，巧历不能得，而况其凡乎！故自无适有以至于三，而况自有适有乎！无适焉，因是已。夫道未始有封，言未始有常，为是而有畛也。(《庄子·齐物论》)

以上，我们介绍了《庄子》讲论“有无”的两种主要模式。我们说，《齐物论》的这段文本通过对“名言”的限定解决道物关系的问题。“名言”成为分析道物关系时不能回避的环节，亟待从正面寻求其突破。倘若我们详细地论述《齐物论》在此方面的特点的话，便可发现它是从两难的、矛盾的、对立的关系中呈现和分析问题的。由此，便将道物关系的问题引向了更进一步的讨论。与前两种理论模式相比，《庄子》解决道物关系问题的这第三种路径或设想是非常深入的，只可惜文本并不特别充分。不过，即便如此，后世的中国哲学家对此问题的思考也很难更加深入。这也从另一方面凸显了《庄子》的重要性，其中隐含的一些问题值得深入探究。

四、“无”的深化

我们知道，《老子》对于“无”的讲解已经非常透彻了，甚至我们在分析《庄子》的一些问题时也总会回溯到《老子》，以便发现各种各样的征兆或端倪。那么，《庄子》讲“无”又有哪些特点呢？这是一个值得追究的问题，然而，这也是一个非常棘手的问题，因为它并不容易解决。为此，我想通过以下的几个例子提示大家，庄子在讲“有无”，尤其是“无”时有哪些新的内容。

第一是《齐物论》中出现的“无待”。“无待”一词虽然没有在《老子》中出现，但它的意思已经隐含其中了。之所以讲“无待”，是因为《庄子》中记载了这样一个“寓言”：

> 大列子御风而行，泠然善也，旬有五日而后反。彼于致福者，未数数然也。此虽免乎行，犹有所待者也。（《庄子·逍遥游》）

列子乘风而来自我感觉良好，而庄子却说他“犹有待也”，这里的“待”就是依赖或凭借着什么东西的意思。接下来，庄子说：“若夫乘天地之正，而御六气之辩，以游无穷者，彼且恶乎待哉！”如果有这样的本事，则什么也不需要依凭了。“恶乎待哉”是一句很有思想力度的话，试想倘若我们绝然不依赖、不凭借任何外在的力量，那么，剩下的还有什么呢？显然就是真正发乎本性的自由。随后，庄子又讲了“神人无功，圣人无名，至人无己”这段有名的话，通过分析，我们发现其中隐含了古代的自由观念。

第二是《齐物论》中的另一个故事——“罔两问景”。罔两对影子说，你也是“有待”的。何以见得呢？你一会儿站起来一会儿又坐下，一会儿跑一会儿又停，没有一个固定的性质，这难道不是“无特操”吗？影子说：“我有待而然邪？”这个问题十分深刻，因为它指向了“无待”。如果我们具体地分析“罔两问景”在《齐物论》中出现的具体语境，就会知道它是非常重要的，因为这个故事对于《齐物论》全篇而言是具有总结意义的。换言之，《齐物论》通篇所论就是要解构我们所依凭的那个东西。我们脑袋中装满了“然不然”“可不可”“是非”“彼此”这些前人当作遗产留给我们的东西，它们其实都是各种各样的成见，是束缚我们的东西。

什么是对、什么是错的是非问题，在《齐物论》看来都是对立、对待的关系，是互相依存的关系。而人在这个世界中也同样需要依存于很多其他的东西，所以《齐物论》开篇便提出“吾丧我”的命题，直截了当地挑明问题，这和我们刚才所说的“至人无己”是完全配合的。“吾丧我”的意思就是将那些不是真正的“我”的东西作为“我”的皮毛，并对它们进行消解。那么，怎样消解呢？其实就是将我们思想中的那些对待关系揭示出来，将其解构之后便剩下了“无待”。“无待”是独立的东西，是排除了偶性的本质，就是“吾”丧掉“我”之后剩下来的东西。“无待”概念讨论的就是自由的问题，这对于哲学而言太重要了。事实上，德国古典哲学就是在讲“自由”，近代哲学的最高规律、最后真理也不过如此。《庄子》的“无待”是将各种各样的关系，包括思想的关系、现实且具体的关系统统解构之后剩下的那个东西，独存孤迥的那个东西，这就是自由本身。《庄子》提出“无待”这一中国哲学史上的全新命题，真可谓卓尔不群。

除此以外，庄子讲“无”，更通过“无穷”发挥“无”的玄理。这是我们的第三个例子。《庄子》中的“无穷”比任何人的任何书都要多，除了寓言中的一个人物名叫“无穷”外，全书还有相当数量的“无穷”的用例。我们说，庄子的“无穷”是有意义的，何以见得呢？《齐物论》说“彼是莫得其偶”，刚刚我们讲“无待”时知道庄子试图消解“相偶”——相配合的、相对待的关系，由此才能进入所谓“道枢”的状态，“枢始得其环中”，“道枢”也意味着“得其环中”，而“得其环中”又是为了“以应无穷”。所谓“道枢”“环中”，其实是展开一个无穷无尽的变化，它伴随着物的生灭变化而须臾不可分离，由此可知，“道”即是无穷无尽的。这种无穷无尽的思想显然丰富了《老子》以来的“恒常”观念。所以说，“无穷”的概念合情合理地丰富了“无”的内涵。如果说，“物的世界”是没有边际的话，那么“道的世界”也是没有边际的。

同理，在数学上，无穷也并不是我们能够看见的东西，我们能够看见的只是有限的东西。数学上的“无穷大”或者“无穷小”不是“数”，如果将它们视作一个“数”则不可以进行演算了。庄子的“无穷”真正地将哲学的意味、哲学的特点发挥得淋漓尽致。庄子说“彼其物无穷”“彼其物无测”，倘若我们真的能同它们相与终始的话，便能“入无穷之门，以游无极之野”，甚至“与日月参光”“与天地为常”“人其尽死，而我独存”。意思是说一种独立的、自由的、能体现“道”的性质的“吾”于无穷无尽的物的世界中永恒绵延。这种气势是很了不起的，这是《庄子》独特的贡献。

然则我内直而外曲，成而上比。内直者，与天为徒。与天为徒者，知天子之与己皆天之所子，而独以己言蕲乎而人善之，蕲乎而人不善之邪？若然者，人谓之童子，是谓与天为徒。外曲者，与人为徒也。（《庄子·人间世》）

实际上，“天人”“内外”等关系也是《庄子》新拓展出的思考模式与方法。《庄子》通过“天人”“内外”等视角重新阐明“有无”问题和“道物”问题，他是有明确意识的。我们之所以特别提示出这一点，是为了让大家思考庄子讲“有无”，不仅意在解释我们周遭的世界、解释现象、解释生命变化的规律和原理，他更重要的目的在于将“有无”的问题同更为广阔的“天人”“内外”诸问题联系起来，这样就自然地与我们的生命、我们的生活世界发生了关联，进而将哲学的思考扩展至更大的范围。所以“道”是“无穷”，这个无穷无尽的“道”又是包罗万象的，也可以说是无所不包的，这在《庄子》中体现得非常明确。《齐物论》说“道未始有封”，所谓“未始有封”指的就是没有界限，而没有界限就是无穷无尽。

最后，我们简要地回顾一下今天讨论的要点。“道未始有封”“道无终始”“终始无故”种种的命题或问题，强烈且明确地阐述了“道”的性质和特点——“道”与我们经验中认识的“物”完全不同。明确了这一点，我们无论是开展出一种政治哲学也好，建构出一套伦理学也罢，都会有一定的基础。此外，就理论样态本身而言，我们今天提到的这几种模式之间隐然有一条鸿沟，跨越这条鸿沟是不容易的。第一种理论模式显然属于自然哲学的残余，它在追问事物本原的时候还要找寻一个“气”，找寻一个实质的东西，这多少有些原子论的意味。诸如阴阳、五行、八卦之类，在庄子的哲学视野中都是不值一提的东西，都被庄子当作不成熟的东西予以超越了。因此，后两种理论模式已然显示出比较彻底的解决道物关系问题的合理方法。我们说，这种方法很有意义，其理论价值非常重要。

第六讲　真知：追寻道的真理

今天开始讨论《庄子》的“知识论”问题。在《庄子》中我们会发现许多知识论的片段，它们围绕着“知识”的问题进行讨论，体现出追寻道的真理的旨趣；当然也包括一些讲论“不知”的语段，这些内容我们称为“知识论语境”。《庄子》中的知识论问题之所以有意义，是因为其知识论的语境形成了一些文本上的特点，并且镶嵌于更复杂的脉络中。

“知识论”问题在古希腊时期已具有较成熟的形态，柏拉图的一些对话奠定了这种探讨知识的哲学范式，即 episteme/epistemology。对于哲学而言，知识论问题的重要性毋庸置疑，可以说，它是我们理解哲学的一个相当重要的门户。反之，从庄子思想的来龙去脉看，《老子》对于如何认识“道的真理”、如何认识外部世界这些知识论的问题都语焉不详，即便有如“知常曰明”“致虚极，守静笃”等接近知识论意味的命题，我们也明显地感觉到其与柏拉图、亚里士多德的讨论格格不入。此外，《孟子》中有关知识的话语也仅仅是经验知识而已，没有特别深奥的内容。以往的中国哲学研究，习惯将中国哲学比拟于西方的体系，按照知识论、认识论、伦理学、宇宙论等条框分割梳理中国的思想史料。从目前的研究视角看，这种方法具有一定的局限性且值得反思。我们尽管扬弃了这种研究方法，可仍需重视与知识理论、知识问题相关的讨论，这又是为什么呢？

一、众妙之门

事实上，知识问题是哲学上不可能绕开的问题，有一种说法是"知之一字众妙之门"，这当然是受到《老子》《庄子》启发的禅师的话，他指出"知"是进入"众妙之门"（即"道的真理"）的一个重要的途径。这是一个重要的提示，"门"本来就是一个展示"道"的重要意象，其余的还有"路""途"等，它们体现的是一个探索的过程。在《庄子》中，我们会读到"无穷之门""窈冥之门"的提法，你进入了那样一个地方，就相当于进入了那样一种境界，跨越了一个门槛，庄子经常用以表明其思想的内容，这些看似象征、比喻乃至符号性的东西都是不能够忽视的，它们同道家的思想精神密切相关。然而，"知"为什么成为"众妙之门"呢，它的重要性何在呢？我们说，无论是探讨万物的本原，还是追求生活的真理，甚至表达某种政治的期望，我们都需要"道"的指引，"道"是一个指南或一个目标。因而，便存在一个认识"道"和把握"道"的问题，存在一个通过反思“名”、通过辩论排除歧途和岔路的问题。由此可见，哲学上的知识问题是跨越了中西方差异的，中西双方在这一问题上具有共同的兴趣。

对于道家思想本身而言，“知”的问题还有更重要的意义。如果“道”不能作为某种普遍且客观的东西加以追寻、把握的话，或者不能成为知识论意义上的问题——不可认知、不可传达的话，那么它还有什么意义呢？倘若“道”是一个完全主观和个人的东西，仅仅是内在的经验而不能够启发他者的话，那么，所谓“道的真理”就封闭在一个思想者或体道者个人的生命之中，只能随着肉体的消灭而消灭。如果“道的真理”因此而不复存在，那么我们便陷入了尴尬的境地，因为“道的真理”所具有的客观性和普遍性面临着失效的危险，这对道家思想而言无疑是一种毁灭性的打击。实际上，庄子所说的“道”还是具有普世意义的，还是可以作为一个普遍且客观的东西加以追寻和把握的。与此同时，“道”往往又是不可对象化的，因而，我们在讨论它的时候，需要小心翼翼地避免使用“认识对象”一类的语词。这和“道”的性质以及道家接近“道”的具体方法都是有关系的。由此可见，仅仅停留在《老子》的阶段显然不足以服人，我们有必要在知识论的语境中考虑“道”。我们说，《老子》和《庄子》的“道”具有一致性，这并不是指《庄子》完全地继承了《老子》，《庄子》继承了《老子》中“道”所具有的普遍意义，同时也根据自己的思考生发出新的内容。可以说，庄子是哲学史上较早、较系统地讨论了知识问题的哲人。

哲学拥有自己的文体，我们表达哲学问题的述说方式本身就是“有意味的形式”。《庄子》一书中寓言（即对话体）比比皆是，柏拉图的哲学著作也基本是对话体。他们之所以采用这样的文体，是因为对话体是论辩的主要形式，哲学论辩都是借助于“名”（概念）进行的，而对“名”的反思又需诉诸议论精微而深入的“论”——这是战国中期以来发展出的一种新的理论阐述形式。不同于《老子》倾向宣称真理而非阐明真理的述说方式，庄子选择“论”的形式，通过与异质观点、异质文化的广泛对话探求真理。“论”的重要特点即是廓清一些反面的、与自己有出入、有差异的观点。此外，“论”还意味着一种系统的考量。请大家注意，“论”的目的在于分辨出相似的或相反的类，“论”的理论形式中自然包含了“类”（包括逻辑化的分类形式）。《论语》的“论”（读作伦）所以不能读作“论”（第四声），主要原因是这个“论”字隐含了分类的意味。理解了这一点，我们便能明确庄子对于“知”的阐述，是同论辩的探讨方式相互匹配的。

二、不知

首先，我们讨论“不知”的问题。《庄子》中讲论“不知”的一个触目的特点便是这个也不知道，那个也不知道。有些人因此质疑道家的“不知”是否定和取缔向知识语境展开的方向。事实并非如此，我们说，“不知”实际上是一种特殊意义的“知”。这种观念在我们的历史文化中已打下永久的烙印。譬如，老子西出函谷关后便不知所踪，后来的“道家者流”也常被描述为不知所踪、莫知所往；《神仙传》中记述的人物，其结局也往往惝恍迷离；陶渊明具有“自传”性质的《五柳先生传》更凸显其“不求甚解”。所谓“不知”，并不是否定知识，沉溺于蒙昧和愚蠢。这里的“不知”与“无知”意义相近，主要针对人类知识的局限性而言。经验上我们自以为是的种种知识，乃至追寻知识的种种方式、方法，其实都是有局限的。久远以来，知识或智慧被确立为美德之一，老、庄对此的质疑难道不具有特别的启示意义吗？我们说，人类有种种的自负，其中的一种就是认为人类理性可以把握真确知识的自负。在道家的立场上，这种自负十分致命，因为种种知识的形成，其背后的机制和原理都很复杂。

从知识社会学的视角考察，人类知识——包括人文社会科学知识和自然科学知识——的产生具有十分复杂的机制，表面上俨然客观的科学知识，其背后往往隐匿着许许多多看不见的东西，即使是自然科学和工程技术，这些貌似完全具有必然性尺度的学科也一样。知识社会学的诸多个案研究都深刻地揭示了这一点。比如费尔马大定理，350年来没有得到证明。突然出现一位天才——威尔斯，他在数学专业领域深孚众望，大家期望并且信任他可以证明费尔马大定理。威尔斯第一次“提出”他的证明是在国际数学家大会上，当时他发现自己的证明是错误的，于是拒绝了当众报告。即便如此，会议还是授予他菲尔斯奖。他坚称自己的证明存在问题，但大家一时间却很难看出问题所在。后来，他继续前进，完全证明了这个问题，确实很了不起。然而，如果威尔斯当时没有这种科学家的良知，数学界可能要经过一百年才能发现他的错误。这个例子表明，科学家的共同体本身是十分复杂的。同样，我们现在的所有知识也都有着各种各样的预设，预设是不可避免的，同样也是不可解释的（实际上它无须解释）。然而，理论上的预设，无论是哲学的还是数学的都是值得推敲的。所谓先天的、直观的未必就是不可置疑的。总之，知识社会学给予我们启发，使我们拥有更加开阔的视野，对于知识在其形成机制上的局限性拥有比较清楚的认识。

诚然，古人可能无法超越其历史条件获得这样一种深入而清楚的认识，他们不具备这样的历史纵深，也没有这么多的案例。但是，我们不能因此而轻视古人的智慧。道家的深刻洞见即在于，发现知识的局限性具有普遍意义，并将这种知识的局限性本身确立为普遍原则以及思考知识问题的出发点。由于这种洞见，老子和庄子都不厌其烦地提及“不知”。而我们亟待讨论的是，在知识论的语境中，这些“不知之知”的说法，以“不知”作为一种特殊意义的“知”的观点究竟具有什么样的意义?

> 泰清问乎无穷曰：“子知道乎?”无穷曰：“吾不知。”又问乎无为。无为曰：“吾知道。”曰：“子之知道，亦有数乎?”曰：“有。”曰：“其数若何?”无为曰：“吾知道之可以贵，可以贱，可以约，可以散，此吾所以知道之数也。”泰清以之言也问乎无始曰：“若是，则无穷之弗知与无为之知，孰是而孰非乎?”无始曰：“不知深矣，知之浅矣；弗知内矣，知之外矣。”于是泰清卬而叹曰：“弗知乃知乎！知乃不知乎！孰知不知之知?”无始曰：“道不可闻，闻而非也；道不可见，见而非也；道不可言，言而非也。知形形之不形乎！道不当名。”（《庄子·知北游》）

《知北游》一篇围绕“知”有许多讨论，其中心思想就是如何知晓“道”。此段材料中，泰清问无穷是否知“道”，无穷回答说不晓得。泰清又问无为，无为说知道。显然，这是以“道”为真理，置于知识论语境的讨论。进而，泰清继续追问“道”的规律，这里的“数”是定数、规律的意思。无为表示，“道”可通过一些对立关系进行讨论。自老子以来，道家对于“道”的探讨确有一部分是在“大小”“多少”“贵贱”“黑白”“是非”“有无”等对立关系中展开的，这是老庄道家的思想特色。随后，泰清又向无始请教无穷与无为孰对孰错。无始的评判是“不知深矣，知之浅矣”，无穷深刻而无为浅薄，讲“不知”诉诸内，而讲“知之”则诉诸外。这种内、外的分别，实际上与道家的知识理论整体以及道物关系，都有一定的联系。笼统而言，“内”往往是指“天”，而“外”则有时指人，有时指物。

于是，“泰清卬而叹曰”，这里的“卬”与“仰”相同。他感叹，“不知”是一种“知”吗?“知”难道是一种“不知”吗? 关键在于，“不知之知”这种说法又是什么意思呢? 表面上看，这些奇诡的说法十分拗口，甚至彼此之间还是自相矛盾的。但是，请大家一定要注意，道家之言中确有许多自相矛盾的表述，而这种表述本身往往是一种提醒或警示，它们的出现表明问题具有复杂性（或许写下这些话语的人也不一定有明确且自觉的意识）。正如康德那几本艰涩难懂的书，他为什么建构如此这般的深奥理论呢? 无他，正是因为康德哲学的复杂与丰富。他既想表达这个又想表达那个，既想表达是又想表达不是，处在这样的矛盾中，最终受尽折磨的便是表达这种矛盾思想的理论语言本身。从某种意义说，古今哲学的艰涩难懂乃是常态，完全是正常的情况。接下来，“无始”更进一步地评论道，作为万物的起点和本原的“道”是“不可名”“不可知”的。这样，我们略可窥见庄子的“不知之知”其实是对不可知的“道”的领悟。

我们说，庄子的知识语境非常特别，如果说庄子有一套“知识论”的话，那也一定是很特别的。“不知之知”这种奇诡说法的背后蕴含了深刻的哲学问题：“道”能否作为认识的“对象”？关于“道”的知识究竟是怎样的一种知识？倘若我们认识的对象不是“道”而是“物”，又当如何？我们知道，物可以通过一般的或者经验的方式来认识，《庄子》中也提到经验意义上的“知”是接引。因为我们有耳目、有视听，当我们接触外物、感受外部时，便会在头脑中对感觉的材料进行整理和分类，并为它们打上“名”的标记。对于经验知识而言，这是合理的。与此同时，一些局部的规律，比如“春秋冬夏四时行也”之类的一部分天道（实际上就是关于天文天象和历法等方面）的知识，在道家哲学传统中也完全是经验的，不见得就是最终的、最高意义上的“道”。道家从不认为现象世界，或者有关物的经验知识是不可知的。然而，道家却反复强调，在我们耳闻目睹的现象，以及现象世界的规律背后还有一个更本原的东西，即“道”。“道的世界”就是“物的世界”的本原。关于物的知识和关于道的知识之间是有区别的，并且这种区别是很明晰的。

> 人皆尊其知之所知而莫知恃其知之所不知而后知，可不谓大疑乎！（《庄子·则阳》）
>
> 闻以有翼飞者矣，未闻以无翼飞者也；闻以有知知者矣，未闻以无知知者也。（《庄子·人间世》）
>
> 计人之所知，不若其所不知。（《庄子·秋水》）

这几条材料都与经验知识有关，也包括儒、墨两家竭力鼓吹的“知”。“人皆尊其知之所知而莫知恃其知之所不知而后知”，人们总是在讲自己认识的、形成的观点和理论，并且总是认为自己的想法是正确的。这是我们生活中屡见不鲜的现象，几乎人人都不能免俗，儒家和墨家当然不能外此。然而，庄子却指出，人们所依凭的“知”背后还有一个“不知”的机制或原理，然后才能达到一种真正的“知”。人们只听说过有翅膀可以飞的，却没听说过没有翅膀可以飞的；只听过有知而知的，从来没听说过无知而知的。所谓“无知”就是“不知之知”，就是以“无知”的方式达到更加真确的“知”。透过这些不同于常识，甚至反常识的说法，庄子一面揭示经验知识的不确定和局限，一面强调“不知”具有重要意义，因为它指向了一个我们理解“道”或者说把握“道的真理”的方向——一种与物的知识相反的思考，一种逆向的思考。

“不知”具有指向意味，它使我们从物的纷杂世界中抽身而出，这样才能开启通往“道的真理”之“门”，倘若“道的知识”可以称之为某种“真理”的话。换言之，即使我们将物的规律讨论得再清楚，也仍然不足以认识“道的真理”。这其中的原因在于，经验知识的积累和增长永远都不可能认识作为万物本原的“道”，这是由“知”的根本局限性所决定的。推崇因果律、运用逻辑的方法进行推理，这是哲学中的一个强大的传统，即使在中国哲学的早期也不曾忽视这一点。然而，重要且具有启发意义的是，庄子意识到它与我们的生命、我们的生活毫不相干。所以，我们必须“以道观之”，开启一个另外的视角和更高的视境。

总之，庄子所说的“不知”具有明确的指向性，它指向一个更广阔、更深邃的“道的世界”，然而，这个“道的世界”连同“道的真理”都处在窈冥之中、黑暗之中，没有真正地浮现出来，这就是为什么《老子》第1章说“玄之又玄，众妙之门”。“玄”就是黑暗的、看不清的，进入比黑暗的东西更加黑暗的境地需要有扇“门”，只有进入之后才有可能焕发真正的洞见。

三、知止

接下来的问题是“知止”，这也是早期思想世界中经常触碰的问题，且与“不知”的问题相关。《庄子·则阳》提到“知之所至，极物而已”，意思是说，物的边界就是“知”（知识）的边界，道家所追寻的是物的本原，它不是物更不是某种物，所以就必须为俗常意义上的“知”划定一个不可逾越的界限。可以说，这是中国哲学史上第一次为把握世界的理性方式——“知”划出界限和范围，意义非常重要。下面的几段材料便围绕“知止”展开，我们有必要进行透彻的分析。

> 始制有名，名亦既有，夫亦将知止，知止可以不殆。（《老子》第32章）
>
> 古之人，其知有所至矣。恶乎至？有以为未始有物者，至矣，尽矣，不可以加矣。……故知止其所不知，至矣。（《庄子·齐物论》）
>
> 六合之外，圣人存而不论；六合之内，圣人论而不议。春秋经世先王之志，圣人议而不辩。故分也者，有不分也；辩也者，有不辩也。……故知止其所不知，至矣。孰知不言之辩，不道之道？若有能知，此之谓天府。注焉而不满，酌焉而不

竭，而不知其所由来，此之谓葆光。（同上）

《老子》第32章已经显示出道家知识论的端倪，也奠定了道家知识论的基础。与此相关，《老子》第28章说，“朴散则为器，圣人用之则为官长”，“始制有名”即相当于这里的“朴散则为器”；其后的“名亦既有，夫亦将知止”则相当于第37章的“化而欲作，吾将镇之以无名之朴”，意思是说，有了“名”以后，或者说“知”泛滥之后，便掩盖了所谓的“道德之意”，这时就需要返回到“无名”，返回到最初的本源。由此可见，这是在“朴”与“器”、“有名”与“无名”之间保持了一种“必要的张力”，以“无名之朴”制衡“名”的局限性。这就是“知止”观念出现的思想语境。此外，“知止”观念非常重要，因为道家关注的许多问题都与之相关。正如《庄子·齐物论》所言，“知”有一个不可逾越的边界，这个边界就是“不知”。“不知”作为“知”的边界，一方面表明了“知”的局限性——“知”的方式能够用来讨论“物”或“物理”却不足以讨论“道”和“道理”；另一方面也提出了一种挑战，即如果我们逾越了这个界限那又将如何呢？事实上，“知止其所不知”的命题意味着一种思考模式和讲论方式的转换。

知止而后有定，定而后能静，静而后能安，安而后能虑，虑而后能得。（《大学》）

儒家著作中出现“知止”并不是偶然，《荀子》中也有类似的表述。朱熹的《四书章句集注》解释道：“止者，所当止之地，即至善之所在也。知之，则志有定向。静，谓心不妄动。安，谓所处而安。

虑，谓处事精详。得，谓得其所止。”至善即指道德，《大学》篇的“知止”是扭转乾坤的说法，即不要泛滥于物，要作出决断，将“知”的关注点放在道德性的“至善”之所在上，从而确立道德的向度。这无疑是借由“知止”确定道德意向性。牟宗三称之为“狮子吼”“决定说”。当然，儒家所说的“道德”指的就是“仁义”，“仁”是其最终的目标。王阳明对《大学》古本的发挥就在此处。

我们说，“不知”具有某种指向性，“知止”更明确地划定某种界限。这样便发现“物”或“物理”与“道”或“道理”迥然不同，切不可指望通过拓展“物”或“物理”而把握“道”或“道理”。如果我们反思近代以来的中国哲学研究的话，那么教训还是比较深刻的。近代以来，流行不替的看法即是以为讲物的规律（所谓物理）就是讲哲学，可以说，这还没有领略到哲学的深邃，还没有入于“众妙之门”。“知止”的概念及理论表明，所有的“物”加在一起也都不足以比拟“道”，一切“物”或“物理”的总和也绝不可能是“道”或“道理”。因而，以下的两个谬论需要在此予以澄清：一是韩非子所说的“道尽稽万物之理”，这句话似乎表明“道”理即是“物”理的总和，显然是对老子思想的庸俗化解释；二是冯友兰先生“道是大全”的论断，此前，我们分析道物关系时所揭示出的“道”的不可度量性，已然是对这种观点的反驳。总而言之，时至今日还有不少学者误以为早期讲“物”理的内容就是在讲“道”理，把“物”理和“道”理混为一谈。而“知止”的观念正划下这样一个界限，它区别了“道的世界”与“物的世界”，同时也在有关“道”的知识和有关“物”的知识之间标明分野。

下面的几段材料是根据《老子》第14章发挥出来的“卫生之经”：

> 老子曰：卫生之经，能抱一乎？能勿失乎？……能止乎？能已乎？能舍诸人而求诸己乎？（《庄子·庚桑楚》）
>
> 抟气如神，万物备存。能抟乎？能一乎？能无卜筮而知吉凶乎？能止乎，能已乎？能勿求诸人而得之己乎？（《管子·内业》）
>
> 专于意，一于心，耳目端，知远之近乎？能专乎，能一乎？能毋卜筮而知凶吉乎？能止乎，能已乎？能毋问于人而自得于己乎？（《管子·心术下》）
>
> 能一乎？能止乎？能毋有己，能自择而尊理乎？（马王堆帛书《十六经》）

不仅《庄子》讲“能止乎”，兴盛于战国中期孟庄之间的黄老学文献《管子》也讲“能止乎”。如果我们分析这些文本，就会发现其中牵涉着很多的问题，至少这里所说的“能止”比知识论语境下的“知止”更丰富、更复杂。“能止”的问题更与《庄子·庚桑楚》的“卫生之经”联系在一起。那么，什么是“卫生之经”呢？

这里的“卫生”指的是人的整个身体和生命保持一个良好状态、健康状态。这里的“止”，一方面当然是典型的知识论语境；另一方面又嵌套有强烈的修身养性、心性修炼的向度。这是《庄子》的知识语境中所包含的复杂内容。《养生主》“庖丁解牛”的故事提到“道进乎技”，这是什么意思呢？庖丁自述“臣以神遇而不以目视，官知止而神欲行”。这里的“官知”是指视、听之类的感官知觉。庖丁以一种近乎艺术的方式解剖牛，这是“知止”的一个重要的例证。这里所说的“神”不是指鬼神，而是指一种最高级的智慧。道家所依赖的“洞见”就是“神”，或者说离不开“神”。感官知觉之“止”的另一面便是“神欲行”——亦即神明的焕发，“神”比感官知觉更深闳也更有力。这是一种稍显神秘但却可以理解的说法。“官知止”并不是断然废弃我们的全部感官，而是指必须在“神”的驾驭下发挥其应有的作用。这又是一种什么样的作用呢?《庄子》称其为“循耳目内通而外于心知”。“耳目内通”是非常特别的，道家常讲“收视反听”，强调的就是一种诉诸内的方式，而“耳目内通”又不仅是“收视反听”，它还指耳目的功能（比如耳听、目视）可以相互置换。这似乎与常识不符，但我们必须知道，进入一种特殊的状态时，是有可能出现“内通”或者说“感通”等精神现象的，这样一种精神境界看似神秘，却实际地遍布于我们的生活之中。庄子哲学的秘密就在于将种种深刻的精神现象点化为精神境界。

给大家举个有意思的例子。有一次，法国画家高更来到塔希提岛，看见当地的一位土著姑娘耳朵上戴着一朵栀子花，他说：“我听见了花的芳香。”这是什么意思呢？这并不是艺术家在故弄辞藻、胡言乱语，倘若没有真切的内在体验，他便不会说出这样的话语。同样，我们在荷马史诗中也能读到类似的语句，比如知了在树上鸣叫，“倾泻下像百合花一样的声音”等等，它们都具有“耳目内通”的性质。我们说，道家的著作正是对日常生活中的精神经验予以抽精取华，其哲学上的意义在于，将种种的精神经验呈现于知识语境予以哲学的点化，同时也使道家的知识论语境更富于深邃的意味。

四、无知

接下来，我们着重讨论第三个问题——“无知”的意义。“无知”的意义非常广泛，其中的一个比较极端、比较彻底的意思是，“无知”首先包含着对“知”的消解与否定，它在“知”与“不知”之间划下一道鸿沟。这样，“不知”与“知止”也都可以概括到“无知”的概念及其理论中认识。

> 啮缺问乎王倪曰：“子知物之所同是乎？”曰：“吾恶乎知之！”“子知子之所不知邪？”曰：“吾恶乎知之！”“然则物无知邪？”曰：“吾恶乎知之！”虽然，尝试言之。庸讵知吾所谓知之非不知邪？庸讵知吾所谓不知之非知邪？……瞿鹊子问乎长梧子曰：“吾闻诸夫子，圣人不从事于务，不就利，不违害，不喜求，不缘道；无谓有谓，有谓无谓，而游乎尘垢之外。夫子以为孟浪之言，而我以为妙道之行也。吾子以为奚若？”长梧子曰：“是黄帝之所听荧也，而丘也何足以知之！且女亦大早计，见卵而求时夜，见弹而求鸮炙。予尝为女妄言之，女以妄听之。奚旁日月，挟宇宙？为其吻合，置其滑涽，以隶相尊。众人役役，圣人愚芚，参万岁而一成纯。万物尽然，而以是相蕴。”（《庄子·齐物论》）

这段文字集中体现了庄子的“知识论”思想。“物之所同是”指的是物的本原。王倪连续三次用“吾恶乎知之”（我怎么知道）回应啮缺的提问，这是一个非常强烈的反问，其中的要义在于“恶乎知之”何以是合理的。从修辞上看，“恶乎知之”的反复出现表明其本身是非常有意义的，它的意义即在于阻断啮缺的提问。从字面上看，王倪确实说自己没有答案，然而，经过仔细地体会，他其实是想通过这种形式否定啮缺的提问方式。换言之，啮缺的提问本身就是不正确的，他没有正确地提出一个问题。啮缺的提问具有这样的特点：他的设问本身是值得反问的。正如许多小孩提给大人的问题无法回答一样，因为他的问题我们没有准备好答案，或者说，他没有进入我们的问答套路。

事实上，啮缺的问题是以知识的追逐融入对事物因果的追寻，“终始之故”之类充其量讲的是“物”，而王倪关注的并不是这个问题。我们从现象性的“物”的角度讲论本原性的“道”，无论如何都是讲不通的，有一个赫然的界限将其阻断。由此，王倪的反问、暗示，甚至启发就是在这样的契机下展现出来的。后来的禅宗常有类似的内容，有人提出一个问题，禅师好像答非所问，说了另外的一个问题。这时，这个人如果聪明、脑子转得快的话，便能悟出原来是自己的问题（及提问方式）错了，为此必须调整思路、改变思维方式，这就是禅悟的前提，也是机锋的建设性意义。道家的思维就具有这样的特质。道家并不是什么都不知道，而是试图呈现你的问题本身和你的提问动机背后，实际上有一套思考的模式支配着你，道家针对的就是这个更加深入的内容。

随后是瞿鹊子与长梧子的对话。这段对话以长梧子的“而丘也何足以知之”结束，意思是像孔子一般的圣人也不一定知道瞿鹊子提问的这些东西。“且女亦大早计，见卵而求时夜，见弹而求鸮炙”，这里的“时夜”即是“司夜”（公鸡）的意思。我们看到鸡蛋，就会想到孵化小鸡；看到弹弓，就会想到猎食小鸟。这种种的想法都是基于因果关系滋生出来、推论出来的，是我们日常生活中屡见不鲜的常识，然而，长梧子却说这样想太早了。“旁日月，挟宇宙？为其吻合，置其滑涽，以隶相尊。众人役役，圣人愚芚，参万岁而一成纯”，这段话已不是典型意义上的知识论语境，它其实已将关于知识的讨论嵌入到心性论的语境之中。将这两种性质不同的东西嵌套或叠加在一起，这在庄子哲学中特别显著。正如王倪虽说不知道，但却“尝试言之”。这句耳熟的“套话”在“未始有物”一段也曾出现，那一次，我们说庄子意在展示归谬推理的哲学论证，而这一次，庄子则试图退而求其次，姑且讲个大概——怎么知道我所说的“知”其实是“无知”呢？怎么知道我所说的“不知”却是真正意义上的“知”呢？由此，我们知道，庄子反复言说的内容都是想要启发人们突破常识的观念，摆脱习焉不察的思维方式。这样，我们才能真正地进入“众妙之门”。若想对“道”有所洞见，就要能够看见“无”，而看见人所不能见的“无”的人就是所谓“睹无者”，就要对这些问题有透彻的理解。

知北游于玄水之上，登隐弅之丘，而适遭无为谓焉。知谓无为谓曰：“予欲有问乎若：何思何虑则知道？何处何服则安道？何从何道则得道？”三问而无为谓不答也，非不答，不知答也。知不得问，反于白水之南，登狐阕之上，而睹狂屈焉。知以之言也问乎狂屈。狂屈曰：“唉！予知之，将语若。”中欲言而忘其所欲言。知不得问，反于帝宫，见黄帝而问焉。黄帝曰：“无思无虑始知道，无处无服始安道，无从无道始得道。”

知问黄帝曰："我与若知之，彼与彼不知也，其孰是邪？"黄帝曰："彼无为谓真是也，狂屈似之；我与汝终不近也。夫知者不言，言者不知，故圣人行不言之教。道不可致，德不可至。仁可为也，义可亏也，礼相伪也。"（《庄子·知北游》）

《知北游》篇中的主要人物就是"知"（名字），他代表以名言体系建立起来的"知识"以及掌握这种"知识"的"智"（理性能力）。因此，他的问题自然也是以"知"的方式即理性方式提出的。他的提问对象"无为谓"，是个什么也不说、什么也说不知道的人。"知"问"无为谓"如何知"道"，"三问而无为谓不答也"。随后的"评论"或"旁白"值得注意——"非不答，不知答也"，"无为谓"不知道怎样回答，或者说他压根不打算回答"知"所提出的问题（而与他想不想回答没有什么关系）。"知"没有得到答案，又去问一个名叫"狂屈"的人，"狂屈"回答说知道，可以尝试说一说，但他想说的时候却忘记了要说什么，"知"又没有得到答案。最后，他遇见了黄帝。从春秋到战国，思想史的其他史料中，黄帝的形象都是正面的，是擅长治国平天下的了不起的人物，他创造了我们的文明世界所必需的各种器物。然而，在此处，庄子却以一种嬉笑怒骂的幽默方式对待他。黄帝回答道："无思无虑始知道，无处无服始安道，无从无道始得道。"但是，当黄帝得知"无为谓"和"狂屈"对此问题的反应后，却说自己的回答距离"道的真理"还很遥远。

可以说，这段材料将"知识论"问题展示得非常清晰。在此，"知"是落寞的，他总在追问，却又总也得不到想要的答案，或者迷惑于别人给出的答案。"知"的这种失落感意味深长。为什么黄帝讲的"道"与无为谓、狂屈所理解的"道的真理"之间终究还是有些隔膜呢？这是因为黄帝“说了出来”，一旦经由言说、一旦诉诸名相，尽管是“道”或者是“无”，也有可能成为一种特殊的“名”。换言之，名相一旦介入，不论是说“无”还是说“有”，不论采取什么样的方式都会与原本的状态相隔阂。由此可见，“无知”还有另外的一层意思，即回到没有名言分别或有名言分别之前的状态，并在那里保持无尽的沉默。这种状态我们可以通过“朴散则为器”加深讨论。“器”都是有名的，而“朴”则是无名的。那么，“朴”为什么是“无名”的呢？事实上，“朴”与“道”一样，只是个标记而已，切不可把它当作一般意义上的“名”。我们说“朴”具有具象的特点，指的是木头原本的状态，老子借此启示一种没有经过名言分别的状态。“无知”在逻辑上推向极端，也是要回到没有陷溺于名言分别之前的状态。那个时候，物与物之间则没有我们所纠结的种种关系。这几乎和禅宗的不落言筌的表述一致。我们一旦启用名言，尽管可能如黄帝所讲的“无”，它也还是不能摆脱语言的固着性本身所造成的局限。这就是“无知”的复杂意思。

五、真知

下面的一个问题是“真知”。先看看庄子怎么说：

> 且有真人而后有真知。何谓真人？古之真人，不逆寡，不雄成，不谟士。若然者，过而弗悔，当而不自得也。若然者，登高不栗，入水不濡，入火不热。是知之能登假于道者也若此。

古之真人，其寝不梦，其觉无忧，其食不甘，其息深深。真人之息以踵，众之之息以喉。（《庄子·大宗师》）

“真知”的问题是与“真人”相联系的，没有“真人”便没有“真知”。那么，“真知”的客观性与必然性何在呢？事实上，庄子描写“真人”时使用了“卮言”的笔法。“卮言”作为《庄子》中一种非常重要的表达形式或修辞方式，其本身非常有意义，这里主要用于阐明“真人”的不可思议与超乎常理。那么，“真人”又是什么意思呢？《庄子》中出现过许多诸如“真人”“神人”“至人”，甚至“圣人”的理想人格。值得注意的是，“真”字虽然在道家的著作中屡见不鲜，但却未见于儒家典籍“十三经”中，顾炎武先生曾提示出这一点。这的确令人惊异，却是事实。“真”指一种纯粹不杂的本性，“真人”即纯粹之人，正因其纯粹，所以才具有各种不可思议的力量。“有真人而后有真知”，“真知”也就是纯粹的知识。

我们知道，孟子的“良知”不同于一般意义上的“知”。儒家的“良知”确立了一个道德的向度，《大学》所谓“知止而后有定”，“知”必须转向“至善”才能称其为“良知”。如果我们关注的不是道德意向性的问题，那么，“知止”和“良知”几乎毫无意义。以此为参照反观庄子的“真知”，它也不是一般意义上的经验知识，它要摆脱的正是各种各样具有局限性的“俗知”。所以说，日常所谓的物的知识与“真知”并没有什么关系，它与“真知”相比是等而下之、不值一提的。

此前讨论过的“不知”“知止”与“无知”似乎都是从反面揭示知识理论，“真知”是庄子第一次从正面讨论知识的问题，本质上讲，“真知”其实就是对“道的真理”的洞见。它不是一种“认识”

或“知识”，因为“道的真理”不能作为一种“认识对象”，既不能认识，也不是对象。所以，“真知”只是一种超越了经验知识的深刻洞见。我们稍后会讨论如何获取这种洞见。现在，我们讨论“真知”与“真人”的联系，或者说以“真人”为前提的“真知”具有什么样的知识论意义。

一般而言，知识论语境中的知识是一种普遍知识。这种一般知识论意义上的知识具有客观且固定的特点，它与作为认识主体或能知主体的人本身没有任何关系。然而，我们在此讨论的《庄子》的“真知”，以“真人”的出现作为前提，这是很值得推敲和玩味的。其实，“真知”未必不是普遍的，但它首先需要借助于“真人”才能呈现出来，只能出现在“真人”的精神境界中。由此可见，“真知”的一个重要特点就是诉诸“真人”，所谓“人能弘道，非道弘人”。“真知”固然是一种纯粹的东西，但它不是纯思想的东西，更不是纯客观的真理。“真知”的出现必须要有一个比思想的界限更为广阔的范围供它驰骋，同时还要突破客观的假象，进而达到从主观参与到客观呈现的状态。

至此，我们发现，在精神境界中出现的“真知”涉及的问题脉络非常复杂，包含的意思也非常深刻。更进一步的问题便是，既然“真知”是在“真人”主观参与的状态下、在精神境界中呈现出来的纯粹知识，那么，它是否具有一种普遍性呢？换言之，这种知识是否只是一种个人化、个人性的知识呢？如果它不具备普遍性，我们还强硬地把它当作“知”或置于知识语境下考量，这是不是有些牵强呢？凡此种种，都是我们需要直面的问题。

首先，曾经有人将在精神境界、思想境界中呈现的“知”翻译为 personal knowledge，即“个人知识”，我表示怀疑且坚决反对。

实际上，它是一种内心深处涌现出来的深刻洞察，属于内在的精神，与人的全身心状态下的感知一致，而不同于一般意义上的诉诸“心”的知识，后者庄子称之为“心与心识知”。例如“春江水暖鸭先知”的“知”就是这种内在的知。洞见诉诸内在的、活生生的精神体验，而且不能让渡、无可替代，因此，是那些别人的经验所不能代替的你经验到的东西。这种层面上的“真知”，如果说是完全个人化的、与他人了无相涉的知识，似乎并不见得；虽然它必须涉及“真人”，但这种经验依然有普遍的意义。因为其他人可以通过各种各样的方式被这种经验所启发，进入这样的境界中，然后，不需多言（实际上语言已成多余），相视而笑，莫逆于心。

最后，我们讨论《庄子》中的一个独特的概念——“坐忘”。在某种程度上，“坐忘”与“中庸”一样，我们不知道它究竟是种方法还是个境界，或者二者都有，既作为一种方法具有指导意义，同时又作为境界代表个人修养的标尺。

> 颜回曰：“回益矣。”仲尼曰：“何谓也？”曰：“回忘仁义矣。”曰：“可矣，犹未也。”他日，复见，曰：“回益矣。”曰：“何谓也？”曰：“回忘礼乐矣。”曰：“可矣，犹未也。”他日，复见，曰：“回益矣。”曰：“何谓也？”曰：“回坐忘矣。”仲尼蹴然曰：“何谓坐忘？”颜回曰：“堕肢体，黜聪明，离形去知，同于大通，此谓坐忘。”仲尼曰：“同则无好也。化则无常也。而果其贤乎！丘也请从而后也。”（《庄子·大宗师》）

这是颜回与仲尼的一个对话。仲尼问，什么是“坐忘”？颜回答：“堕肢体，黜聪明，离形去知，同于大通。”所谓“黜聪明”“离形去知”，在我们看来都嵌入了知识的语境，其实不然。此后的“同于大通”就是体道的意思。在讲这句话的时候，颜回并没有说他是“知”还是“不知”，还需要我们同“道的真理”融为一体予以理解和把握。这样，“同于大通”便可解释为我们对于“道的真理”的深刻领悟和豁然洞见，也就是说，在这个时候，我们犹如“真人”，“洞见”就会自然而然涌现出来。

《庄子》中出现的诸多知识论语境形成了一个有规律的思想特点：它们都是在知识论语境中嵌套了更为深刻的内容，具体地说就是在知识论语境中交织了复杂的心性论因素，而将两者嵌套起来。这些深刻的内容使庄子的知识论语境截然有别于古希腊哲学以知识理论为中心的哲学范式。当然，这也可以看作是“庄子知识论”的主要特征。而我们讲述的这些深刻的内容往往又以“卮言”的形式表达，它们具有强烈的心性论特色或心性论倾向。我们的结论也很明确：心性论、精神哲学或者“境界形而上学”，这几方面都是讨论“庄子知识论”所不能忽略的。无论是知识论的问题还是伦理学的问题，以及政治哲学的问题，实际上都以这些内在向度的心性论为基础。

第七讲　洞见：开启真理之门

前一讲我们讨论了《庄子》的“知识论问题”。我们发现，《庄子》这部书的知识论语境的段落其实像碎片一样，镶嵌在错综复杂的理论脉络之中，这些文本（text）—语境（context）还有待于更深入地挖掘、更有力地分析。

或许很多人都很喜欢《庄子》，然而，真正能够理解它又谈何容易。理解庄子需要站在一个与其差不多、相比拟的哲学高度，甚至需要超过庄子，否则，我们读《庄子》，终究还是雾里看花。不敢说我们能够超过庄子，不过我们通过严谨的哲学分析，自信能够澄清他讲论的那些问题的一部分意义，以此循序渐进地找到一条通往庄子哲学的道路，同时，我还想强调这个通往庄子的道路也是开放的。比如，我们与大家一起讨论道家思想的时候就发现“无为”“无知”这些概念与理论也都是开放的，“无”从否定的角度谈问题，它本身就意味着一种开放性。其实，不仅是道家，古代哲学都具有很强的开放性。我们现在从事的是中国哲学史的研究，“中国哲学史”还不同于“中国哲学”，倘若我们希望将“中国哲学”变成一个活的东西，使它不仅仅是博物馆中的陈列物。那么，我们必须注意到中国哲学史中的许多问题具有开放性，从而将我们的时代诉求、近取诸身的现实思考投入对于古代哲学的理解中。倘能如此，不论我们能不能理解庄子，我们都有可能提出一种自己的理解。事实上，我们只能理解我们所能理解的那个庄子。

一、知识论语境中的洞见

回到道家“知识论语境”问题上。前一讲讨论“无知”，庄子似乎总是强调，这也不知道，那也不知道，最后连问题都不能提。那么，“道的真理”究竟如何呈现，又如何“以心传心”领略它的奥妙呢？这一严肃的哲学问题，必须要有一个正面的回答。今天，我们讲述的就是这样一个正面的回答。我将这一讲的主题归纳为“洞见”，就是 insight，还有人使用“启蒙”“启明”等词，这也未尝不可。从字面上看，insight 是一种内在的光亮，非常准确地翻译了“洞见”所包含的哲学意义以及精神经验的特点。“洞见”和逻辑推理属于两种性质不同的工具或方法。相较而言，道家哲学乃至整个中国古代哲学都有一个重要的特点——与其说它得益于严格的逻辑形式，不如说它依赖于深刻的洞察力。同时，这也是中国哲学在方法上的特点，道家之外的儒家哲学和中国佛教思想也都具有这样的特点。

所谓“洞察力”，说起来有些玄乎，其实在日常生活中，我们会发觉许多人具有一种直观的能力。比如，数学家证明一个问题或者解决一个猜想，特别是概率论、拓扑学定理等非常复杂的问题时，经常会绕很大的圈子。然而，当它们突然被证明、被解决时，我们一方面能感受到数学家的逻辑能力，另一方面惊叹于其卓越的直观能力。比如说提出非欧几何的伟大数学家罗巴切夫斯基，他就具有很强的直观能力。“第五公理”（平行线永远不相交的平行公理）似乎符合大家的日常经验，可他就是要追问它们为什么不能相交？我们深入地理解，欧式几何讲的当然是平面，但是，如果这个平面具有一定的曲率，那么平行线就有可能相交。由此看来，描述空间的几何不止一种。

哲学家的工作从某种意义上讲，最接近于数学家的工作，因为他们的思考对象都是最抽象的，而且也都没有一个外在的对象。庄子认为万物的规律与“道”的规律没有什么关系，比如物体的运动——一个小球从这里滚到那里，甚至“日月照而四时行”这样的问题，都不是他思考的重点。那么，庄子哲学研究的又是什么样的问题呢？其实都是一些看起来、听起来恍惚不可致诘的问题。所以，面对他的问题时就需要一种很强的直观能力，这是毫无疑问的。在中国哲学的内部，这种深刻的洞察力和诉诸实践、诉诸内在体会的“实践知识”居于一种不可忽视的地位，甚至是最重要的地位。熊十力先生曾说，中国哲学的根本特征在于“躬本自得”，它是一个“自得”的秩序，是诉诸主观参与的学问。老师传授的东西，如果没有经过自身的深切体认，便仍是外在于你的东西，对于你来说终究意义有限。说到底，所谓“躬本自得”，不仅需要知识的传授和理解，它更需要“内证”。中国的学问，特别是思想史的经典文本研读也需要一个“内证”的向度、一种“体证”的方法才能打开自己的视野。

《庄子·齐物论》曰:“道行之而成。”这是一个哲学命题，陈鼓应先生翻译为“路是人走出来的”，我不敢苟同。这个命题的确切含义是“道”必须诉诸实践。“道的真理”并不是我们认知的一个客观对象，我们既不能通过苦思冥想接近它，也不能借助于逻辑思维解释它，思想世界中的“道”只是“道”的影子而已，还不是“道”本身，当然也不是“道”的全部。先秦诸子时期的哲学思想者不约而同地谈论“道”并致力于进入哲学的语境反思“道”，这都是因为“道”本身具有一种开放性。“行”即诉诸实践，这一点很重要。这句话之后紧接的是“物谓之而然”。显然，“道”与“物”是互相对应的。“物谓之而然”的命题意味着物通过命名从而转化为思想世界中的物。命名并不是一件简单的事情，它是一个系统。语言是由社会的整体机制来运转的，一个物，一旦经过了人类的语言，我们便不再能随意地想说它是什么就是什么了。可以说，这两句话非常重要，甚至可以说是把握庄子哲学全局的核心问题之一。

此外，“道行之而成，物谓之而然”还包含着这样一个重要的问题:“物”只有有了“名”，或者说，只有以“名”作为前提才能呈现于思想世界中，这也是人与动物的不同之处——人有一个“思想世界”，有一个符号化的系统，而动物则没有；同样，“道”亦可以由于“名”的建构性作用而呈现于思想世界，但那只是“道”的影子而已，因为道的真理、道的意义主要体现于精神境界之中。诚然，思想世界有其外部世界的对应，但是，思想世界中出现的事物，譬如“马”“牛”“出租车”等语词与现实的马、牛、出租车还不一样，因为这些名词只是符号。自此而言，“道行之而成，物谓之而然”的命题便绝不是偶然出现的。我们曾说，“朴散则为器”表明所有借助于“名”表达的东西都是思想世界中的东西。人类世界的事物都是在人文动机的推动下产生、滋长的，因此，“思想世界”中的“物”与“物本身”——物的原本样态——还是有很大出入的。上述两个命题之所以重要，正是因为它们洞见到这种出入与差异，并进行了非常透彻且深刻的分析。

下面，我们分析洞见之于我们的重要意义。说到“洞见”，我们还可以使用其他的词对它进行说明，比如灵机一动、灵光一闪、豁然开朗、顿悟等等，都具备“洞见”的表面特点。我们在生活中是否常有这样的经验——面对一个问题百思不得其解时，突然在那么一个瞬间，涌来一种豁然开朗的感觉，我们找到了答案。我们说，诸如此类的微妙且深切的内在体会都是有意义的，这种灵机一动、灵光一闪般的洞见对于我们人生的启迪意义不容小觑。我们的人生总会面临一些挑战，一般来说，总会有一个时期或者几个阶段需要依靠特殊的契机突破所谓的瓶颈，需要变化气质——使自己的意识与精神发生一种革命性的变化和跃迁。正如佛陀在菩提树下苦思冥想，坐禅数日最终悟道。悟道后，他便和以前的自己不一样了。我们一生中也总有那么几个瞬间，在那些瞬间的前后，我们的自我认识也非常不一样。常态的、一般的规律是，我们经历的这几个瞬间，都是将我们的生活经验高度压缩到一个（时间）点上进行的一种爆发，它一下释放出来，具有一种爆破力，犹如灵光一闪。事实上，这种灵光一闪也是一个普遍的规律，因为在此之前，我们需要很多的积累，当然也会走一些弯路。但是，只要穿越了这个瞬间，经过了这个瞬间的点化，我们便脱胎换骨，同之前的自己判若两人。此外，灵机一动、灵光一闪这样的瞬间又都是意外出现、不期而至的。我们想守株待兔等着它，它十有八九不会出现。这就是洞见的特点。

对于一般人而言，洞见可能极难把捉，我们的灵光都是一闪而逝的。为此，围绕着灵光和洞见，古代哲学家们进行了长久的努力，他们的目的在于使这些灵光能够持续更长的时间，使这种觉悟的状态更具有可操作性和必然性，他们所形成的方法则分别载于儒释道三家的典籍中。对于这些方法，我们要特别地留意并给予足够的关注。此外，洞见这种深邃的精神经验，这种超意识涌现的瞬间，它的普遍性在于不仅古代的哲学家们能够遇到，很多其他的领域也能遇到。斯坦尼拉夫斯基（他创立了世界戏剧史上的第一个表演体系）就曾说，戏剧的创造性工作也要依靠超意识的瞬间。这一瞬间，内心深处仿佛拥有一种视觉，它如花开般地绽放。我们说，这种说法本身就使我们摸不着头脑。原因在于，这些都是体会的语言，如果你有同样的体会就会即刻知道他很在行。正如禅宗公案中的机锋，你向禅师述说自己的一个体会，已经开悟的禅师会从你的话语中瞬间判断出你有没有开悟。禅宗的法脉正是这样由一辈辈的禅师从释迦牟尼佛的座前传承下来的，不仅从未间断，而且都是由已经觉悟的禅师加以印证的。所以说，只有开悟的人，只有拥有同样体验的人，才能知道如此这般的体会到底是内行还是外行。

二、洞见、觉照与精神经验

接下来，我们讨论《庄子》中围绕“洞见”的几个问题，也就是庄子的“知识论语境”中有关精神体验和光照的内容。无论是老子还是庄子，都曾提到各种“光”（光照语词）。许多人或许认为这些光照语词都是形容词，正如我们常说的“知识照亮愚昧”，愚昧相当于黑暗，而知识相当于火炬，可以驱散黑暗，这基本上就是把它们当作形容词，当作比喻的用法。然而，庄子知识论语境中出现的“光照”却不仅仅是比喻。围绕“光”，《庄子》中出现了各式各样的语词，如“照旷”“天光”“葆光”“神明”等等，它们几乎都有特殊的意义，其中蕴含的东西也都相当复杂。其中，“神明”一词就是庄子特别喜欢的光照语词，也是他特别重视的哲学概念。“神明”概念由“神”和“明”这两个单字词构成，这两个单字词在老庄那里都可视为哲学概念。考察“神”“明”两字的初义，它们都与光照有关。“神”字的意符“申”表示云中闪电，而“明”字本身就指光，由此，“神明”的复合即代表一种光照或光亮。老子说“知常曰明”，庄子说“莫若以明”，这两个“明”的含义是一致的，都指特殊的智慧。因此，“明”“神”“神明”之类的光照语词便不能仅仅理解为形容词，而更应理解为体会语。实际上，它们反映了活生生的、内在的精神体验。倘若将它们转化为现在通行的理论语言，则相当于“直觉”“内证”“彻悟”“精神知觉”等等。这样，经过一些必要的穿凿，我们已经具备了将《庄子》中那些看似平常、实则不易分析的语词和概念转化为现代语言以便进一步分析和把握的可能性。进而，我们需要借助一些材料，探讨庄子为什么使用这些光照语词。我们说，哲学史的研究就是致力于揭示思想在某个时代或某种语境下出现的必然性，也就是追问思想世界中的现实背景和逻辑规律。我们对于庄子哲学循序渐进地梳理至此，出现了光照的问题，这就表明认识这个问题需要具备一定的基础。

> 若一志，无听之以耳而听之以心，无听之以心而听之以气！听止于耳，心止于符。气也者，虚而待物者也。唯道集虚。虚者，心斋也。……若能入游其樊而无感其名，入则鸣，不入则止。无门无毒，一宅而寓于不得已，则几矣。绝迹易，无行地难。为人使易以伪，为天使难以伪。闻以有翼飞者矣，未闻以无翼飞者也；闻以有知知者矣，未闻以无知知者也。瞻彼阕者，虚室生白，吉祥止止。夫且不止，是之谓坐驰。夫徇耳目内通而外于心知，鬼神将来舍，而况人乎！是万物之化也，禹舜之所纽也，伏羲几蘧之所行终，而况散焉者乎！（《庄子·人间世》）

这段材料主要讲“心斋”，之后的一些其他的东西一并呈现出来，就是为了让大家理解文本本身是这样的样态，有可能包含一些复杂的内容，需要我们很好地分析。其中，“虚室生白，吉祥止止”的“白”不是指别的什么（如颜色），而是指光照。现在我们常说的“明白”也有这种意思。与此同时，我们还必须意识到“白”不是形容词但却出现在此，这其中的必然性有多强。随后，“吉祥止止”一句显然有一些错误，汉代的一部讲解《周易》的书中引用了此句，作“吉祥止也”。这是一个重要的参考证据。由此可见，文本中的一些不易理解的内容，或许因为它包含了精妙的意思，或许因为它在传抄流传的过程中出现了讹误，这都是很难避免的。那么，“虚室生白，吉祥止也”是什么意思？结合前面的“心斋”和“唯道集虚”，“虚室生白”的主要意思是“道”出现于虚、空的地方，“空”“虚”之中不是 nothingness，不是死寂、什么也没有的“空”，而是其中能够包孕着似有似无、非有非无的东西，能够涌现出光明。这一点非常重要。

若正汝形，一汝视，天和将至；摄汝知，一汝度，神将来舍。(《庄子·知北游》)

通于一而万事毕，无心得而鬼神服。……夫王德之人，素逝而耻通于事，立之本原而知通于神。……视乎冥冥，听乎无声。冥冥之中，独见晓焉；无声之中，独闻和焉。故深之又深而能物焉；神之又神而能精焉。(《庄子·天地》)

这里的“神将来舍”与上一条材料中的“鬼神将来舍”相同。此后，《天地》篇又有“通于一而万事毕，无心得而鬼神服”“深之又深而能物焉；神之又神而能精焉”等等类似的说法。这些内容都有一定的含义，我们若想准确、透彻地理解它还并不那么容易，即便是翻译成现代汉语也不知道该如何表述。因为仅限于字面意思的翻译，并不能与它的意涵完全吻合。为此，我们需要参照《管子》中的一些段落。

虚其欲，神将入舍。扫除不洁，神乃留处。(《管子·心术上》)

专于意，一于心，耳目端，知远之证〈近〉。能专乎？能一乎？能毋卜筮而知凶吉乎？能止乎？能已乎？能毋问于人而自得之于己乎？故曰：思之思之，不得，鬼神教之。非鬼神之力也，其精气之极也。(《管子·心术下》)

有神自在身，一往一来，莫之能思。……敬除其舍，精将自来。精想思之，宁念治之。严容畏敬，精将至定。得之而勿

舍，耳目不淫，心无他图。正心在中，万物得度。(《管子·内业》)

抟气如神，万物备存。能抟乎？能一乎？能无卜筮而知吉凶乎？能止乎？能已乎？能勿求诸人而之己乎？思之思之，又重思之。思之而不通，鬼神将通之，非鬼神之力也，精气之极也。(《管子·内业》)

《心术上》中的“神”与前面“鬼神将来舍”的“鬼神”意思是一样的。《内业》篇的“鬼神将通之”又与《庄子·天地》篇的“无心得而鬼神服”含义一致，只是表述略有差异而已。事实上，这些类似的表述出现在此都不是偶然的，它们的出现意味深长且都是严谨的表述。进而，《心术下》的“能止乎”“能已乎”涉及上一讲的“知止”问题，“能毋问于人而自得之于己乎”又同我们前面分析的“躬本自得”、反求诸己的内证学问相一致。此外，《内业》篇的第二条材料讲到“思之思之，又重思之。思之而不通，鬼神将通之”。连续的两个“思之”透露出这样的信息：我们通过一般的方法思考只能导致事与愿违的结果——离道的真理越来越远。“思之而不通”指的就是进入这样的一种困境。我们说，求“道”几乎都会进入一种困境，正如禅宗所说的把人逼到一种绝境上，在这样的场景和语境下使人的思想彻底地转弯，这二者的道理是一样的。

从字面上看，“鬼神”就是妖魔鬼怪的意思，但是，出现在哲学文本或思想史料中的“鬼神”，其含义则略不同于日常语义。上述文本中的“鬼神”显然不是负面的含义，其正面的含义是指比我们诉诸“思”“心”或者呈现为“知”还更高级、更高明的智慧。因此，所谓的“鬼神”亦即“神明”，这种特殊的智慧比 understanding 这样的理性的、诉诸概念的思维形式更加高级、更加深刻。显然，这种对于知识与智慧的层次化分类是合乎逻辑的。倘若道家确有某种独具特色的“知识论”的话，那么，它自然会明确地将“知识”划分为三个层次：第一是耳视目听的感性知识；第二是通过名言和概念思维建立的知识，产生这种知识的内在基础就是心和思的功能；第三就是所谓的神识。

那么，“思之而不通，鬼神将通之”，鬼神又如何能“通”呢？“鬼神”要“入舍”，入你的“舍”。这里的“舍”就是房间、居所的意思，道家黄老学的文献中经常出现“道舍”“德舍”等名词，实际上乃是指人心的深层结构。可以说，一般意义上的“心”是和“思”“名”“知”捆绑在一起的，因为它们彼此之间是相互匹配的。而“舍”所代表的深层结构的“心”则不是这种一般意义上的心。《管子》中的“心”，其实是指“心中之心”，这相当于为“心”的概念划分了两个层次，“神将入舍”的“舍”也就是指“心中之心”。由此，《心术上》一段表明，我们要将内心之中惑于外物的那些欲望沉寂下来，将追逐于外物的那些所谓的“知”也止息下来，只有这样才能将“舍”打扫干净，才能迎接尊贵的客人——鬼神或神明。而所谓的“打扫干净”也就意味着消解表面的那层“心”，或“心与心识知”的“心”。因而，“神将来舍”“神将入舍”用现代语言表述即是进入一种特殊的精神知觉状态。

进而，我们需要追究，为什么道家讲论“知识论”时会启用“鬼神”这一语词呢？换言之，道家为什么选择以“鬼神”来言说那种特殊的精神知觉性呢？这里的特殊的精神知觉性的本质其实就是“洞见”，就是我们试图提示和启发的关于“道的真理”的洞见，而并非关于外物的物理规律与经验知识。我们说，获得这种洞见的一个重要门槛是要进入一种“神将入舍”的精神状态，而以“鬼神”讲论这一深刻而复杂的精神体验、精神知觉似乎出于以下的几点考虑。鬼神脱胎于古代的民间信仰和宗教的意识形态，鬼神可以摆弄甚至主宰我们，它具有改变我们命运的生杀予夺、赏善罚恶的能力。在古代，人们总是反问鬼神究竟有没有的问题。我们讨论有无问题的部分来源，实际上与鬼神之有无是有一定联系的。鬼神是一般人所看不见的，但却又是起作用的。同样，哲学中讨论的存在、本体也是看不见的，但却也是起作用的。这样，我们知道，鬼神在一般的语境下也是与有无问题相关的，因此，与道家的“道”有着天然的关系。其次，古人普遍认为，人所不知道的东西，鬼神能够知道。正因如此，我们才需要占卜。在当时，国家的大事都要占卜，甚至对于国家的大事要不要占卜也要占卜一下，它们共同构成一整套复杂的体系。而这套体系的理论预设就是鬼神的聪明智慧是人所不可及的。我们在《左传》《墨子》中曾看到有关人与鬼神相比谁更聪明的提问，墨子的回答即是当然鬼神更聪明。

既然《老子》的“其鬼不神”已经表明一种强烈的人文主张，那么，《庄子》的知识论语境中为什么又会出现如此多的“鬼神”呢？《老子》认为鬼不能作祟，不起改变事物、支配事物的神妙作用，而《庄子》和《管子》四篇（我以为，这两种文献差不多是在相距较近的时间内出现的）却借助“鬼神”的话语表达一种特殊的知识、特殊的智慧，表达一种比一般的理性功能更深刻的功能——“洞见”。在与“洞见”问题相关的语段中，《庄子》置于其中并呈现出来的正是“鬼神”超越于常人的认识能力。这时，“鬼神”便已不再是宗教意识形态和民间信仰中的观念，而是经过哲学的改造和点化的哲学概念。将“鬼神”之能知性、洞察力通过“鬼神”这一语词表现出来，这本身就是以部分代总体的方法。因此，“鬼神将来舍”出现于哲学文本和知识语境之中，无疑是一种点铁成金的创造性转化。我曾经写过一篇《神明辞例考》，主要是对早期著作中的“神明”加以考证并辨析其语源，分析其中叠置的思想史层次。最终发现，“神明”语词（或话语）在哲学文本中的出现和运用是有一定的必然性和规律性的。“鬼神”语词进入哲学语境并被点化成为哲学概念，这是一个非常重要的转折，因为在此之前，“鬼神”的语境还是与宗教意识形态相关联的。我们知道，古代的祭祀需要与神明交通，需要“上达鬼神，格于皇天”，这是哲学时代之前已经积累深厚的文化经验。而有关祭礼中与鬼神沟通的记载又说明“通于神明”需要进入某种特殊的精神知觉状态，这种状态被庄子发现并转化为哲学问题，以此抹除内蕴于其中的宗教色彩，庄子的这种自觉十分重要，这表明他已经处于哲学思考的层次。相比之下，儒家的《礼记·祭仪》和《祭统》所描写的状态便不是“鬼神来舍”而是“交于神明”。在祭祀的过程中看到鬼神到来，在祭祖的时候发现我们的祖先站在我们的左右两边，甚至还有可能同我们说话。儒家经典中传习的经验表明，它还没有彻底地转化成为哲学语境中的经验。

> 道者，神明之原也。神明者，处于度内而见于度外也。处于度之（内）者，不言而信，见于度外者，言而不可易也。……神明者，见知之稽也。有物始□，建于地洫于天，莫见其形，大盈冬（“终”）天地之间而莫知其名。（马王堆黄老古佚书《经法·名理》）

这条材料首先提示出非常重要的一点，即“道”与“神明”的关系非常密切。其次，它还说，“神明者，见知之稽也”。可见，神明又是知识问题中至关重要的组成部分，可以视为各种“见”“知”的理论根据，或者说是最根本的“知”与“见”。我们之所以选择马王堆帛书《黄帝书》的材料，是因为它与《管子》四篇、《鹖冠子》《文子》都有紧密的联系。我们不仅要看到这种联系，而且还要看到它们与庄子之间的对照关系。这里的“神明”就是洞见。而且，“道的真理”只有依赖于洞见才能“认识”，才能有所领悟。总之，“神明”的概念即指一种特殊的精神知觉性，它出现于知识语境中恰好表明它是一种能够把握“道的真理”的深刻的精神能力。与此同时，儒家也有类似的观点，《孟子》和《中庸》中反复提到的“诚明”概念就具有这种特点。我们看儒家研究的相关书籍，讲述“诚明”的话语一般都不太清楚，甚至往往被一些语焉不详或者分歧莫甚的说法说得云里雾里，疑惑更深，似乎我们讲到“诚明”的时候就会摔跤跌跟头。这恰好表明这些概念本身是非常复杂、非常深刻的，它们与我们这一讲着重分析的“鬼神入舍”“神明”同属中国哲学中比较精微的部分。

至此，我们再来分析第一条材料中定义“心斋”的一段话，所谓“若一志，无听之以耳而听之以心，无听之以心而听之以气！听止于耳，心止于符。气也者，虚而待物者也。唯道集虚。虚者，心斋也”。这里揭示出知识的三个层次，其中较难理解的是“听之以气”。宋徽宗注解《老子》时曾提到“神视”和“气听”，这是一个具有启发意义的提示。“气听”是一种很特别的知觉状态，可能和“鬼神将来舍”有一定的关系。“听止于耳，心止于符”的意思是说，超过耳朵的听觉能力就听不见了，比如超声波，所以是“听止于耳”，而“心”则止于名言和思虑。“符”就是古代用兵时的信符（例如虎符），这里用以表示某种耦合的关系，即与“心”的概念相互匹配、相互联系的种种关系，例如“心—知—名—形—物”等等。“气”的概念或语词在这段文本中没有特别的解释，然而，我们知道，“气”往往用以解释人的生命、人的身体，如果将其理解为生命整体或许更吻合于此处的思想语境。《管子》四篇中的“气”称作“精气”“神气”。精、气、神三者连在一起思考，我们便可大致揣度“听之以气”是指通过“精”“神”力量的全身心感受，接近于投入所有生命力量来感知的意思。这个意义上又可以和“通于神明”“洞见”匹配起来，他们都处在同样的高度上。进而，为了更清楚、透彻地分析“听之以气”，我们有必要借鉴《列子》中的一段话进行较充分的阐述：

> 我体合于心，心合于气，气合于神，神合于无。其有介然之有，唯然之音，虽远在八荒之外，近在眉睫之内，来干我者，我必知之。乃不知是我七孔四支之所觉，心腹六藏之所知，其自知而已矣。（《列子·仲尼》）

《列子》这一段讲的是精、气、神的体合，意在将全部的生命能量和秩序感投入其中。所谓“其自知而已矣”的“自知”就是诉诸内在的体验，这无疑强化了我们对于“听之以气”说法的理解。

在此基础上，我们便可继续探讨《庄子》和《管子》四篇的诸多材料所涉及的深层问题。我们说，“无心得而鬼神服”与“鬼神将来舍”为什么有所不同？首先，“无心得”实际上是“思之思之，思之不通”的无心与无知的状态，只有进入这种状态，才能唤醒那个潜藏于内心深处的鬼神。而“鬼神服”是鬼神来归附、依附，与“鬼神将来舍”没有本质上的区别。《内业》篇“有神自在身”的“神”便更加明确，它指的不是那种外面的鬼神——天罡、地煞、青龙、白虎，而是在人身体内部的“神”，意思是在人的身体中激发起某种神妙莫测的自组织机制。然而，如果你想要琢磨它，想通过不断的琢磨感知并把握它，那终究会是竹篮打水一场空。我们知道，《管子》一书中的《内业》《白心》《心术上》《心术下》这四篇，都归属为道家的著作，特别是《内业》篇。我印象深刻的是，当年我们研究这一篇没有头绪时，朱伯崑先生写了一篇文章，他指出《内业》一篇与其他的几篇不同，它特别将“养生”与“形名”结合在一起。后来，我们发现朱先生读书真是很细致，他看出了名堂，特别了不起。但是，我想说的是“但是”，经过更加深入的研究，我们发现朱先生的解释还是不够的。实际上，《管子》四篇以及《管子》的其他篇章，已经开拓出道家心性论的雏形，可以说，心性论的理论模式已经在《管子》中建构起来了。由此，《内业》篇讲述养生的部分内容，便不能简单地只认为是“养生”，而一定要把它置于心性论的框架下加以认识和把握，因为形体层面的“养生”其实是依附于道家心性论的，或者说，它只是道家心性论中的一些皮毛。

接下来，我们引入一个与上述问题相关的问题，那就是，“道通为一”这一命题如何可能？我们知道，道家典籍中的“一”与“抟一”屡见不鲜。这个“一”，特别是作为动词意义的“一”，就是专注、凝神的意思。同样，“抟一”也是专注、凝神的意思，指的是将形神这种容易疏离的东西凝聚为一个东西，使形神相依的关系维持下去，而不坐视“形神分离”。而所谓的“形神分离”，其实是人奄奄一息、命不久矣的意思。我们既要知道道家的“一”与“抟一”有这样的一层含义，同时也要把它置于心性论的理论视野中进行审视和思考。这样，我们便有理由沿着心性论哲学的向度思考知识和养生等诸问题了。

《庄子》中非常明确地讲述了“一”的内容和特点。比如，《庚桑楚》一篇发挥老子的“卫生之经”，讨论“能抱一乎？能勿失乎？能无卜筮而知凶吉乎”。这里的“一”就是专注、凝神以使形神相依的意思。而“凝神”的“神”，实际上，也就是“神将入舍”的“神”。由此可见，“抱一”和“知”（最高意义上的知识）具有内在的联系，这样，我们便可将知识的问题，甚至养生的问题同“万物皆一”“道通为一”等哲学命题相互联结。并且，只有出现在知识论语境中的“一”才真正指向了某种神秘的体验或实践的智慧。譬如《庄子·德充符》说：“官天地、府万物、直寓六骸、象耳目，一知之所知而心未尝死者乎？”何谓“一知之所知”呢？其实就是将知之所知的东西提炼出来，加以激活，使之转识成智，这相当于“洞见”。可以说，“一知之所知”无异于对知识整体的反思与批判，它是指点知识局限的更深层次的智慧。准确来讲，庄子的知识语境，包括《庄子》和《管子》四篇中经常谈论的“道通为一”“万物皆一”“通天下一气耳”“天地与我并生，而万物与我为一”“一汝度”“能抟乎”“能一乎”“一于心”等等，其实都是所谓的“一知之所知”，即从“知之所知”中抽精取华、更进一步。所以，我们说，庄子知识论语境中的“神将来舍”暗合“道通为一”的命题，合理的讲法应该是将“道通为一”的命题置于知识论语境或知识论问题中予以分析，如此才能真正深入地理解和把握这一命题。“道通为一”并非是指“道”等于“一”，而是表明“道的真理”的无差别性。同理，儒家讲的“天人合一”，也是旨在强调人达到一种与天紧密联系而不可分离的境界，达成一种根本性的关系。

> 宇泰定者，发乎天光。发乎天光者，人见其人，物见其物。……备物以将形，藏不虞以生心，敬中以达彼，若是而万恶至者，皆天也，而非人也，不足以滑成，不可内于灵台。灵台者有持，而不知其所持，而不可持者也。不见其诚己而发，每发而不当；业入而不舍，每更为失。为不善乎显明之中者，人得而诛之；为不善乎幽闲之中者，鬼得而诛之。明乎人，明乎鬼者，然后能独行。券内者，行乎无名；券外者，志乎期费。行乎无名者，唯庸有光；志乎期费者，唯贾人也，人见其跂，犹之魁然。（《庄子·庚桑楚》）

这段材料非常重要。“灵台”二字，通常理解为“心”，但是，在此我要打个问号，因为我们这一讲已经涉及中国哲学比较精微的部分了。《庄子》中的“心”可以参照《管子》四篇中的“心中之心”予以说明。《庄子》中确实提到了两种意义上的“心”，其中，“机心”与“成心”就是指心的表层，也就是“思”“心”“知”，属于思虑、计谋的层次。此外，庄子还有“常心”的说法，它相当于老子所说的“无心”。与平常所讲的表层意义上的“心”的概念不同，“常心”与“无心”属于深层的“心”。它不是“思虑”和“知识”而是“无思无虑”“无知无识”，是前一个层面的反面。《庄子》中“心”具有这样的层次性，必须在具体语境中推敲其准确含义。所以，“灵台”这个概念我们不能简单地、不加分别地说它就是“心”，因为它究竟是“常心”还是“成心”是需要进一步推敲的。事实上，“灵台”指的是“心中之心”或“常心”。而“心中之心”

又是指思虑道断、超绝名相层次上的智慧与境界，这是非常清楚的。

材料中有一句是“行乎无名者，唯庸有光”，这个“光”字很有深意，它说明了对于“无名”（道的真理）的洞见，表示某种觉照。与此呼应，材料的第一句是“宇泰定者，发乎天光”，这个“宇”字其实和“灵台”是一个意思。“宇”本来指“屋檐”，但在这一文本中即指“心”，确切地说是“心中之心”“无心”或“常心”。“心中之心”进入“泰定”那样一种凝神寂静的、不动心的境界便会自然地“发乎天光”，自然地生发出光照。而这种光照又是内在的，正如“虚室生白”一般。可见，“发乎天光”的意思与我们之前讨论的“虚室生白”如出一辙，“白”与“光”在本质上没有区别。进而，“发乎天光”所达到的境界就是“人见其人，物见其物”。所谓“人见其人，物见其物”其实就是“以道观之”的方式，就是“以物观物”的方式。王国维先生发明“以物观物”一语以形容诗词的境界，这个“以物观物”的核心即在于突破主客两分的鸿沟。通常，我们所谓的“观”是将所观的东西作为我们认识的一个对象。但是，这里的“人见其人，物见其物”或者说“以物观物”，它所形成的便不是一种对象化的认识。这一特点十分重要。

我们说，《庄子》中有“莫若以明”，有“葆光”“天光”，还有“照旷”，这种种的光照语词表明了什么呢？我想，这些光照语词出现在《庄子》中深有意味，具有很强的理论意义。实际上，它指的是一种内在的精神经验。即便我们自己没有类似的体验，我也想在这里提醒大家，如果我们变得更敏感一些，是不是也能发现这些光照的经验呢？比如，我们做一道难题，一直做不出来，突然一个念头闪现出来，灵感来了，仿佛茅塞顿开，立马解决了这个问题。这个时候，我们身体内部的某个部位（比如眼、脑）是否会感觉到某种内在的经验——光亮闪现的感觉呢？请大家注意，这就是老、庄所讲的“光照”的真正含义。

生活在今天的人们，可能对这些内在的微妙知觉多少有些麻木了，不那么敏锐了，但是，古人却特别重视这种内在经验。他们的逻辑能力可能不一定比我们现在强，可是，他们的直观能力、获取洞见的能力却未见得弱于今人。和老子一样，庄子对于内在的、细若游丝的精神经验非常敏感，他抓住了它们（内在的精神经验），体味着它们。更重要的是，他创造性地将这些内在的精神经验转化为理论问题，进而将它们编织进复杂的哲学脉络中，探讨更深刻的、更广泛的哲学问题，同时，他也为上述这些内在的精神经验赋予了更加系统化的形式，以至于我们今天想要真正地推开《庄子》这扇门，进入他的思想世界，深入理解他讲述的意思，需要花费相当大的功夫和力气。

除此之外，“光照”指向的内在且真切的精神体验，在很多宗教典籍中也能找到例证。比如，《道藏》中的“身入光明”，佛教修行的般若放光，奥古斯丁讲述的“光照”等等。事实上，倘若我们不从这种内在精神经验的角度理解，是肯定理解不了“光照”的意涵的，还极易生误解。因为道家所追寻的“道的真理”是不可以示以名相、不可能找的感觉。“道（的真理）”并非自己突兀地出现在某个地方，它只能呈现于某种特殊的精神经验和精神境界之中。换言之，“道”作为本原和真理，它不是认识的对象，不是客观的物理知识，它既不能“认识”也不是“对象”。所谓的“洞见”是自己阐述自己，自己呈现自己的。试想，什么东西能够自己呈现自己呢？唯有光照。因此，只有光照才能表明“洞见”这种内在的性质，这种

“反求诸己”“自知而已”的性质。也就是说，“光照”这种存在方式就是在自身中把自己反映出来、呈现出来。《庚桑楚》篇的“宇泰定者，发乎天光。发乎天光者，人见其人，物见其物”与这种意思基本上是吻合的。此外，庄子说道：

> 上神乘光，与形灭亡，此谓照旷。致命尽情，天地乐而万事销亡。万物复情，此之谓混溟。（《庄子·天地》）

这段话是比较典型的“光照”话语。进入“照旷”这种境界之后便可以“致命尽情”，便可以“天地乐而万事销亡”，甚至还可以达到“万物复情”的“混溟”状态或境界。由此可知，“光照”语词一方面出现于知识语境中，另一方面它也必然会与一些更复杂的问题，比如“致命尽情”等联系在一起。那么，“致命尽情”是否属于知识论的范畴呢？至少我们可以说，它其中隐含了知识论的问题，但同时也涉及心性论的问题。因为这里所说的“命”与“情”具有“性”的意味，而“万物复情”又与《老子》中的“归根复命”并无二致。在道家学派的其他著作中我们还会看到诸如“精通内守”“玄光内明”等一些说法，《文子》与《淮南子》两书也都属于知识理论的延续。实际上，正如我们反复论证的那样，道家知识语境隐含了非常复杂、十分丰富的内容，特别是镶嵌于其中的心性论部分很值得玩味。而无论是知识论语境还是心性论语境，“光照”语词都是经常出现的常辞，这一点似乎很能说明问题。有意思的是，海德格尔对古希腊的“真理”一词进行发掘，在他看来，“真理”一词实际上就是“去蔽”“展现”，就是“自我的显现”。这个“去蔽”和“显现”也就是使自己放出光芒。这层含义似乎和《庄子》的“宇泰定者，发乎天光”“上神乘光，与形灭亡，此谓照旷”等说法不谋而合，同时也与《淮南子》的“澄澈神明之精”等看法异曲同工。

总之，我们说，“洞见”的出发点还是知识论语境，进而探讨怎样通过直觉、灵感和内在体验把握“道的真理”。“道的真理”不是一种对象化的东西，它只在直觉，或者更准确地说，在精神知觉性中呈现出来。仿佛禅宗的“禅”，只有诉诸内在的天机、诉诸觉悟方能把握。禅宗的“禅悟”与道家的“得道”（“体道”）原理基本是一致的。那么，什么是“道”呢？之前的讨论我们从未正面回答过它，我们都是在讲“道”不是什么。而在此处，我们终于可以从正面触及它了。一言以蔽之，“道（的真理）”就是诉诸“神明”所进入的知觉状态和精神境界。“道的真理”就出现在这里，出现在神出鬼没的地方，“鬼神入舍”“鬼神将来舍”实际上已经隐含了这种意思，就是“得道”“体道”的另一种表述。我们讨论上述知识论问题时也发现光照语词经常被使用，庄子似乎很擅长使用这类语词。经过分析，我们知道，光照语词乃是某种内在的精神经验，这种内在的精神经验既特殊又普遍。再次，庄子知识论语境中出现的“鬼神”“光照”之类的话语又往往镶嵌于更复杂、深邃的心性论理论之中，它们相互叠置以至于常常混为一谈。比如上一条材料中的“上神乘光，与形灭亡，此谓照旷”云云，最后落脚于“万物复情”的“混溟”境界，这种由知识论语境到心性论语境的深化转进，既是道家哲学的合理拓展，也符合道家思想的内在逻辑。所以说，诸如此类的文本—语境完全不可能出于偶然的妙手偶得，而出于理论思维的必然性。

第八讲　玄德（一）：对伦理和政治的质疑与批判

接下来我们讨论老庄哲学中的“玄德”概念，这是一个非常重要同时也很有意思的问题。但在我们深入讨论之前，不妨回顾并总结一下前面几讲的内容。前几讲我们梳理和重建了庄子哲学的某些部分，准确地说就是庄子哲学中理论性比较强的几个部分，比如说道物关系和道的真理诸问题，这是认识和把握庄子思想世界的重要基础和主要内容。我们发现，这些理论性比较强的部分，逻辑性也比较强，这在古代哲学中很罕见。接下来，我们将要进入一种新的领域。我们之前提到过，思想世界与精神境界是庄子哲学的两个重要的组成部分，然而二者之间的关系比较复杂，原因是：第一，思想世界和精神境界应该说是两种不同性质、不同形态的理论，它们并不是完全吻合无间的；第二，从思想世界到精神境界表明了庄子哲学在理论上的递进关系，换句话说，精神境界是更深刻更高级的理论层次；第三，只有通过对思想世界中的各种理论问题的分析和澄清，并以此为跳板，方能跃升到精神境界，舍此别无他途。这样看，《庄子》这本书，既展现了深邃的哲学思考，同时亦呈现了超然物外的精神气象，而哲人庄子擅长深切动人的沉思同时又不缺乏沛不可挡的激情。无论是沉思的庄子还是激情的庄子都有很强的思想冲击力和精神感召力。

前面几讲的主题是勾勒庄子哲学中的思想世界，讨论庄子的哲学沉思。比如说，我们通过对《庄子》知识论语境的深入分析，发现了其中隐含的非常复杂的内容与层次。庄子的知识理论——如果可以这样说的话，与柏拉图对话中对知识问题的分析迥然不同。庄子哲学中的“知识论”不同于古希腊哲学的知识论（episteme），它似乎对追寻那种确定的、纯粹的（即排除了人的主观因素的）关于外物的知识（即物理知识）不是特别感兴趣，实际上，倘若仅仅从知识理论或者知识语境层面审视《庄子》，就会遇到不少特别复杂而且难以分析的内容，深入研究之后发现这些东西的出现并非偶然。那么这种现象的必然性在哪里？这是很值得深究的问题。简言之，庄子讨论知识问题时还会纠结于其他更为复杂的问题，会有意识地把知识或者智慧层面的觉解迁延于更广泛的问题域，例如伦理、政治、人生和精神解脱等。

台湾学者吴怡教授《逍遥的庄子》提出，研究庄子思想有两个基本路径：一个是“知”，一个是“德”。他的看法有其合理性也很有启发性。的确，“知”与“德”这两个方面可以说是庄子哲学的“鸟之两翼，车之两轮”。我还想强调的是，在深入讨论“知”的基础上，可以更好地展开“德”的分析和讨论。这是一种非常重要的研究进路（approach），通过这一研究进路或者探究方法，可以扩展我们对于道物关系、道的真理、洞见等理论问题的深入理解，可以按照理性分析的方式探究庄子哲学中的思想世界，进而诉诸直观与洞见理解其深邃的精神境界理论。我相信，这样一种研究分析庄子哲学的进路和方法是合理的、内在的，能更好把握广泛而复杂的哲学问题，揭示庄子哲学的理论特征。

一、玄德与明德

老子和庄子为代表的道家特别重视“德”的概念、“德”的理论，司马迁曾以“道德之意”概括老子思想是很有道理的。老庄关于德的概念及其理论的阐述，最有特色、最为深刻的还是“玄德”。

“玄德”语词中“玄”，本来的意思是深黑色，比如出现于《诗经》中的“玄鸟”就是指深黑色的鸟，有的人认为就是燕子。总之，早期文献中的“玄”是看不见的、黑色的、深远的意思。刘备字“玄德”，人称刘玄德，这是大家都知道的，但“备”是什么意思？“备”字有“光明”的意思。三国时期“名”与“字”往往是有联系的、相对的，或相同或相反：诸葛亮字孔明，“亮”和“明”是相同的，刘备字玄德，“备”和“玄”是相反的。然而道家著作中的“玄”表面上看是和光明相反的，实际上它也可以用以表示特殊的光明；换句话说，道家哲学语境中常见的“玄”字，是指深刻、不容易理解。道家认为需要某种洞见，才能领略和了解所谓的玄理。《老子》讲“知常曰明”，《庄子》说“莫若以明”，《淮南子》提到“玄光内明”，都显示出道家书特别喜欢讲“明”，而《黄庭经》《真诰》等道教经典也特别喜欢讲内在的光照——深刻而隐秘的光照。《庄子》里面有一个语词叫“葆光”，意思就是保持内在的光明，勿使外泄。老子讲：“圣人被褐怀玉。”这句话不是强调圣人穿得破破烂烂，不修边幅，而是强调内在的价值，是不是“玄光内明”？《周易》所谓“明夷”（《易经》有“明夷”卦），是将“光”掩藏于土（地下），常表示谦逊、低调、不张扬。好了，我们说了这么多，是想表明一个观点：“玄德”的“玄”不能仅仅从一般意义上的文学修辞层面上来理解，因为它有很强的哲学意义，不完全是个形容词。

玄理，玄深的道理，是不容易理解的。即便是从庄子的立场来看老子思想，他也倾向于认为老子的思想是深刻的，不容易理解。一般来说，人类的知识与智慧需要理性思考——诉诸概念、推理、判断——才能发展提高，并澄清若干问题，但道家哲学特别是庄子哲学则反复强调，知识与智慧不仅诉诸理性和逻辑，更需依赖于洞见，更准确的，与其说诉诸逻辑和经验，不如说更依赖于洞见。无论是“道的真理”蕴含的内容，还是“玄德”概念包含的内涵，都属深邃玄理，不容易了解和理解。道家哲人表面上好像不负责任地说这也不知道那也不知道，这也不容易理解那也不容易理解，实际上是以这种方式强调某种不拘于俗、异乎寻常的见解，与常识不同。宇宙间的真理、生活中的真理往往都不同于常识，甚至相反，以此观之，老庄提出某些反常识的命题和说法就不是骇人听闻，而是再正常不过了。

《老子》“玄德”概念多次出现，例如：

> 生而不有，为而不恃，长而不宰，是谓“玄德”。（《老子》第10章、第51章）
>
> 常知稽式，是为“玄德”。玄德深矣，远矣，与物反矣。

（《老子》第65章）

此外，《老子》第2章“生而不有，为而不恃，功成而弗居”，第34章“万物恃之以生而不辞，功成而不名有，衣养万物而不为主”，都可以看作是围绕着玄德概念展开的论述。《庄子》也说过不少包含了“玄德”意味的话：

天不产而万物化，地不长而万物育，帝王无为而天下功。（《庄子·天道》）

子独不闻夫至人之自行邪？忘其肝胆，遗其耳目，芒然彷徨乎尘垢之外，逍遥乎无事之业，是谓为而不恃，长而不宰。（《庄子·达生》）

可见，玄德概念很重要。大家即使不很清楚也很容易理解，一个思想文本中反复出现的语词和概念往往很重要。

尤其重要的是，老子讲“玄德”是创造性的，在思想史上具有划时代的意义。请大家一定要记住这一点。为什么这么说呢？因为从思想史的来龙去脉上观察，“玄德”与“明德”不同甚至相反。我曾通过专业研究论证过，老子提出“玄德”乃是针对“明德”而发。我们知道，儒家推崇“明德”，然而“明德”却不是儒家的发明，实际上它所代表的是西周以来绵延不绝的思想传统、精神气质，前诸子时期的思想史几乎都是围绕着“明德”展开的。下面请看几个例子：

帝迁明德、串夷载路。天立厥配、受命既固。

> 帝谓文王，予怀明德，不大声以色，不长夏以革。不识不知，顺帝之则。（《诗经·大雅·皇矣》）
>
> 惟乃丕显考文王，克明德慎罚。不敢侮鳏寡。（《尚书·康诰》）
>
> 先王既勤用明德，怀为夹，庶邦享作，兄弟方来；亦既用明德，后式典集，庶邦丕享。（《尚书·梓材》）
>
> 敢以王之雠民、百君子、越友民，保受王威命明德。（《尚书·召诰》）
>
> 自成汤至于帝乙，罔不明德恤祀；亦惟天丕建，保乂有殷。（《尚书·多士》）

姜亮夫先生及其女公子姜昆吾（比如说姜亮夫关于楚辞的著作和姜昆吾的《诗书成词考释》）很好地论述了早期文献中的“明德”主要是指统治者（君主或贵族）的行为和品德，具有很强的政治意味。而在春秋晚期以来，“德”或“明德”运用的范围更广泛了，开始用以说明普通人，特别是士君子的德行或德性。时至今日，“明德”仍常见于人的名字和学校、机构的名称。刘玄德虽然有，但刘明德一定更多。由此可见，儒家讲“明德”，出于孔子所说的“郁郁乎文哉，吾从周”的文化意识，通过它来“发思古之幽情”，表明其文化保守主义的立场，旨在维护“明德”传统的正面意义。然而，老子所说的“玄德”却与“明德”相反，出于针对“明德”的反思和批判。老子创造性地提出了“玄德”概念，庄子“接着讲”，从而形成了另外一个新的、强大的思想传统。到了庄子生活的时代，即战国中期，西周时期确立的明德传统已延续了六七百年以上的历史，从世界历史的角度看，这样一个深厚而强大的文化传统几乎罕见其匹。儒家和墨家思想都被笼罩在明德传统的阴影之中，而道家却试图从中摆脱出来、突破出来，犹如蝉蜕与蝶化。这不是件轻而易举的事儿，不经过自觉反思，不能办此！打个比方说，老庄诊断那个时代的病——文化的病、传统的病，给明德文化体系挑了很多毛病。事实上也确乎如此，春秋战国时期“礼崩乐坏”，以明德为核心价值观的传统文化已病入膏肓。更重要的问题在于，老子的哲学思考是要在反思“明德”的基础上推陈出新，就是针对由来已久的明德传统进行新的讨论、新的考量，其重要意义岂容小觑！

“玄德”的现实针对性也很值得探究，毕竟它的出现和明德传统的日渐崩坏如影随形。然而，明德传统实在太强大了，在很多人的脑海里它几乎就是一个永恒的幻象。从西方文明史角度看，罗马帝国曾经也是一种永恒的幻象。然而，不幸的是，罗马帝国已然崩溃，那个时代的一切，包括伦理规范也都成了陪葬品；同样，在庄子生活的时代，古代中国（儒家心目中的黄金时代）和明德传统也面临着崩溃的命运。我的意思是说，对于生活在过去（古典时代）的西方人来说，古罗马帝国是一个很牢固的、坚不可摧的东西，它（古罗马帝国）延绵了上千年的时间，它的崩溃带来的影响是很大的，因为西方世界永恒的东西瓦解了，只剩下残垣断壁。西方人的很多著作都提到了这一点。中国并非例外。我们知道，当古代中国行将就木迎来新时代之时，文化意识和伦理观念受到了时代浪潮的巨大冲击，过去的许多东西都被改变了，而更多的即将改变。也就是说，以我们身处的这个时代审视古代，回首往事，很有“只缘身在此山中”的感慨，以及恍如隔世的感叹。董仲舒说：“天不变道亦不变。”朱熹亦曾说，如果我讲的“理”是错误的，除非乾坤颠倒了。倘若穿越了历史，从一个长时段的恢宏视野来观察，他们的思想和价值信念执着到了偏执的程度。现代新儒家鼓吹创造性转化，岂不知道家讲的“玄德”就是古代的创造性转化。然而，更重要的是，举凡伦理规范都是地方性的，都有其局限性，都依赖于时代、政治、社会条件。如果条件变了，那么人与人之间的关系、群己关系、利益关系都会改变，伦理关系也会改变，不变只能面临抱残守缺的局面。一切伦理学都是地方性的，这一点，在晚近跨文化的视野和大历史的尺度下已得到了较充分的阐明。这样来看老庄的玄德理论，是不是具有某种“重估一切价值”（尼采语）、直探伦理本原的魄力？是不是展现了比儒家更为灵活的思考？

我还想指出的是，《老子》《庄子》中出现的“德”，往往就是指“玄德”，省略了“玄”字的“德”，与“玄德”没有什么不同，但还需要在具体语境中推敲和把握其准确含义。通过上面的讲述，已经很清楚了，“玄德”乃是道家哲学的核心。对于道家哲学中的“德”或“玄德”概念，我们切勿望文生义，以为“德”“玄德”就是今天所说的道德的“德”(virtue)，其实不然。然而，从另一方面说，《老子》《庄子》中的“德”涉及美德、恩惠、善等含义，同时也不难找到它用于价值判断的例子。实事求是地说，道家著作中的“德”确实有点儿含混不清，但这种含混不清——经过理论上的分析——是“德”的复杂性造成的。我们知道，人类语言在表达某些深邃微妙的思想和鲜活生动的精神体验方面往往左右为难、捉襟见肘。“德”或“玄德”涉及的问题非常多、非常复杂，有必要对它进行比较详细的分析研究。儒家一般从“德性”和“德行”两个方面讲论“德”，道家所说的“玄德”也具有德行和德性两个方面、两个向度，甚至会更复杂一些。以孟子为代表的儒家在战国中期发展出来一套复杂而深刻的哲学思想，例如孟子关于“性善”“良知”和

“诚明”的阐述，实际上也相当复杂，不容易把握。那么以庄子为代表的道家思想又有哪些深入的思考和探讨呢？我们打算循序渐进，围绕政治哲学和伦理学的反思批判及对人心和人性的深度开掘两个方面展开阐述。

二、道与德

道家老庄学派的思想核心在于“道德之意”，“道德之意”分成“道”和“德”两个部分，即分别诉诸道的概念发展起来的“道论”和诉诸德的概念发展出来的“德论”。我们之前的讨论基本上都围绕着“道论”部分展开，接下来我们要处理的就是更加繁复、更加棘手的“德论”部分。然而，历来人们对“德”的认识一直含混不清、矛盾重重。司马迁说韩非子那一套“以法为本”的法家理论“皆原于道德之意”，马王堆帛书《经法》说：“道生法。”这足以说明法家的理论和道家的理论之间有着某种内在联系。《淮南子》《吕氏春秋》《鹖冠子》都是围绕着“道德”理论来阐发自己的思想的，所以也都离不开对“德”的阐发与讨论。曹魏时期，刘劭的《人物志》讲“以虚为道，以无为德”，阮籍说《庄子》这部书的核心在于“述道德之妙”，又说“形神在我而道德成”。可见无论是韩非子讲的法术势还是稷下黄老学派热衷讨论的“形神”（司马谈《论六家要旨》认为道家——实际上就是“黄老学”——的思想核心之一就是“定其形神”），还是深受佛教中观、三论之学深刻影响的道教重玄学（以成玄英为主要代表），其实都是德的理论的展开，都可以放在

"德"的理论框架下、脉络中来理解。这个问题较为复杂，我这里只是略微提示一下，大家有一个印象就可以了。总之，道家思想在历史的维度里面有一个不断流衍的过程，我们从后代讨论的一些问题回过头来反观老庄的思想，就会发现它已经或多或少地隐含在其中了。老庄是道家思想传统的"种子"和渊薮。实际上，"德"的概念与理论或许比"道"的概念及其理论更加复杂一点儿，历史上成百上千种的注疏堆积起来的解说也不容易条分缕析，因为这些分歧莫甚的解释给我们提供了太多的线索，反而不太容易找得到方向。

那么，我们如何讨论"德"或者"玄德"概念及其理论呢？还是从"道"与"德"之间的关系开始吧。《老子》这部书里面对"道"和"德"的关系没有明确加以阐述，"尊道贵德""道生之，德畜之"等种种说法都不是对"道""德"关系的直接阐述，没有给这两个概念以清晰界定，其中原因耐人寻味。但至少有一点可以肯定，那就是老子和庄子（特别是老子）有点儿倾向于言之不别，新近出土的简帛文献也证明了这一点。那么，"道"和"德"既然言之不别，我们把它们当成一个东西不就行了吗？如果"道"和"德"甚至可以互相替换的话，那么我们还谈什么"道德之意"，不是庸人自扰吗？《道德经》直接讲"道论""德论"或者谈"道经""德经"不就行了吗？其实不是这样的。"道"和"德"并不是一个东西的两个面向。换言之，我们在讨论"德"或者"玄德"概念及其理论的时候，一定要明确"道—德"的理论结构是我们讨论这些问题的前提。

现在来看几条材料。《管子·心术上》说："虚无无形谓之道，化育万物谓之德。"这句话还看不出来"道"与"德"有什么关系，或者说不能明确它们之间的关系。《心术上》另一条材料说："道之与德无间。"好像是说"道"和"德"之间没有什么区别，仍然没能解决我们的困惑。《文子·微明》讲："德之中有道，道之中有德，其化不可极。"可见"道"和"德"之间是交互性的，具有内在的联系。《淮南子·原道训》说："无为为之合于道，无为言之通乎德。"把"德"与"言"联系在一起，暗示了"德"显现"道"吗？《鹖冠子·环流》说："所谓道者，无己者也。所谓德者，能得人者也。"所谓"道"就是要取消自我，破除自我中心的意识，进入"无己""无名"的境界。"所谓德者，能得人者也"的出现并非偶然，这一点值得一提。无论在《鹖冠子》还是在秦汉时期的其他书籍里，都经常说："能得千人者为之杰，能得万人者谓之英。"从整个战国中期偏晚的历史时期以来，通常的、大家公认的说法是："德者，得也。"从"德者，得也"训诂出发，很多学者得出一个结论：所谓的"德"就是有得于"道"，"德"（被）禀赋了"道"的属性或者内容。如果我们仔细研究，这种说法尽管表面上看起来似乎有点儿道理，实际上却靠不住，经不起推敲，不足为定论，虽然这种看法仍然算是一个主流看法。我想强调的是，"德"和"得"两个字的来源是完全不同的（音和义都不一样），只是后来发音可能比较相近，所以就有了这么一种说法，甚至连儒家的文献里也有。"德"到底是不是"有得于道"？我们从老庄诸书里看不出来。所以，严谨一点儿说，"德者，得也"这种说法、这种理解，并没有确凿根据。这是我想强调的很重要的一点。虽然我们不一定认为老庄的哲学非常严格，但是当"德者，得也"这种训诂解释和思想逻辑发生矛盾的时候，我们还是要敢于怀疑它。

上面的讨论，没有使得我们对"道"与"德"之间的关系形成一个比较明确的认识。只有深入地研究了"玄德"的几个方面之后，我们回过头来再回答这个问题，也许更能有的放矢。举个例子，比如说“道”的问题，一开始我们会问“道”是什么？经过深入的研究和澄清，揭示了“道”的特点以后，我们说这个问题本身就是有问题的。“德”到底是什么意思？我们先把这个问题留在这里，经过展开讨论之后，再回过头来审视它。

三、超道德论

在进一步讨论之前，让我们捋一捋思路。老庄关于德的讨论，最关键、最本质的内容体现于玄德，玄德针对明德而发；另外玄德几乎就是道的代名词，因为老子和庄子似乎无差别地使用它们。既然明德语词涉及政治和伦理，那么玄德概念是不是可以运用于政治哲学或伦理学呢？既然德或玄德概念涉及价值判断，同时又只能经由道的概念才能准确理解，那么奠基于玄德概念的庄子政治伦理思想具有怎样的内容和特色呢？我认为批判性的政治哲学和反思性的伦理学乃是老庄玄德理论的核心所在，换言之，我们似乎可以把老庄玄德思想概括为“超道德论”。

接下来分析两段文本，第一段是：

> 夫明白于天地之德者，此之谓大本大宗，与天和者也；所以均调天下，与人和者也；与人和者，谓之人乐。与天和者，谓之天乐。……故曰：知天乐者，其生也天行，其死也物化。静而与阴同德，动而与阳同波。故知天乐者，无天怨，无人非，无物累，无鬼责。故曰：其动也天，其静也地，一心定而王

天下；其鬼不祟，其魂不疲，一心定而万物服。言以虚静推于天地，通于万物。此之谓天乐。（《庄子·天道》）

这个文本里面令人感兴趣的是“天地之德者”，倘若把它写成“道”的话，似乎也毫无问题。请注意，“天地之德”不是别的什么东西，而可能是天地之物的另外一种表述，因为它的基本意思就是天地万物的本质属性。接下来的文本说得很清楚，讲的内容就是一大套“通于万物”的原因与道理。总之，“道”和“德”都“通于万物”。另一个值得注意的问题是，第二个“故曰”以下，讲了“其鬼不祟，其魂不疲，一心定而万物服”。“一心定而万物服”这句话，前面谈到“洞见”的时候也提到过，说的是“神将来舍”，也就是进入了澄明觉解的精神状态，洞见“道的真理”的意思。同时这段文本也表明“一心定”“万物服”和“德”是联系在一起的。

第二段话是：

且夫属其性乎仁义者，虽通如曾史，非吾所谓臧也；属其性于五味者，虽通如俞儿，非吾所谓臧也；属其性乎五声，虽通如师旷，非吾所谓聪也；属其性乎五色，虽通如离朱，非吾所谓明也。吾所谓臧者，非仁义之谓也，臧于其德而已矣；吾所谓臧者，非所谓仁义之谓也，任其性命之情而已矣；吾所谓聪者，非谓其闻彼也，自闻而已矣；吾所谓明者，非谓其见彼也，自见而已矣。夫不自见而见彼、不自得而得彼者，是得人之得、而不自得其得者也，适人之适、而不自适其适者也。夫适人之适、而不自适其适，虽盗跖与伯夷，是同为淫僻也。余愧乎道德，是以上不敢为仁义之操，而下不敢为淫僻之行也。

（《庄子·骈拇》）

“且夫属其性乎仁义者”这句话比较关键。仁义是不是人之性，这是一个很重要的问题，特别是儒家自孔子以来日益倾向于认为仁义内置于人性。《庄子·天运》里专门有一段孔子和老子的对话，老子一上来就质问孔子仁义是不是人之性。如果说仁义是人之性，他就问为什么。仁是关于亲的，首先爱护自己的亲人，这是儒家讲仁的基点。庄子接下来就说，那么虎狼也有仁了，虎狼也爱护自己的幼崽，也给它喂吃的，也拼了命地保护它。庄子做了这样一个类比论证。这里的是非对错我们不追究，我们想说的是仁义是不是人之性的问题，应该说是一个很重要的问题。孟子生活于战国中期，主张仁义就是人之性，他一定要把仁义作为人性之内的东西，并反复论证仁义“非由外铄”。然而，庄子却断然拒绝了仁义内置于人性。接下来的一段话就直接指出：“虽通如曾史，非吾所谓臧也。”“臧”就是内禀、内蕴的意思。“属其性于五味者，虽通如俞儿，非吾所谓臧也；属其性乎五声，虽通如师旷，非吾所谓聪也；属其性乎五色，虽通如离朱，非吾所谓明也。”师旷、离朱都是耳目聪明的人，然而却不是“庄子”推崇的具有特殊智慧的达人。再看下面说：“吾所谓臧者，非仁义之谓也，臧于其德而已矣。”“臧”（人性固有的东西）和仁义没有关系，但是却和“德”不可疏离，因为其间存在着内在联系。

实际上，庄子所说的“德”有点儿像后世讲的“性”，却比一般意义上的“性”语感更强、更本质、更具穿透力。为了说明它的特点，不妨称之为“性之性”。道家通过宇宙生成论阐述道物关系，这一点已经得到了大家的公认，没什么问题；但还有另外一条思路，是以前没有认识清楚的，就是通过“德”——相当于“性”，更准确地说是“性之性”——来思考道物关系，重新确立一种道物关系。这是一条极其重要然而却长期以来不为人注意的思路。通过“德”的向度思考“物”的问题，自然不能回避“性”这个概念，这是一个在德与物之间建立内在联系的重要概念。通过这一方法，似乎可以更好地阐明道物关系，每个具体的物象、具体的东西都具有自身固然的本质属性，而德正是这种固然的本质属性的基础，当然啦，道与德密不可分，物自然也通过德而与道建立了联系，这样的话，至少可以避免宇宙万物是由什么东西派生出来的理论缺陷。每一个物都有其特点或特性，那么探讨物性的来源就成为探究物的本原的新方向，这样就绕开了宇宙论的偏颇和不彻底。那么，每个具体物象的性质，宇宙万物的内在基础，都基于德、源于德。就是说，凡物皆有一个“性”，鸡有鸡性，猫有猫性，狗有狗性，更加普遍的“性”、最为抽象的“性”就是“德”，《庄子》和《论语》里面有“鸡德”“狸德”和“骥德”的用例。接下来，庄子又说：“吾所谓臧者，非所谓仁义之谓也，任其性命之情而已矣。”这就更加证明了我们的说法，“德”与性命之情（就是后来讲的性）密切相关。在庄子那个时代，“性”的概念还没有完全稳定、固定，有的时候用“性”，有的时候用“性命”，有的时候用“性命之情”，有的时候用“情”，有的时候用“命”，还有的时候用“德”等，而且“材”“才”“质”等语词往往也有本质属性的意思。这里讲的“德”就是作为性命之情——包括物性和人性——等等的基础。可见，“德”比“性”更深刻、更不易理解、更难以分析。

下面我们希望讨论的是，庄子如何阐述其“道德之意”？庄子说：“余愧乎道德，是以上不敢为仁义之操，而下不敢为淫僻之行也。”（《庄子·骈拇》）这里出现的“道”“德”，准确地讲，这个“道”、这个“德”和“仁义之操”“淫僻之行”都没有关系，不落入这样的伦理、政治（法律）范围之内。《庄子》经常讲到那种不落两边的意思，如“为善无近名，为恶无近刑”（《养生主》）。《人间世篇》称道“不材之木”，充满了艳羡之情；《山木篇》讲了几个绘声绘色的故事，例如山中的树木因为成材而被伐，家禽由于能鸣或不能鸣而被杀，庄子的结论则是“周（庄周）将处乎材与不材之间”（《庄子·山木》）。意思是说，不落入世俗的窠臼当中，世俗所谓的是非善恶，其实就是一种外在的、强制性的标准而已。我不想当雷锋，也不想做鸡鸣狗盗之徒，只是遵循自己的“道”“德”而已。

这里，我想强调并请大家注意两个问题：一个是庄子关于“德”的论述中已隐含了某种人性论，这在老子那里初见端倪，庄子讲得更为清楚了，表明道家对人性的看法已经成熟了。另外一个是，“德”出现于某种特殊的伦理学语境，体现为异乎寻常的道德原则和伦理规范。例如《老子》中的“守雌”“守柔”“处下”“不争”“不敢为天下先”等，都是很特别的“德目”，推崇以退为进、吃亏是福。《庄子》也有比较特别的东西，与通常的“德目”、常识观念不相吻合，这也不是出于偶然，而是与其哲学理论的整体有关系的。

《庄子》中的《骈拇》《马蹄》两篇针对流行于当时的价值原则——“仁义”予以强烈质疑。仁义乃是儒家的命根子，自孔子以来不遗余力加以维护的价值观念，然而却遭到了老子、庄子的猛烈抨击。我们先看一个比较极端的例子。《庄子·盗跖》载有孔子与盗跖的对话，可谓长篇大论，盗跖自诩“盗亦有道”，这当然是自我标榜，然而盗跖破斥孔子，言之凿凿，淋漓尽致，最后的结果是，孔子汗流浃背，溜之乎也。其实这是用有些偏颇的方式对当时盛行的伦理观念、规则的质疑，针对儒家知识分子正面维护西周以来的传统，认为仁义终究是有形迹的东西。此外庄子还尖锐批判了其他一些思想家的观念和主张，其中既有儒墨两家的人物，也有子华子、杨朱之流，被认为是道家别派的人物，他们或鼓吹“贵生”，或主张苟全性命于乱世，或看到天下无道便躲在山中成了“隐逸”之士，或推许个人享乐，总之他们几乎都是感觉主义者。这些人要么主张“削其性”，即减损、压抑或者泯灭人本来的性命之情，例如墨家；要么宣称“淫其性”，在人性上增加一些东西，使自然人变成道德人和社会人，反正就是束缚和限制“性命之情”，仿佛进入人文世界中的“牛”和“马”，头上不加个络头，鼻子上不加根绳子都是不可能的，这些破坏了纯粹自然的性质，扭曲了牛马的本性。人身上也有很多枷锁和绳子，只是我们看不见而已。这就是《庄子》鲜明地反对“削其性”和“淫其性”的原因。

主张“淫其性”的往往就是古代的感觉论者。强调感觉论者在哲学史上的意义是我的发明。比如，公孙龙是名理学意义上的感觉论者，是用名辩的方式包装起来的感觉论者；杨朱是赤裸裸的感觉论者，他们和道家没什么关系。有的学者认为，杨朱主张“贵生”，是道家先驱，这完全是荒谬的、没有依据的说法，论证逻辑也是混乱的、不着边际的。感觉论者的意义在哪里呢？他们对人类的冲击在于，反省我们生命的重点到底在哪里。人努力了半天终究会死亡，很多人认为结束就等于零，那还不如追求感觉的丰富性和刺激性，这样一种观点在任何时代都是有吸引力的。“道的真理”谁能看见呢？仁义的价值又有谁相信呢？还不都是虚无！既然如此，不如回归到能使全部的感官需求得到满足，吃香的、喝辣的，多爽！总之，这种理论很有蛊惑力和煽动性，尽管儒道两家都批评这类论调，都企图超越之。

重要的是，老庄哲学的“玄德”概念及其理论旨在阐明普遍的价值东西而不是特殊的价值，道和德这两个概念都是普遍性概念。因为如果只是强调某种特殊的价值，强调自身的特性和价值，就会流于享乐的感觉论，例如杨朱。《列子》的《杨朱篇》和《吕氏春秋》的《本味篇》中保存了一部分杨朱遗说，大家可以参考。杨朱推崇的“纵性”，其实就是纵情、纵欲而已，请注意他的理论基础正是否定“名”，而强调所谓“实”——感觉与享乐，感觉与享乐当然是最为个人化的东西，“名”却多少是普遍的。老庄讲“无名”，旨在否定“名”，但他们所说的道、德、自然、无为却具有普遍意义。老庄与杨朱的区别由此可见。庄子重视“玄德”，旨在破斥“仁义之操”同时也避免沦落为感觉主义，直接以感觉原则为政治—伦理的原则或者根据。

玄德概念具有比较典型的“超道德论”特征。前面已提到，“德”或“玄德”本身固有的一层意思就是moral或morality，即今语道德，老子称“上德不德”（第38章），已经隐含了这种意思。那么，庄子说“余愧乎道德，是以上不敢为仁义之操，而下不敢为淫僻之行也”（《庄子·骈拇》）、“周将处乎材与不材之间”（《庄子·山木》）、“为善无近名，为恶无近刑”（《庄子·养生主》）是什么意思呢？就是说，我这个行为不要用道德的尺度来衡量，你说我君子也罢、小人也罢，没关系也不要紧，我根本不会落入你的窠臼，不会按照你宣扬的价值规范行事，这是很重要的。试想，前苏格拉底时期的哲学家赫拉克利特曾说，诸神（gods）之行事超乎善恶，或者说在善恶之外。庄子通过“德”或“玄德”概念阐述了一套“超道德论”，不同于世俗意义上的道德判断标准。世俗意义的“道德”（moral）的重要前提是确定什么是善的，什么是不善的，需要明确是非对错的标准。庄子根本不承认世俗所谓判别是非对错的尺度与标准，即便是儒家宣扬的仁义。这种“超道德论”的思想倾向恰好表明了庄子具有很自觉的意识，反思和批判一切道德，揭示所有伦理规范的局限性和条件性，这当然是有意义的。直到今天，还有一些人认为目前世道不古，原因就在于不讲孝德，这显然有失偏颇。

性恶论是荀子提出的。然而，只有在社会文化的角度上看，“性”才是恶的；其实，荀子也只是在《性恶篇》讲“性恶”，其他篇什都绝口不谈“性恶”，而是更多地从“本始材朴”“不事而自然”的角度讨论人性。也就是说，有善有恶，乃至善恶的判断尺度和标准都是人及其文化的价值观念。由此可见，庄子具有很强的理论自觉性，一般意义上的“德行”规范，以及较抽象的是非、善恶等道德观念，其实都不是最终的道理，没有一定之规，因为它们都是地方性的、有局限的，其外部的制约条件都会随着时代的变动而不断变化。庄子通过“道德之意”探讨道德伦理的根本原则，就必须超过是非、超乎善恶之外。

我们发现，庄子讲到这个问题时多少有点儿像尼采。尼采企图“重估一切价值”，道家（老子和庄子）也有这个倾向——对以“明德”为代表、为核心的整个价值体系进行重新估价。那么，这样做到底有没有意义，到底合不合时宜，又能不能为“玄德”理论开辟道路呢？“明德”体系是不是一个彻头彻尾的、阻碍着人依照自我本性来生活的外在限制呢？这几个问题构成庄子《骈拇》《马蹄》等篇什的核心内容，即对当时流行的价值体系进行重估。庄子与尼采的另一相像之处，就是创造性地提出了一套不同于传统的（儒家所维护的传统的）道德（moral）体系和道德谱系，丰富了古代道德伦理学说。我们知道，尼采的工作重心就是批评基督教道德，他说，“你”（基督教）宣扬的道德凭什么说是“道德的”？他要揭示的是基督教所宣扬的爱人、无条件地爱别人，那个无条件的爱的背后其实是怨恨。早期的基督教是受压制的，它只有炮制出这个与怨恨相反的爱才能讲些正面的价值，才能为人们所接受，可“爱”的背后却是恨。这样，尼采就企图通过构建道德谱系，说明道德的多元性，揭示道德的局限性，进而质疑基督教道德。由此一来，尼采与庄子的确有点儿异曲同工、不谋而合。事实上，庄子对所谓的“玄德”理论有着强烈的、超越一般意义上的道德理论的那样一种倾向。这是本讲的要点之一。

下面我们看看《庄子》中是怎么讲的：

夫尧既已黥汝以仁义，而劓汝以是非矣。（《庄子·大宗师》）

自虞氏招仁义以挠天下也，天下莫不奔命于仁义。（《庄子·骈拇》）

毁道德以为仁义，圣人之过也。（《庄子·马蹄》）

昔者黄帝始以仁义撄人之心，尧舜于是乎股无胈，胫无毛，以养天下之形，愁其五藏以为仁义，矜其血气以规法度。然犹有不胜也。尧于是放谨兜于崇山，投三苗于三峗，流共工于幽都，此不胜天下也。夫施及三王而天下大骇矣。下有桀、跖，上有曾史，而儒墨毕起。于是乎喜怒相疑，愚知相欺，善否相非，诞信相讥，而天下衰矣；大德不同，而性命烂漫矣；天下好知，而百姓求竭矣。于是乎釿锯制焉，绳墨杀焉，椎凿

决焉。天下脊脊大乱，罪在撄人心。（《庄子·在宥》）

无论是尧舜，还是尧舜所创制的仁义，都是用来扰乱天下、扰乱人心的。自从“黄帝始以仁义撄人之心”以来人们心思不宁了，借用小说《风云初记》里的经典台词说，就是——“人心坏了”。庄子指出：“天下脊脊大乱，罪在撄人心。”这是他对时代疾病的诊断，天下大乱的根本原因还要从精神层面寻找。庄子言辞犀利，批评仁义无所不用其极，一针见血，比老子有过之而无不及。然而，庄子很明确，道德不同于仁义，道德高于仁义，而不能本末倒置；如果本末倒置的话，那便是“毁道德以为仁义”。他所说的“德”显然就是“玄德”，旨在超越“明德”之地方性和局限性的深远之德。

庄子揭露仁义的地方性、局限性，当然也包括仁义苍白的一面。战国中期以来，假仁义之名而行反仁义之实的事比比皆是、触目惊心，仁义已成为不少欺世盗名者、伪善者招摇过市的幌子，成为他们的工具和筹码。庄子的深刻洞见在于，仁义及依附于其上的礼乐制度的背后隐匿着见不得人的权力运作。这是很了不起的。例如他指出：“窃钩者诛，窃国者为诸侯。”又说：“窃国者为诸侯，诸侯之门而仁义存焉。”（《庄子·胠箧》）难道不是“窃仁义而圣知邪”吗？是不是很有针对性？把仁义当作自己所使用的幌子、旗号，挂羊头卖狗肉。这样的话，第一，“玄德”因当时的实际情况而发，是对当时“明德”体系的负面表现的有力反动；第二，“玄德”也包含了一个内在的方面，前面提到“一心定而王天下；其鬼不祟，其魂不疲，一心定而万物服。言以虚静推于天地，通于万物”，这段话旨在讨论“明白于天地之德者”——可以洞见天地之大德的那些人，具有“一心定而万物服”“一心定而王天下”的能力。这隐含了什么意思呢？事实上，倘若果真能够建立起某种超道德理论的话，那么它必然要转向内在精神层面，或者说不得不诉诸内在的精神境界，亦即庄子所说的“内圣”。“内圣外王之道”是《庄子·天下》篇的内容，是庄子对“古之道术”的核心的概括。我们体会，这种说法表明心性论是它的一个很重要的基础，没有这个基础，“玄德”便不可能具体地展开。换言之，“玄德”或者说“德”的理论需要沿着心性论的视野拓展开来。正如刚才所讲，“玄德”很复杂，最复杂的部分是它深入了心性论哲学的向度。这种心性论哲学的向度同孟子以来的儒家心性论有同有异，有联系有区别，有相近的地方也有不同的地方，所以我们还需要进一步地推敲它、认识它。

现在我们再来看下面一条材料：

> 古之人，在混芒之中，与一世而得澹漠焉。当是时也，阴阳和静，鬼神不扰，四时得节，万物不伤，群生不夭，人虽有知，无所用之，此之谓至一。当是时也，莫之为而常自然。逮德下衰，及燧人伏羲始为天下，是故顺而不一。德又下衰，及神农黄帝始为天下，是故安而不顺。德又下衰，及唐虞始为天下，兴治化之流，浇淳散朴，离道以善，险德以行，然后去性而从于心。心与心识知而不足以定天下，然后附之以文，益之以博；文灭质，博溺心，然后民始惑乱，无以反其性情而复其初。（《庄子·缮性》）

文中出现的“至一”主要是指内心渊静不动的意思。这样一种论述，我们基本上还是看作心性论意义上的，因为它展现了庄子所谓的理想人格的精神气象与境界。说到“气象”“境界”，大家都觉得太个人化了，其实，对于中国哲学而言，这不一定就是个人化的东西。譬如宋明理学就在谈论“气象”，因为这是人格具体而集中的体现。作为人，除了气象和境界之外，还有什么能够表明其价值和意义呢？！人应该活出气象和境界，或者说活在气象和境界中就足够了，别无所求，这是中国哲学特别关注的问题。接下来，这段话又讲了从燧人氏到伏羲氏、神农黄帝、尧舜等等，在这个过程中“德”不断地下衰，不断地下替，这个过程也可以理解为“德”——实际上就是玄德——不断外在化、物质化的沦落过程，也就是人性不断异化、人心不断被遮蔽的过程，这当然是个悲剧。然而这个悲剧似乎是不可避免的，因为人的生存必然会面临这样的悲剧。最后，庄子给那些生活于悲剧情景中的“倒悬之民”指点了迷津，“反其性情而复其初”。“反其性情”也就是按照自我的或者说每一个人的本性而不是外在于人性的道德准则来生活；而“复其初”，与其说返回“想象的异邦”，不如说回归心灵的故乡！

四、至德之世：理想社会和政治期望

通过分析和研究，我们揭示了玄德概念及其理论蕴含的某种伦理学和政治哲学。说到这里，顺便提一下，有人认为老庄批判仁义，其思想理论不包括伦理学或者根本不是伦理学，现在看来这种看法比较肤浅，不值得一驳；相反，我们更愿意将玄德理论的内容理解成一种深刻的伦理学、广义的伦理学，其中包含了政治哲学。古希腊的伦理学也包含政治哲学，如亚里士多德的《尼科马克伦理学》，儒家和道家的伦理学亦如此。

前面我们讨论了“玄德”针对“明德”的批判性，实际上它也具有某种建设性，批判性和建设性犹如一枚硬币的两面，相辅相成，不可割裂。我们说，哲学表达希望。庄子哲学也是如此，只不过庄子以自身特有的方式表达了其对理想社会的想象和对合理政治的期望。《庄子》里面反复出现了“至德之世”和“建德之国”，真正体现了玄德思想的核心内容，“玄德”似乎可以直接解释为“天下之德始玄同矣”（《庄子·胠箧》）的“玄同之德”。例如：

泰初有无，无有无名。一之所起，有一而未形。物得以生谓之德；未形者有分，且然无间谓之命；留动而生物，物成生理谓之形；形体保神，各有仪则谓之性；性修反德，德至同于初。同乃虚，虚乃大。合喙鸣。喙鸣合，与天地为合。其合缗缗，若愚若昏，是谓玄德，同乎大顺。（《庄子·天地》）

这段话的思想语境比较复杂，意味庄子的讨论比较能深入。很显然，上文提到的“玄德”概念镶嵌于宇宙论和人性论的语境和脉络之中，交织纠结，彼此涵摄。下面我们希望深入分析庄子关于至德之世的论述，请看下面几段文本：

至德之世，不尚贤，不使能；上如标枝，民如野鹿；端正而不知以为义，相爱而不知以为仁，实而不知以为忠，当而不知以为信……是故行而无迹，事而无传。（《庄子·天地》）

子独不知至德之世乎？……当是时也，民结绳而用之，甘其食，美其服，乐其俗，安其居，邻国相望，鸡犬之声相闻，民

至老死不相往来。若此之时，则至治已。（《庄子·胠箧》）

夫至德之世，同与禽兽居，族与万物并，恶乎知君子小人哉！同乎无知，其德不离；同乎无欲，是谓素朴；素朴而民性得矣。（《庄子·马蹄》）

至德之世，不尚贤，不使能；上如标枝，民如野鹿；端正而不知以为义，相爱而不知以为仁，实而不知以为忠，当而不知以为信……（《庄子·天地》）

南越有邑焉，名为建德之国。其民愚而朴，少私而寡欲；知作而不知藏，与而不求其报；不知义之所适，不知礼之所将；猖狂妄行，乃蹈乎大方。（《庄子·山木》）

这几段话基本上都是沿着老子构建的“小国寡民”理想图景继续发挥，但是，请大家注意，这里面讲的内容都与“德”有关。所谓的“至德”“建德”“大德”“上德”都指“玄德”，都是“玄德”的另外表述、“玄德”的具体呈现，也就是最高意义上的“德”。老子是怎么讲“玄德”的呢？他说：“生而不有，为而不恃，长而不宰。”其中的核心思想是“无为”。请注意，是无为而不是自然。如果是自然的话，那我们便不太容易同感觉论者区别开来，讲无为则可以在理论层次上有个清晰的界限。所以说，“玄德”的核心思想内容就是“无为”，这一点是明确的。无为与自然不完全一样，无为比自然的意思更加复杂、更加深入。

前段材料中的“在混芒之中”与此处的“至德之世”表达了同样的意思，只不过措辞不同。那么，“至德之世”是一种怎样的社会形态呢？更进一步说，这样一种理论形态的社会政治模式又有什么样的现实意义呢？所谓“行而无迹”，就是既没有“为”的痕迹，也没有“德”的痕迹，《胠箧》《马蹄》两篇所说正是发挥老子思想之余绪。应该说，所谓“至德之世”“建德之国”都是子虚乌有的地方，它出现在《庄子》中，其意义就是表明这是一个理想的东西，“理想”的哲学化表述就是“目的”。它一直在前面指引着我们，我们要向它前进。这种“建德之国”“至德之世”虽是经由思考构想出来的理论语境，但却可以启发我们进入那个超道德的境界，这也再次表明“玄德”概念及其理论包含着诸多的复杂性。

> 藐姑射之山，有神人居焉，肌肤若冰雪，绰约若处子。不食五谷，吸风饮露。乘云气，御飞龙，而游乎四海之外。其神凝，使物不疵疠而年谷熟。……之人也，之德也，将旁礴万物以为一，世蕲乎乱，孰弊弊焉以天下为事！之人也，物莫之伤，大浸稽天而不溺，大旱金石流、土山焦而不热。（《庄子·逍遥游》）
>
> 至人神矣！大泽焚而不能热，河汉冱而不能寒，疾雷破山、飘风振海而不能惊。若然者，乘云气，骑日月，而游乎四海之外。死生无变于己，而况利害之端乎！（《庄子·齐物论》）
>
> 至德者，火弗能热，水弗能溺，寒暑弗能害，禽兽弗能贼。（《庄子·秋水》）

居住在遥远的、缥缈的“姑射之山”的“神人”和“游乎四海之外”的“至人”也都是不可思议的。这里，庄子用某种夸张的方式描述了理想人格、理想世界的形态，实际上，它们也都是“玄德”的诸种表现，“肌肤若冰雪，绰约若处子。不食五谷，吸风饮露。乘云气，御飞龙，而游乎四海之外。其神凝，使物不疵疠而年谷熟。……之人也，之德也”云云，都是在说“德”。倘能把这些东西（“德”的各个方面）都淋漓尽致地发挥出来，那便意味着达到了那样一种境界。以下两段虽不尽相同，但都是围绕这一中心意思进行阐述。

讲到这里，回顾一下本讲的主要内容：庄子从超道德论的立场，批判了仁义及其建构出来的社会制度，这是一个层面；另外一个层面是，他要对人的性、心两方面做一个纵向的推进，为此他创构出了某些新的理论，这些新的理论我们称之为“心性论形态的境界哲学”。这个“心性论形态的境界哲学”虽然抽象，但其旨趣很明确，那就是：不遗余力地控诉人性的扭曲和异化，反对制度化的社会政治结构及意识形态对人心的宰制。儒家批评庄子擅用道德、毁弃仁义、尽废礼学，破斥儒家所维护的正面价值。从庄子哲学的思想逻辑看，他对于儒家极力维护名教的那种质疑、批判和解构都有他自己的道理。

第九讲　玄德（二）：对人性和人心的反思与开掘

上一讲我们提到，庄子继承了老子激越地批判仁义、否弃礼乐的精神，“玄德”同仁义、礼乐相反，它被认为是“德”，这可谓是思想史上的奇观。我们说，儒、道两家特点十分鲜明，两者相反相成。整个儒学高度匹配古代宗法社会结构，仁义的道德意识或伦理原则，其现实基础就是宗法结构。然而，在宗法政治制度崩坏之后，儒家思想竟然还能延续两千多年，很是惊人。道家则相反，老子和庄子曾经百折不挠地批判一切现实，因为他们很清楚，一切既有的社会政治制度都免不了这样或那样的弊端。大家想想，倘若庄子生活在我们这个时代，这个人类文明前进了两千余年的高科技时代又会怎样呢？我们应该明白，老庄不依不饶的批判不仅仅是针对他们那个时代的宗法制度，而是针对一切制度，这一点集中体现于老子以来的“无名”原理之中。因此，我们看到，儒道两家都有各自的优长，也有各自的局限性。也许，道家哲学的理论力量更加动

一、人性概念溯源

作为哲学理论形态的人性论，也不是一开始就有的，而是经历了相当长时间的酝酿发展。以中国思想史的发展过程而论，进入哲学时代之后，人性论逐渐成为中国哲学的主要问题之一。但是，为什么自战国中期而降，哲学家们都热衷谈论人性概念及其理论呢？因为人性是进行哲学思考的基本预设之一。我们要进行反思，或进行理性判断，没有若干稳固的概念是不行的，人性概念就是这样一种基本概念。哲学思考往往要以人性概念作为出发点，即弄清楚了人的本质是什么，才能进一步说哪些东西是符合这种本质的，是本质所要求的。无论讲政治还是伦理学，一般来说逆着人性讲是不行的；就算逆着讲，也要通过人性的概念显示出来，如荀子之论“性恶”。我们今天讲法哲学（法理学）也要讲人性，从人性概念开始探讨人权，这就涉及一个基本的哲学问题。人性观念，历史上都是变化的，而哲学家思考人性问题，从一开始就赋予了它一种永恒感，或者理想性质，隐含了超时代的内容，这是哲学思考的特点之一。那么，我们需要追问的是，庄子讲的人性究竟具有哪些特点？

战国中期的人性思想发生了显著的变化，这一点可以从生活在这一时期的孟子和庄子那里得到验证，他们分别代表了儒家和道家对于人性问题的思考。孟子之前关于人性的讨论比较稚拙、比较朴茂，属于“初级阶段”，甚至人性概念还没有完全成熟。《论语》里面提到孔子曾谈论过“性与天道”的问题，但语焉不详；新出土的文献《孔子诗论》里面虽然再三提到了“民性”语词，以及“民性固然”的说法，但很难说它已经具有了哲学概念的意味。不少学者喜欢追根溯源，强调人性思想源远流深，说法复杂丰富，但不管怎么说，孟子之前的种种讨论，与孟子所确立起来的人性概念及其理论比起来，在思想力度和内容复杂性上都很简陋、粗浅，几乎不值得一提。庄子与孟子差不多是同时代（或者稍晚一点儿）的人，他在道家思想传统的地位和孟子在儒家传统的地位相仿；更重要的是，庄子的人性理论也很复杂、很深刻、很耐人寻味，也许并不逊色于孟子。我们知道，孟子讨论人性，一方面破斥告子“生之谓性”的旧说，坚称“性善”，另一方面通过“即心言性”，将其人性论拓展深化为心性论。那么庄子呢？庄子的人性概念有没有足够的复杂性和深刻性？庄子人性论具不具有心性论的向度？这都是需要进一步深入探讨的问题。

首先简单讨论一下人性思想的早期发展。早期思想史中“性”的概念，在孟子和庄子前后，甚至在《孟子》和《庄子》之中，呈现出多样化表达之特点，有几个语词都似乎可以指“性”，而且它们之间的关系也是含混不清的。我的意思是说，庄子通过多种多样的语词表达“性”的概念。例如“生”。“生”和“性”就差一个竖心旁，而且加竖心旁的这个字，我们从文字字体变迁上来看，很可能出于战国中期以来的时代。那么，它（“性”）的意义和“生”也是有联系的。告子有个说法是“生之谓性”，其实就是“生”和“性”一般无二的意思，“性”也是从“生”而具有，与“生”俱来的素质方面来讲的，这几乎是大家都认可的说法。但孟子拒绝接受并且强烈反对这种说法。进一步分析表明，孟子是在“生之谓性”的基础上向前推进了对人性概念的理解。孟子和“生之谓性”的关系比较复杂，并非简单否定。阮元《性命古训》和傅斯年《性命古训辩证》对追溯“人性”及其相关词做出了努力，他们指出，人性概念可以最早追溯到“命”，多见于殷商卜辞。这一结论很值得重视。另外我想强调的是，人性概念及其理论亦来源于“德”、孳乳于“德”。为什么是“德”呢？因为“德”本身就有这层（“性”）意思，进入西周以来，殷商时期许多旧观念都被“德”改造过了，包括“命”也是这样。而且还有一点需要指出，道家著作中的“德”或许更能充分表明它就是“性”的主要来源，《庄子·天地》说：“物得以生谓之德。”这里的“德”解释为“性”又如何？张岱年先生就说，道家所说的“德”不同于儒家，是指“万物生长的内在基础”，什么“万物生长的内在基础”，分明就是“性”嘛。另外，还有“情”，早期文献中的“情”往往是指本质的意思，不是指喜、怒、哀、乐、爱、恶、欲之“七情”。还有一些语词，如“才（材）”、“质”，或者组合起来的语词，如“性命”“性情”“性命之情”都和“性”比较接近。这么多语词相接近，难道不容易搞混吗？实际上，早期思想史中“性”的语词或概念确有含混的性质，之所以含混是因为战国中期之前的人性概念和人性论的思想还在不停地酝酿中，还不稳定，稳定之后，要不讲“性”，要不讲“命”，其他的基本都销声匿迹了。讲“性”，有的时候又会和“命”联系起来，或者和“德”联系起来，比如说《礼记》的“性者，德之端”等等。我们看到，《庄子》里面既谈到了“德”，也言及了“性”“命”“情”，他所说的“命”有时也指人性，还有“性命之情”等说法，都是人性概念的不同表述，它们之间意思接近。了解了这一点，便可把握庄子讨论人性概念的特殊复杂性，那我们面对文本的时候就不至于含混了。我们所以这么讲，是因为想提醒大家，《庄子》中的一些读法可以斟酌，比如《庄子·养生主》中“养生”是什么意思呢？从思想的角度推敲，这里的“养生”并不就是后世讲的“养生”。庄子是明确反对一般意义上的养生，“吹呴呼吸，熊经导引”之术在他看来是等而下之的东西；更为重要的是“达其性命之情”，需要更上层楼，进入了心性境界的层面。可见，《养生主》里面是有“养性”的含义的，或许它比“养生”的意味还更强一些。

其次，我想指出，《庄子》中反复出现的“真”其实就是一种特殊的人性概念。“真”这个语词确乎是道家独有的，儒家的“六经”“十三经”里没有这个“真”字，大家相信吗？的确如此。是顾炎武看出来的，不知道他是怎么看出来的，或许是因为他看的书多吧。但是《说文解字》里有这个真字，而儒家经典罔顾之，还是比较奇怪的。另外，“真”这个字的形义也比较特别，我清楚记得，以前何九盈老师讲授《说文解字》时，讲到这个“真”字也觉得有点奇怪。“真”这个字形，上面是个“人”形，篆书的上半部分实际上是“人”的变形，是不是反映了早期神仙家的思想，不太好说。无论如何，我们的重点终究是回到《庄子》哲学文本确定“真”的意义。《老子》里也出过“真”，但它是个语词还是概念，还不好说，因为我们把握得还不是特别好，但可以明确的是，《庄子》中的“真”已淬火为一个严格意义上的哲学概念，其准确含义就是纯粹，主要指内在的精神状态。既然“真”儒家很少讲，正好我们把它（“真”）当作庄子哲学的特色概念，而“真性”又是庄子人性论重要而且有特点的概念。

稍微总结一下，顺便清理清理思路。老庄哲学中的人性思想基于、源于“道德之意”，特别是“德”或者“玄德”概念，换言之，庄子哲学中的“德”和“性”之间具有深刻而隐秘的内在联系。前面的讨论中，我们已经揭示出“德”或者“玄德”蕴含了精神层面的向度，或者说在精神层面拓展的可能性，“真性”概念也是如此，那么我想是不是可以进一步探究庄子关于人性与人心之间的关系呢？实际上，我更愿意将上述引导到更为恢宏的心性理论或心性哲学的方向加以分析和理解。为此，我们将围绕“自然”、“无为”（包括无心）、“真性”概念讨论庄子人性论及其哲学问题。过去，研究者多从直观上研究《庄子》文本，没有经过系统的哲学分析，不容易看出比较复杂的问题，只有经过理论上的分析和讨论才有可能呈现庄子人性理论的复杂性和深刻性。

二、自然人性论

接下来，我们讲一讲庄子人性论的基本问题。以前的研究大家比较认可的，几乎众口一词地认为从老子到庄子的人性论都是自然人性论。我们都很清楚，这是近代以来的表述，其中涉及什么是“自然”的问题。道家恰好自老子以来就讲“自然”，这个“自然”和我们今天讲的“自然”虽然有联系，但也还有差别，它的具体意义我们下面还要分析。这里，所谓“自然人性”，无非就是说与生俱来的东西是有价值的。这样一来，不就和儒家特别是孟子的性善论没有什么本质上的区别了吗？！孟子说，我们与生俱来的东西是有价值的，因为善的种子与生俱来就有了。事实上，对于道家而言，与生俱来的是有价值的，这意味着一切社会政治制度都不能扭曲、压抑它，我们现在也讲，在一个社会里、一种制度下，如果人感觉受到扭曲、压抑，那就是不道德、不合理的，进而展开批判、进行改革就都可以。所以，道家一方面讲自然人性，也就是“生”——生来具有的是有价值的。另一方面他也讲与生俱来的东西中没有仁义，他要把“仁义”剔除在外，这就和孟子的理论完全不一样了。同时，他也不像告子讲的“生之谓性”的意思，那么，这是什么样的理论呢？我们分析过，“玄德”理论已经隐含了超道德论，这种超道德论背后隐含着绝对的性善说，生来具有的人性是绝对善的，但这样意义上的“性善”却不能用“善”“恶”来表达，所以说是绝对的“性善”，超出了善与不善的评判标准。我们判断是非、善恶都有一个尺度和标准，然而，这个尺度和标准却不是我们个人确立的，它是社会的尺度，是历史上留下的尺度，或者说，文化上已经形成的强大习惯才能分别社会政治事务中的是非善恶。《庄子》中隐含的、需要我们澄清的思想就是绝对的“性善”，我们给它打上引号，正是为了有别于孟子所讲的仁义礼智四端，或者一定要将道德的、伦理的价值置于人性之中的倾向。当然，这种绝对的“性善论”也会相应地提出一些特别的人性概念，比如“真性”“性命之情”等等，后面我们还要继续分析。

这里，我们先说说“自然”。虽然晚近以来的道家研究、庄子研究都是从现代的“自然”概念角度进行理解的，即大自然，但老子的“自然”却指的是自然而然、自己如此、自己本来就是的样子、自己在那的状态。我个人认为，古印度的说法，像“如”“如性”都可以与之比较。我感兴趣的问题是，古代确立的自然而然意义上的自然，是如何莫名其妙地变成了我们今天所讲的“大自然”，或者与生俱来的生物性？它们之间有着怎样的联系？实际上，这几个词语之间都是有联系的。“大自然”从本质上说就是一个自然而然的过程，自然过程不同于历史，历史是在人类的人文动机驱使下形成的，而自然过程则没有什么动机，也没有任何善恶、是非的意义，像地震、海啸、陨石等自然灾害把动植物毁灭了，但却不能被称作善或恶。因而，道家哲学强调的“自然”是指自己如此的过程（course by itself），没有人力的参与，或者说不需要“有为”的作用——不是“有为”便是“无为”了；而我们今天所说的“大自然”又何尝不是这种自然无为的过程呢！古希腊哲学同样特别重视“自然”（physis），其含义是生长、本然（不可改变）。施特劳斯的《政治哲学史》推求“自然法”之远源的时候，举了一个《荷马史诗》中的例子说：一个很有法力的神，从地上拔了一根不起眼的草，他说，你看着它的样子就是它的自然，这个自然就是宙斯来了也改变不了它、奈何不了它。这个意义上的“自然”（physis）就和道家讲的“自然”有些接近。所以说，无论道家哲学中的“自然”还是古希腊早期文献中的 physis 都具有自然如此、生长的意思。轴心时代（中国先秦时期与西方的古希腊哲学时代）的比较是多么的有意义。

这样，我们借助比较的视野，分析了道家哲学中“自然”概念所包含的以下几层意思：第一是“自然而然”，“自然而然”就是“朴”，而“朴”的破坏、反面就是“器”（人工制器），由此展开了朴与器的关系。第二是“本性使然”，对应于“伪”——荀子所谓“化性起伪”的“伪”。但是，“伪”在荀子那里却不是一个负面的东西，它意味着文化和文明的植入，这一点恰与道家理解的相反。第三是“自然界”同人类社会的对比，道家批判人类社会得以建构于其中的那些原则、文明和制度，他反过来强调“小国寡民”“至德之世”“建德之国”，具有很强的非社会的思想倾向——将包括仁义礼智在内的社会因素剔除在外。

以上述的分析作为审视道家哲学“自然人性论”的基础，我们才有可能讲得比前人更加充分一些。我们说，“自然人性论”强调与生俱来的、不同于人工制作的东西，和自然界有一种相比拟的关系。“自然人性”的思想源于老子，但《老子》中的一些语词和概念都还处在不断地变动之中，还不够稳定，例如“素朴”“婴儿”“赤子”等等。这些《老子》中常见的语词、概念都比较具象，含义虽有些游移不定，但总的说来还是比较明确的。宋代的苏辙在《老子解》中提到，“素”“朴”都指“性”，应该说这是一个深刻的洞见。《老子》中的“素”“朴”都不是形容词，“朴散之则为器”的“朴”包含着原来就是这样、自然具有的等哲学意义，实际上就是在讲人性，只不过他所使用的语词比较具象罢了，“婴儿”“赤子”也是如此。《庄子》亦然，比如“素朴而民性得矣”（《庄子·马蹄》）就是指“素朴”才是人性的正常状态。

事实上，“自然人性论”是一个很强的传统，离开“自然的”“先天的”等条件讲人性不但棘手而且违反常理，比如孟子讲“性善说”时就遇到了很多理论上的困难。老子和庄子所以坚持、强调“自然人性论”正是因为其最符合人们的常识观念，但他们并没有止步于此，而是在理论上叠置并加深了“自然”概念的几层含义，从而与常识观念拉开距离，显示出了道家哲学的思考力度。我们说，坚持这样一种“自然人性论”具有深远的意义，因为在庄子所处的时代，当时的儒家特别是思孟学派已经开始酝酿将“仁义”内置于人的本性之中，庄子意在借此批判儒家的人性理论。那么，这种批判的动机和结果又是什么呢？“自然人性论”与儒家特别是孟子的人性论形成了非常鲜明的对照。老子所谓“素朴”“婴儿”“赤子”，庄子所谓“真人”“至人”“神人”“圣人”都既不是“君子”也不是“小人”。我们讲过，《庄子》的“为善无近名，为恶无近刑”“周将处乎材与不材之间”正是刻意地回避落入社会价值判断的窠臼，这背后的动机之一就是要批判以儒家为代表的，强调人的社会价值、社会意义并用人的社会价值、社会意义界定人性的思考倾向。可以说，老庄“自然人性论”关注的主要问题就是人性及其束缚。“爱欲与文明”之间的关系是每个时代都不能回避的严峻问题，可以大书特书，我们知道，阿尔都塞的著作已经揭示了人与生俱来的那些要求与文明之间往往是冲突的。所以说，“自然人性论”的提出及其被强化，既符合道家思想的逻辑，也具有历史的必然性。此外，我们还应看到，庄子对人性的理解更加深入了，因为他通过自然人性论更加深入地反思了文化价值诸问题，更加彻底地批判了文明及其异化诸现象。这些反思与批判集中体现在庄子对当时流行的最重要价值——“仁义”进行了毫不留情的破斥。庄子借助寓言，演绎了一段孔子与老子之间的对话：

> 老聃曰：“请问：仁义，人之性邪？”孔子曰：“然。君子不仁则不成，不义则不生。仁义，真人之性也，又将奚为矣？”老聃曰：“请问，何谓仁义？”孔子曰：“中心物恺，兼爱无私，此仁义之情也。”老聃曰：“意，几乎后言！夫兼爱，不亦迂乎！无私焉，乃私也。夫子若欲使天下无失其牧乎？则天地固有常矣，日月固有明矣，星辰固有列矣，禽兽固有群矣，树木固有立矣。夫子亦放德而行，遁道而趋，已至矣；又何偈偈乎揭仁义，若击鼓而求亡子焉？意，夫子乱人之性也！”（《庄子·天道》）

另一则寓言中，庄子亲自登场参与讨论：

> 商大宰荡问仁于庄子。庄子曰：“虎狼，仁也。”曰：“何谓也？”庄子曰：“父子相亲，何为不仁？”曰：“请问至仁。”庄子曰：“至仁无亲。”大宰曰：“荡闻之，无亲则不爱，不爱则不孝。谓至仁不孝，可乎？”庄子曰：“不然。夫至仁尚矣，孝固不足以言之。此非过孝之言也，不及孝之言也。夫南行者至于郢，北面而不见冥山，是何也？则去之远也。故曰：以敬孝易，以爱孝难；以爱孝易，以忘亲难；忘亲易，使亲忘我难；使亲忘我易，兼忘天下难；兼忘天下易，使天下兼忘我难。夫德遗尧舜而不为也，利泽施于万世，天下莫知也，岂直大息而言仁孝乎哉！夫孝悌仁义，忠信贞廉，此皆自勉以役其德者也，不足多也。故曰，至贵，国爵并焉；至富，国财并焉；至愿，名誉并焉。是以道不渝。”（《庄子·天运》）

这里的关键在于“至仁无亲”如何理解。“至仁无亲”相当于“至仁不仁”，意思是最高意义上的“仁”已经不是“仁”本身了，正如老子所谓“上德不德”。最高意义上的“仁”“义”和俗常意义上的“仁”“义”是不一样的，甚至是相反的，这里的“无”是否定性的。我想强调的是，庄子讲的“自然人性”并非一个简单的东西，仔细分析后发现，这里面包含了复杂的意义，也就是说，单从“自然人性”的角度解读庄子的人性思想还远远不够。什么是“本性使然”？什么是“自然而然”呢？在经验上，某些人与生俱来就好吃懒做。联系庄子的思考背景，桀纣之类的昏君在庄子的年代就已经被描绘成一个从头坏到尾的、十恶不赦的大坏人，他们的本质就是坏的。桀纣的“自然”就是以残害别人为自己的乐趣，如果我们不对它进行剔除或者限制，那么就会导致很坏的结果。

基于自然概念探讨人性论，最为彻底的理论形态就是魏晋时期郭象的独化论。郭象的独化论是通过他的《庄子注》呈现的，他所说的“自性”“自生”“自化”“自造”等观念皆以道家“自然”概念为基础。可以这么认为，郭象偏执于自然，多少忽略了无为，不能从自然与无为两个概念之间的张力来思考，或许就是郭象的缺失和弊端吧。比如说，郭象阐释“逍遥”的时候，主张无论大鹏还是小鸟都各有其性，只要各适其性、各尽其性、自足其性则“未始不逍遥也”——都能进入逍遥的境界。言外之意，无论尧舜还是桀纣，只要能尽性便都能逍遥，这已经偏离了庄子思想，所以时人讥嘲他不是郭象注《庄子》，而是庄子注郭象。他的《庄子注》虽然很有特色，但也招致了一些诘难，比如说支遁对他的批评。

三、无为心性论

实际上，郭象的独化论是以放大的形式暴露了自然概念以及自然人性论的缺陷与不足，只不过郭象不自知而已。那自然人性论当中隐藏的理论矛盾也是郭象所不能解决的，或许他根本无意解决其中的问题，就是执意要把“自然”原则推到极端。现在我们看看支遁怎样批评郭象。支遁（支道林）一针见血地指出，像夏桀和盗跖这种以杀人为乐、以残害为性的人，如果满足了他们与生俱来的诉求并以此作为“德性”，那么，庄子的《逍遥游》又有什么意义呢？

为此，支遁将“逍遥”解释为“明至人之心也”，而不是把自然人性发挥得淋漓尽致，并且他还提出应该从精神境界的层面理解“逍遥”，“逍遥”意味着最高的精神境界。这样一来就扭转了谈论“逍遥”的方向，“明至人之心”完全是针对“自然人性论”的缺失和不足而言的。支遁认为，真正的“逍遥”应该是“至人乘天正而高兴，游无穷于放浪，物物而不物于物，则遥然不我得；玄感不为，不疾而速，则逍然靡不适，此所以为逍遥也”。一般认为，支遁对“逍遥”的理解是比较深入的。他的主要贡献是开拓了阐释庄子哲学的新方向、新维度、新的可能性，而这种新的阐释方向、新的思考维度恰恰是以无为概念为基础的，而无为概念及其理论当然是庄子哲学本身内蕴的东西、固有的内容。

实际上，通过对“逍遥”的解释，支遁重新发现并确立了庄子哲学中的一个重要方面，就是心的向度或者说内在精神的向度。支遁强调从“至人之心”方面理解逍遥，乃是打开了心的向度，由此我们便可深入地探讨庄子哲学中的重要概念——“无心”“常心”。我个人以为，春秋战国之交的老、孔时代开启了中国思想史上的“哲学突破”，而战国中期则是一条重要的分水岭，经历着“进一步的哲学突破”，因为以孟子、庄子为代表的诸子哲学奠定下儒、道两家心性论哲学的基础。具体地说，战国中期以来，“性”的字形和概念开始稳定、成熟，诸子百家对“心”的探讨也日渐丰富与复杂。这时，孤立地讨论“性”，孤立地探求“心”往往由于各种局限性而不能深入，所谓“论性不论心则不备”，“性”“心”二者必须联系起来讨论才有助于深化问题并通往心性论形态的哲学。比如说，孟子一方面讲“性善”，一方面讲“本心”“良知”“诚意”“诚明”，这两方面不可偏废，因为它们都是有关系的。再比如说，庄子讲“性”

也不限于“自然之性”、不限于“性”本身，正如支遁看到了只是讲自然人性、自足其性是不够的，即便是己性发挥得淋漓尽致也仍然不够，必须从另外的层面即心的层面予以深化理解，他所说的“明至人之心”就是依据“无为”原则进入“心”的层面的讨论。

由此可见，庄子的人性论并没有止步于单向度的自然人性论，其背后还有内在的理论进深和转折，这就打开了“无为心性论”的层面。我认为，正是后者奠定了道家心性哲学的主要特征。“无为”原则不是经验的，也不是直观的，它需要深刻的理论分析才能呈现出来，这一点需要特别强调。总之，庄子依据“自然”概念及其理论建构了一套“自然人性论”，同时他也根据“无为”原则建构了一套别样的“心性论”，我们无以名之，姑称之为“无为心性论”。这个名称肯定不准确，但或多或少可以表明庄子人性论的某些特点。正是这两个层面、两个维度构成了庄子人性论的基本结构，后者显然是前者的内向化和深刻化，是沿着精神向度的深化、发展。

接下来我们谈几个旁涉的问题，比如“无情”“无乐”等等。在伦理学的讨论范围中，情感是很重要的问题，有人鼓吹伦理学解决的是幸福的问题，我们认为幸福没有共同的标准，伦理学作为哲学的一门学科还是和其他部分有关系的。西方哲学讲“知识即美德”，一直以来，以理性的部分控制感性的部分，这已经成为常态了。还有一派认为情感的问题不能解释，萝卜青菜各有所爱，譬如英国情感主义伦理学就认为最后表明判断的态度就可以了。这是情感问题的复杂性，而我们将要讨论的“无情”“无乐”，可以说是“无为”“无心”原则的具体展开，应该置于“无为”“无心”概念之下进行分析和研究。惠施和庄子的一段对话讲到了“无情”的问题：

惠子谓庄子曰："人故无情乎？"

庄子曰："然。"

惠子曰："人而无情，何以谓之人？"

庄子曰："道与之貌，天与之形，恶得不谓之人？"

惠子曰："既谓之人，恶得无情？"

庄子曰："是非吾所谓情也。吾所谓无情者，言人不以好恶内伤其身，常因自然不益生也。"（《庄子·德充符》）

惠施问庄子，人是不是习惯上无情的呢？庄子回答说对呀，惠施又说人如果没有情感的话，又怎么能称之为人，不就与木石差不多了吗？庄子回答说，"道与之貌，天与之形"，怎么不能称为人呢？人的本源是道，与情或不情没什么关系。可惠施接着说，"情"才是人的本源之一，这里的"情"就是情感的意义。显然，惠子所说的人乃是有情的人，即芸芸众生；而庄子所说的"无情者"代表了理想的人性。具有理想人性的理想人格由于其内在精神的高蹈逍遥，因而能够从是与非、哀与乐的纠葛中解放出来，所谓"哀乐不能入也"（《大宗师》）。庄子认为"是非吾所谓情也"，我现在讲的"情"主要指"是非善恶"，而我所谓的"无情"却是"人不以好恶内伤其身，常因自然不益生也"，就是说不以好恶是非困扰自己。这里的"无情"并不是说人没有情感、没有七情六欲，而是强调不在与生俱来的"生"（先天性）上增加、扩充什么东西。"无情"其实是对"情"的否定，不是"情"本身无价值、需抹杀，而是不要被"情"所束缚、所控制。从这段对话看来，惠施是一个经验论者，或者说他是一个逻辑经验论者，他认为人从经验的观察来看都是有情的，都是有喜怒哀乐的，这些都是"自然"——与生俱来的东西。而庄子则从另外一面来否定他，进而提出了“无情”之说。如何理解这个“无情”之说呢？分析它的理论组织和结构，我们发现“无情”实际上就是“无为”这一原则的扩展或具体化，“无情”实际上是内在的“无心”。所谓“明至人之心”，“至人之心”就是“无情”——不受各种各样的欲望所羁绊、不为喜怒哀乐所束缚。

“无乐”也是这样的。《庄子》中还有一段话专门讲“无乐”，特别是讲喜怒、悲乐、好恶这些平常生活中常有的“情”，与内心的“虚静”（无心）、“恬淡”（无为）是相反的。为此，庄子提出“至乐无乐”的命题（《至乐》），其含义近于“至人无情”；“至乐”——最高意义上的“乐”便是与俗乐相反的“无乐”，也就是说它与高兴不高兴没有什么关系。庄子在很多段落中都讲到，你本来很高兴，但一觉醒来或者换了一个条件，马上就不高兴了，他的意思是悲与乐转换得特别快，今天高兴，明天可能就不高兴了，可以说，这是对我们日常生活的一种很高的洞察。或喜或乐或高兴或悲伤的感觉之于人，犹如潮汐之于海岸，我们的感觉瞬息万变，像潮来浪去一样。所以说，哲学要和感觉划出一个界限，早期的哲学似乎都面临一个克服感觉主义挑战的任务。既然“至乐无乐”，那么“至乐”就不能称为一般意义上的“乐”（俗乐），同样也不能归结为一般意义上的“乐”或“不乐”了。正因如此，《庄子》中才会出现“邴邴乎其似喜乎”的说法，所谓“至人”——达到最高快乐和最高幸福感的那些人，他们不是高兴也不是不高兴。庄子用一个“似”字表示了这种哲学上的“既是，又不是”的特点，这个“似”字很有修辞的意义，“似喜”就是好像高兴但不知道是不是真的高兴。而“至乐无乐”——最高意义上的“乐”从一方面看是“无乐”，从另一方面看是好像、似乎、或许、说不定高兴（不高兴）。

可见，庄子花费不少篇幅讨论“乐”，旨在解释人类情感的多变性或不稳定性，岂非生活世界中的真实?“乐极生悲”“喜极而泣”这样的俗语恰好说明了高兴瞬间转换成不高兴，郁闷转变为兴奋，这是情感的逻辑。我想强调的是，无论是“无情”概念还是“至乐无乐”命题，都可以归结为“无为”原则，或者说都是“无为”原则的体现。从“无为”层面分析人性、人心的问题，实际上是对人性概念及其理论做出了一个限制，甚至《庄子》中已经隐含了郭象和支遁问题的答案。事实上，如果我们进入以“无为”概念建构的道家心性论，把这种深层次的心性论结构叠加到“自然人性论”之上，那么，我们便能解决大部分的理论困难。

四、纯粹真性论

经过上面的分析和讨论，我们有条件讨论下一个问题——“真性”概念及其理论。实际上，自然人性和无为心性两个方面、两个维度乃是准确理解庄子“真性”概念的前提基础，现在看，“真性”的轮廓其实已经刻画得差不多了。我们应该从自然和无为概念之间的矛盾紧张中把握真性概念及其理论，真性论是自然人性论和无为心性论的综合或叠加。《庄子》有两篇文献都谈到了“真性”。《马蹄》篇说：“马，蹄可以践霜雪，毛可以御风寒。龁草饮水翘足而陆，此马之真性也。”马能跑、能吃、能喝、能在泥里打滚儿，这是马的真性。而《秋水》篇则从“牛马四足”的自然属性讲述马的真性，认为“落马首，穿牛鼻”破坏了马的本来样态。“牛马四足”是天生的，“落马首，穿牛鼻”则是出于人的所作所为，牛马自己不会这样做，可问题是“牛马四足”与“真性”之间有什么关系呢?《秋水》篇后文提示说，“是谓反其真”。接下来又讲应该回到“牛马四足”的自然状态，应该“无以人灭天，无以故灭命”。把“人”的因素去除掉，按照“天”所赋予的就是“反其真”。庄子的上述说法，过去人们普遍认为是讲自然人性，包括后文与“反其真”相关的存天去人、“去知与故”似乎都在强调“自然”。但是，庄子哲学中的“真”，确切的含义是指“纯粹”，是纯一而不杂的意义。所以在这里，我们要打一个小小的问号，将这些内容理解为自然人性是不是适当与确切还需要进一步的研究。

我们知道，以“自然”原则建构起来的“自然人性论”，和围绕“无为”概念建构起来的、具有心性论特色的理论，使得庄子的人性论变得复杂而深邃。为此，我们需要将真性的概念放置在这种复杂性中理解和认识。庄子所谓“真性”，就是指“纯粹的性”。老子通过“素”“朴”诸语词阐述自然人性论思想，都可以归诸“自然”概念；庄子则在“素”“朴”等语词前加了一个词——“纯”，叫作“纯素”“纯朴”。仔细分析，我们发现，增加这个“纯”字不是偶然的，也不是修饰性的。他（庄子）讲的“纯”是指“纯粹”，“真性”强调的是“纯粹的性”，这里面隐含着这样一个不甚明显的思想——“真性”“纯粹”不完全是自然的意思，而是加深了其中的蕴含。下面我们通过一段话，看看纯粹意义上的“纯素”“纯朴”究竟意味着什么，以及庄子是从哪些方向阐述这些问题的。

> 纯粹而不杂，静一而不变，惔而无为，动而以天行，此养神之道也。……纯素之道，唯神是守；守而勿失，与神为一；

一之精通，合于天伦。……故素也者，谓其无所与杂也；纯也者，谓其不亏其神也。能体纯素，谓之真人。（《庄子·刻意》）

这段话里面的两种提法——“养神之道”和“纯素之道”，其实是一回事。值得注意的是，庄子谈到“素”时提出了一种新说法，“素也者，谓其无所与杂也”。“无所与杂”就是不包含任何杂质，就是纯粹的意思。“能体纯素，谓之真人”的“能体”要比“能知”的含义深广得多。孟子所谓“体知”，不是指一般意义上的认识，庄子的“体道”更是指对道的真理的体证与觉解，比知识论意义上的认识要更加深入。进而，能够真正洞见、觉悟“纯素之道”的人，就是“真人”。这种说法含义深远。综上所述，“纯素”“纯朴”“纯粹”其实就是“真”的题中应有之义。由此可知，“真性”不仅是指自然天放之性，还要从“纯粹的性”的角度分析把握。前面几段引文，虽然都只是一些片段，但也足以显示出“真性”“纯素”概念往往出现于“无为”“虚静”“精通”“唯神是守”等语词构成的语境中，可以认为它们都嵌入了心性论的语境之中，忽略了这一点就很难加深对“真性”概念的理解。

下面再看《庄子·天地》中一个很有名的故事，说的是一个农夫在田里打水浇菜园子，旁边过来一个人，说你怎么这么费劲儿呢？你就不能弄个轱辘吗？或者弄个水车蹬着，又省劲儿，浇得又快。这位农夫就给他讲了这样一番道理：

有机械者必有机事，有机事者必有机心。机心存于胸中，则纯白不备；纯白不备，则神生不定，神生不定者，道之所不载也。（《庄子·天地》）

请注意，这里的“机心”就是日常所说的聪明机灵，头脑灵活，然而，在《庄子》文本的这段语境中，“机心”显然具有负面作用和负面价值，同“无心”“常心”是相对的。接着又说“机心存于胸中，则纯白不备”，“机心”占据了你内心的话，“无心”“常心”等“纯白”的东西就不在了，“纯白”就是“无心”“常心”的特质。《管子》四篇中有《白心》一篇，“心”本来就是“白的”“纯白的”，“机心”的活动会使原本的纯白之心受到污染，变得不纯粹了。“纯白”就是“纯粹”，没有杂染各种思虑、计谋、推理、判断的“纯粹意识”。那么，为什么用“白”字形容那种纯粹意识状态的“心”呢？这其中有些讲究。“白”实际上是一种放光的状态，换言之，“纯白”和“白”不仅仅是形容词，表示某种性质，它也还多少有些表状态的意味，表示某种内在精神的光照经验。由此可见，“纯白”语词显示出了很强的心性论意味。认识到这一点很有意义。接下来是“纯白不备，则神生不定，神生不定者，道之所不载也”，一旦“纯白不备”——失却内心之本然，那么，“精神”“魂魄”就会陷入杂乱无章的“不定”状态，危害很严重，如此一来，“道之所不载”，“道的真理”就离你而去了，通向“道”的内向体验之路也就此阻断了。

从庄子的“真性”概念出发，我们说，“无心”“常心”（“机心”的反面）之间是相互关联、相互贯穿的，因为“纯素”“纯朴”“纯白”等都是对它的描述。这种与“机心”相对的“纯白之心”的状态，简单地说就是“思虑不起”“无所萦心”的心境、精神状态。但实际上，这样的分析也还不够。如果我们继续分析，就会发现其中包含的内容还很多。一方面，它同身体的部分有关。我们知道，“形”和“神”本来是相对的，如果要解决“神”的问题，那一定要以“形”的问题的解决作为它的前提条件。另一方面，若要达到纯粹的地步，我们还需要从人事的枷锁、束缚中求得一种解脱和解放。《庄子》说：“法天贵真，不拘于俗。”（《庄子·渔父》）“真”就是“纯粹”的意思。那什么是“俗”呢？在庄子看来，仁义、礼乐都是俗。所以说，“真性”的理论是很丰富的，相对来讲也是比较复杂的。下面我们稍微总结并引申一下。

这一讲，我们主要探究了三个方面的内容：第一是自然人性论；第二是基于“无为”概念建构起来的指向心性哲学的特殊理论，姑且称之为“无为心性论”，由此，我们加深了对庄子人性理论的理解；第三是集中讨论了“真性”概念及其理论。最后，我想补充讨论“真性”概念及其隐含的理论问题。也就是说，经由“真性”的概念返回到自然人性论的视野，考察其中的问题时，我们发现，庄子反对的是“削其性”和“淫其性”这两种偏失。这里的“性”就是一个不大不小、不多不少、正正好好的东西，这层意义还是比较清楚的。正如《骈拇》《在宥》各篇，如果我们将其置于庄子人性论的整个脉络中观察、理解的话，意思还是比较清楚的。什么是“削其性”呢？举例说，墨家的所作所为就是“削其性”，他们“以自苦为极”“摩顶放踵”，能做到常人不能做到的事，但是，在庄子看来，这其实是违反人的本性——“削其性”。那什么又是“淫其性”呢？就比如杨朱之流，他们放纵自己的感官享乐、无所不用其极地满足自己的生物性需求，在庄子看来，这就是“淫其性”。甚至，儒家的主张与实践也是“淫其性”！儒家把人性之外的仁义置于人性之中，在“自然”之上增加了这些不必要的东西，所以说也是“淫其性”的代表。

从老子开始，就在讲“无为”。那什么才是“无为”呢？——

"损之又损以至于无为"，意思就是把加在我们人性之上的各种各样的条件与束缚都统统去除，拣摘得干干净净之后就剩下了"无为"，就是"无为"。我们说，老子的"无为""损之又损"就是针对"淫其性"而发的。《荀子·非十二子》一篇专门批判了两类人：一类是魏牟、它嚣，他们是"纵性情"，也就是"淫其性"（其实"淫其性"最典型的例子还是杨朱）；还有一类是陈仲、史鳝，他们是"忍性情"，也就是"削其性"。对庄子而言，举凡"忍性情""纵性情""削其性""淫其性"都是不对的，都是偏颇的。真正要得其正，得到那个正好的恰当（"正"）并没有一定之规，没有一个定准，我们只能在相互对立的关系理解它。这就是庄子的意思。鸭子的胫虽然短，但"续之则忧"；仙鹤的颈虽然长，但"断之则悲"。它们一个短一个长，对于其自身而言是正好的，但是，如果你想把鸭子的腿补长或者把仙鹤的脖子砍掉一截，那就出问题了，因为这样做违反了它们的本性。诸如此类的问题，都需要从对立的两面进行考虑，我们做研究时也要使用这样的方法，从对立的两边来认识和把握"真性"的真谛及意义。

总之，人性论是玄德理论的组成部分和具体内容。我们从自然人性论入手讨论，经过分析发现其中隐含了比较复杂的思想内容和理论层次，因此我们不得不将讨论、研究的范围拓展到心性论的层面。也就是说，从"自然"到"无为"、从"性"到"心"的不断深化的讨论表明，庄子已经建构起一套比较完整且系统的心性论，不仅丰富与深化了固有的自然人性论，而且也用以抗衡了儒家孟子的心性论。如果我们拿儒家哲学的发展与之作一个对照的话，不难发现，孟子所谓"性善"，乃是把"仁义"当作人心内部而非外部的东西，庄子则反之。有意味的是，儒家和道家虽然取向相反，但是有一点是相同的，那就是他们所围绕的形态最终都趋向心性论。什么是心性论？准确地说，心性论理论形态意味着什么，或者具有哪些特征？不能说有了“心”、有了“性”的语词和讨论就叫心性论。最起码的，心和性这两个基本概念具有一定的复杂性，在思想深度上有一些递进之后，我们才能认为它具有了完备理论形态特征。另外，它们两者还要有一些交互阐释的尝试，也就是说心与性相即不离、相互融摄的意思，才能显示出心性论哲学的思考力度，否则便不能称之为具有必然性的理论。所谓心性论形态的哲学甚至还应该包含诸如境界、气象、人的身体状态等复杂的内容。只有兼备了这样几个条件，我们才觉得它具有了心性哲学的意味。希望大家能够注意并理解这一点。

第十讲　梦与化：生命的永恒轮回

今天我们讲《庄子》中梦的问题。思考这个问题时应该首先注意到“梦”和“觉”之间的关系，其次还应该深入梳理其思想脉络，将“梦觉”与“物化”联系起来。进而，我们所追究的是，透过“梦觉”和“物化”，庄子谈论了哪些哲学问题。换言之，梦本身不论多么的扑朔迷离，我们还是倾向于在哲学的语境中考查《庄子》的梦和梦境，并将其视为潜在的、具有哲学意义的问题。我们还是倾向于认为庄子试图通过“梦”讲述复杂的哲学问题。与此同时，我们当然也不否认《庄子》中的有些梦是具有加强文学感染力、运用修辞技巧的意图。

一、梦的世界

我们知道，郭象在《庄子注》的后序中记述，未经删改的原本《庄子》中有不少内容近乎占梦书。事实上，所谓的“占梦书”与《庄子》差别极大，根本不是一回事。而如今，郭象指出的那一部分是否就是占梦书，或者说，郭象删改的“占梦书”的状况如何，我们都不得而知。可是，今本《庄子》遗留的关于梦和梦境的讨论的确有些罕见，不属于正常的现象。因此，我们说，古代哲学家中，庄子讲“梦”不仅多，而且复杂、不易理解。即使是现代学者对它进行理解也不是轻而易举的事情。海外汉学家对于这些问题也很感兴趣，尽管他们的一些分析具有一定的参考价值，但终究还是与庄子哲学的内在脉络隔阂较深，还有待我们进一步地探讨。

事实上，倘若我们先行将“梦觉”与“物化”牵涉出的哲学问题抽取、提示出来的话，那么，它就是“两个世界”的理论。无论是在哲学上还是在逻辑学中，围绕现象世界和理念世界的进深关系，或者可能世界的讨论都由来已久。通过哲学地思考，我们发现，庄子启用一些象征性的语言，正与他想要启示两个世界与多重世界的理论相关。

> 庄子之楚，见空髑髅，髐然有形，撽以马捶，因而问之，曰：“夫子贪生失理，而为此乎？将子有亡国之事，斧钺之诛，而为此乎？将子有不善之行，愧遗父母妻子之丑，而为此乎？

将子有冻馁之患，而为此乎？将子之春秋故及此乎？”于是语卒，援髑髅，枕而卧。夜半，髑髅见梦曰：“子之谈者似辩士。视子所言，皆生人之累也，死则无此矣。子欲闻死之说乎？”庄子曰：“然。”髑髅曰：“死，无君于上，无臣于下；亦无四时之事，从然以天地为春秋，虽南面王乐，不能过也。”庄子不信，曰：“吾使司命复生子形，为子骨肉肌肤，反子父母妻子闾里知识，子欲之乎？”髑髅深颦蹙頞曰：“吾安能弃南面王乐而复为人间之劳乎？”（《庄子·至乐》）

这段文字中值得注意的是骷髅讲述“死生之事”，讲述死是什么意思，以及死相对于生有什么意义。所谓“死，无君于上，无臣于下”，死，便没有君臣关系。不论是古代人还是现代人，都是在上下级关系网中生存的。骷髅认为，死就立即解脱了这种关系，也就是说，这种关系可能意味着束缚，这是道家的意思。又说：“亦无四时之事，从然以天地为春秋，虽南面王乐，不能过也。”我们知道，《至乐》这一篇的主题是“至乐无乐”，“至乐”所“无”之乐是俗常的乐，也就是“耳目视听之娱”。从俗乐的角度看，人世间最高级的就是南面干乐。但是，骷髅认为这些都不值一提，和他所在世界的逍遥自在比不值一提，所谓“吾安能弃南面王乐而复为人间之劳乎”。

显然，骷髅将人生看作是负担，通过梦境提示的死后世界也并非常人所想象的那样。人们都愿意生而不愿意死，认为死后全然没有知觉，谁又会知道是怎么回事呢？直到今天，我们也还是贪生怕死。其实，贪生怕死并不是负面的，它是人在本能驱使下的一种常态的行为。而庄子此处所言，正是旨在冲击这种俗常的认识或日常的知识，这是具有哲学意味的。我们说，日常的观念极有可能是意见，而哲学最重要的任务就是破斥意见，追求稳固的且具有必然性的知识。

所以，仅仅从文学的角度理解这个故事是不够的，这段对话并不是庄子凭借奇特的想象力记录下的寓言。其中的深刻意味在于，庄子认为“梦”与“醒”具有某种对称的意义。我们通常的观念是梦是不切实的，生是有价值的，“觉”代表正常的知觉。然而，庄子却向这种常识发起挑战，这是第一点。第二点是，庄子明显地将“梦”“醒”和“生死”的问题联系在一起。我们之前谈到终始问题时曾附带讨论了“生死”的问题。当时，我们讲了一个重要的命题——“道无终始，物有死生”。“道无终始”，“道”不出现于时空中，不进入一个永恒绵延的世界，正因为它是没有时间性的，所以它才是永恒的。这是符合庄子的思想逻辑的。而“物有死生”是说外部有形体的“物”，都会有变化，都处在生灭变化的流转过程中。那么，对于人而言，又该如何看待这个问题呢？我们人是“物”还是“道”呢？提出这个问题是很有意义的，这个时候也显示出道家思想的复杂性。庄子一方面说，如果死亡是一条边界的话，那么，体道、悟道、得道之人（即与道徘徊、道通为一的真人或圣人）则能够超过生死的边界。这就是老庄道家，特别是庄子，在理论上比神仙家精深之处。神仙说到底只是追求长生，而长生总还是有一个界限。显然，庄子有一个十分明确的意识——人虽然有“物”的层面，会经历生老病死，但也有可能进入“道”的境界，获得一个无始无终、永恒绵延的生命。

因此，我们说，庄子的哲学论述中隐含了“永恒生命”的问题。尽管他并没有直接这样讲，但是，如果我们分析他的理论结构，就会发现这个问题确实存在。事实上，“道”与“物”这两个层面也是“两个世界”的基础，这对概念在理论结构上是同构的。“两个世界”的关系、道和物、梦和觉，这些越来越具有修辞性、象征性的说法，它们相互之间其实是有着更复杂的关联的。接下来，我们将会分析这种关联具有什么样的意义。总而言之，《庄子》中所蕴含的对于“永恒生命”的思考与肯定都是从精神层面讲的，或者说，是进入一种精神境界才能呈现意义，这是一个比较特殊的哲学思考。倘若我们和西方哲学作比较的话，相信西方哲学可能还没有这么复杂的内容。倘若将庄子和柏拉图进行比较的话，我个人认为，庄子的深刻性和复杂性一点也不逊色于后者，乃至任何一个古代哲学家。

下面，我们将围绕梦是一种怎样的现象展开一些发散性的议论，以帮助我们理解庄子为什么通过梦的话语表达自己的哲学思想。

我们说，梦是一种与生俱来的精神现象，非常复杂。从古至今，人类从未停止过对它的探究。目前的研究表明，不仅是人，动物也会做梦。然而，理性能力还不发达，还未进入反思阶段的相对原始的人类，往往无法区分梦境与现实。也就是说，作为庄子的思想背景，原始人的思想意识中还没有梦境和现实的区别。拉美文学中有所谓的“魔幻现实主义”，比如马尔克斯的《百年孤独》。我们曾经在同拉美的学者讨论时谈到“魔幻现实主义”，他们说，对于现如今仍然生活在丛林深处的印第安部落而言，那种“魔幻”就是他们生活的常态。比如，他们看见山上正在冒火，而我们并没有看到火，用摄像机记录下的画面也没有火。可是，印第安人他们看见的就是那样，他们的知觉就是这种形式，这是不容易理解的。透过这个例子，我们说，诸如此类的精神现象和梦一样，它们在人类的文化中是一直不断地积淀下来的。直到今天，我们也还不能很好地解释梦的机制。我们知道，弗洛伊德理论的重要推进就是对梦作出一些解析，力图将精神分析确立为一种科学。但是，学术界对于他的理论还有很多批评，认为他的很多说法都是无稽之谈，其局限性也是很大的。

由此可见，梦作为普遍存在的、来源悠久的精神活动或者精神现象，的确存在许多不可解之处，它本身即具有相当的复杂性。而庄子将它作为一种哲学语汇或者建构哲学理论的重要话语，作为一个参照系运用，其意义就在于，在我们琢磨不定的精神现象中扩展他的意义空间，或者说哲学发挥的空间。这同我们之前讨论的庄子为什么偏好从神话、传说中汲取一些材料以寄托深刻的哲学意义是一致的。我们说，庄子不相信借由日常的语言能够表达“道的真理”，为了使“道的真理”更具活力和启示性，他便一定要诉诸一些东西，梦就是这样一种非常好的话语。也就是说，庄子选取梦的话语，比如梦和觉或者梦觉与生死的对照，是有一定的必然性的，而不是偶然的、想象力的发挥。因为梦是描述特殊精神经验的一种非常好的方式。

在此基础上，如果我们将梦和醒、生和死置于两个相互对峙或者相互平行的精神世界模式之下，那么，我们首先需要对哲学史上有关两个世界的讨论进行简要的回顾。比较具有启示意义的是，直到近代以来，我们都把“正”和“反”当作两个相互对应的世界。显然，即使从非常严格的科学角度来考虑，我们对于生存于其中的这个世界也还是可以具有多重思考的。大家或许读过《爱丽思漫游奇境记》，这本书很有价值，也很耐人寻味，其中包含了许多非常复杂的内容。更奇特的是，这本书实际上刺激了现代物理学的思考，除了对称世界、手性对称的问题之外，还有“反物质”世界的设想。我们生活的世界是一个物质的世界，有分子、原子，原子下面还有原子核，原子核旁边还有电子。电子通常是带负电荷的，但是也有带正电荷的，这些带正电荷的电子就是电子的反离子。物理学家便由此设想，既然有各种反离子、反物质，那么，是不是也有一个反世界呢？而这个反物质的世界其实就相当于我们生活世界的一个镜像。我们说，这种讲法类似于庄子的“梦”，两个世界相互交错，好像离得很远，但实际上却不一定。我们曾经设想，反物质的世界应该存在于宇宙的另外一个角落中，然而，反物质在我们这个所谓“正物质”的世界中也会出现。正因如此，我们倾向于将《庄子》中梦和觉、生和死的概念纳入到“两个世界”的框架下面来思考。更耐人寻味的是，庄子哲学中“两个世界”的区别，用道家的话语讲似乎有些恍惚，但是，从另一个方面说，它们又是重合的。正如“逍遥”，一面是游于四海之外的无人旷野，一面又游于人间世，不离于世。事实上，综合相对的两个方面就是所谓“两个世界”重合的理论。

二、梦中梦

下面，我们的重点在于讲述《庄子》中三个主要的梦。其一是“梦中之梦”，其二是“蝴蝶梦”，其三是“孟孙氏之梦”。首先我们考究一下“梦中梦”的出处：

丽之姬，艾封人之子也。晋国之始得之也，涕泣沾襟；及其至于王所，与王同筐床，食刍豢，而后悔其泣也。予恶乎知夫死者不悔其始之蕲生乎！梦饮酒者，旦而哭泣；梦哭泣者，旦而田猎。方其梦也，不知其梦也。梦之中又占其梦焉，觉而后知其梦也。且有大觉而后知此其大梦也，而愚者自以为觉，窃窃然知之。君乎！牧乎！固哉！丘也与女，皆梦也；予谓女梦，亦梦也。是其言也，其名为吊诡。万世之后而一遇大圣，知其解者，是旦暮遇之也。（《庄子·齐物论》）

尽管这段材料是围绕“梦”的讨论，但也同样适用于讨论生死的问题。生的时候不愿意死，可是，死后或许是南面王乐。对此，人们往往会从日常观念中提出质疑和反驳：死后没有知觉，魂神散尽，了无痕迹。事实上，以道家的逻辑来看，这二者之间并没有矛盾。如果我们将死作为不可经验的过程的话，那么，我们所不能经验的正是我们能够经验的反面。关于“道”和恍惚，以及“无”，讲的其实都是我们经验的反面。正如“自由”，我们虽然说不清，但却痛切地感受到不自由。因此。从自由的反面推敲自由，这才是正常的逻辑。进而，庄子在此对“梦”进行了反复嵌套式的构想——梦之中还有梦。现实生活中，我们做梦醒来，知道刚刚是在做梦。但是，我们生活的现实有可能也是一场梦，只不过我们都还没有醒来。我们说，梦的这种层层嵌套是相当复杂的，它既形成了吊诡的语言，又是对卮言的刻画。所谓“卮言”，其实就是以背反式的、荒唐滑稽的语言讲述反常识的意思。

一般说来，我们倾向于认为觉醒是好的状态，从而对昏寐进行负面的评价。而《庄子》的“梦中之梦”却显示出这样的逻辑，即梦中之梦、梦和觉，其实并不具有价值上的贵贱、高下之别，这是庄子着力论证的问题。换言之，庄子认为不同的层次在理论上和价值上并没有区别，这是比较明确的。如果我们有意识地说“梦中之梦”与“觉”具有同等的意义，甚或更有意义，那主要是为了矫枉过正。

三、蝴蝶梦

在讨论“蝴蝶梦”之前，先来看一段话：

> 罔两问景曰：“曩子行，今子止；曩子坐，今子起。何其无特操与？”景曰：“吾有待而然者邪？吾所待又有待而然者邪？吾待蛇蚹蜩翼邪？恶识所以然！恶识所以不然！”（《庄子·齐物论》）

这是“蝴蝶梦”的前一段，出现在“梦中梦”和“蝴蝶梦”之间。此前，鲜有学者讨论这段话承前启后的作用。“罔两”是一个双音叠韵的词，指的是一种水中的精怪，和魑魅魍魉的“魍魉”一样。你恍惚能看见，但却又看不见，庄子正喜欢用这样的词来说明问题。在《庄子》的旧注中，“罔两”是影子的影子，或者影外的微阴（郭象注）。所谓“何其无特操与”，就是说你为什么总是跟随着别人，而没有自己独立的操行呢？影子的回答是：“吾有待而然者邪？吾所待又有待而然者邪？”我们说，这段话嵌入《齐物论》的整个脉络中，这是非常清楚的，它实际上讲的是“有待”和“无待”的问题。庄子是比较重视“无待”的，“无待”也是一种“无”。“无待”就是指我们所进入的独立且自由的状态。我们既不需要凭借某种东西，同时，又将所有的外部条件统统去除，进而，将真正的“我”释放、发挥出来，这便是“无待”思想的精义。事实上，“罔两问景”讲的也是这个意思。“无待”强调每一个体的独立，借用郭象的术语，就是强调“独化”的意义。

整篇《齐物论》讲到“罔两问景”其实已经非常透彻了，“吾丧我”的命题已经进行了透彻的阐发。但是，《齐物论》一篇并未就此结束，正是在这个时候出现了“蝴蝶梦”。由此，如果我们深入地推敲“罔两问景”和“庄周梦蝶”这两个故事之间的思想联系的话，也许会发现一些令人鼓舞的线索。我们说，“罔两问景”的故事意在阐明“无待”，也就是自由的观念，它消解了一些关系网，消解了“物”或者我们生活中的种种缧绁，它确实具有某种总结的性质。然而，随后突然出现的“蝴蝶梦”，其实并不偶然。事实上，以千钧之力为《齐物论》作总结的，就是“蝴蝶梦”。

> 昔者庄周梦为蝴（原文作胡，下同）蝶，栩栩然蝴蝶也，自喻适志与！不知周也。俄然觉，则蘧蘧然周也。不知周之梦为蝴蝶与，蝴蝶之梦为周与？周与蝴蝶，则必有分矣。此之谓物化。（《庄子·齐物论》）

和“罔两问景”一样，“蝴蝶梦”也有一定的针对性。它所构建的对峙关系或者说其针对性是“无待”。正因如此，我们说，二者的联系在理论上具有一定的必然性。庄周梦蝶讨论的是“物化”，而

“无待”则是将逍遥主体或者体道主体，从人的关系、宇宙的关系中提取出来，成为具有独立价值的个体。应该说，讨论人的独立性，或从人的独立角度讲论自由，没有谁比庄子讲得更透彻了，庄子将古代的哲学发挥到了极点。但是，如果我们钻牛角尖似的一门心思只讲“无待”，那是没有领会庄子理论的复杂性。庄子的复杂性就在于，他同时讨论“物化”，以“物化”平衡可能走向极端的偏执。换言之，“无待”讲的是“独立”，而“物化”讲的是物与物之间、我与他之间、我与物之间这些异质性的存在之间的一种内在的联系，这种联系超越于一般意义的“有待”联系之上。这就是庄子思想的复杂之处，也是这两个故事之间的相反相成的意义。

我们说，这段材料可谓是一字一经。其中讲“庄周梦为蝴蝶”，有些学者便敏感地注意到是“梦为蝴蝶”而不是“为蝴蝶”，也就是说，庄周之所以化为蝴蝶，是在“梦”这种特殊的语境中才有可能的。我们前面分析到，庄子之所以启用梦的话语讨论哲学，是因为梦乃是一种广泛存在的、特殊的精神经验。对于哲学家而言，要利用梦讲述某些超过一般日常经验的特殊的精神知觉或者精神经验，是完全有意义且完全有必要的，同时也是合情合理的。正因如此，“化”实际上讲的是生死之间或者包括生死之间的整体运动。在哲学的脉络中理解生死的问题，它显然又和“终始”的概念、范畴是有关系的。

而“物化”之所以具有深刻的哲学意味，原因就在于其中包含着对照性的意识。比如我是庄周，那么，我是“主”，而我所梦到的蝴蝶是“客”。按照我们一般人的理解，主就是主，客就是客，这中间的鸿沟是不能逾越的。实际上，这是一种典型的对象化的思维模式。无论是我们的常识，还是古希腊以来的西方哲学，所使用的方法都是这种主客两分的对象化范式。但是，在“物化”的观念之下，我还是不是庄周已经不重要了。因为这个时候，主客之间的隔阂与对立，在庄子的梦所描画的哲学语境中已经被完全地破除了。因此，“物化”的概念首先破除了主客之间的对立，这是它与“无待”相契合之处。此外，以消除主客体之间的隔阂作为前提，物我合一、物我一如的境界才能得以展开。这样，所谓“我”便不再是一个自化的物体，这里的“化”也同时具有一种全局性的意味，因为它同其他的物体之间具有了一种内在的联系。而这种联系有可能是隐秘的，也有可能出现在一种特殊的场合，比如梦境中，抑或我们通过对梦境的理解才能得出这种关系。我们说，只有在庄子利用各种各样的梦境建构的语境中，我们才能将主、客之间的樊篱完全拆除，达到一种物我合一的状态。因此，所谓“物化”，其核心的思想既与“无待”之间构成一种契合的关系，又恰好补充了“无待”所讲的意思。二者放置在一起，我们会发现《齐物论》的作者具有很好的均衡感。

四、孟孙氏之梦

最后我们谈谈“孟孙氏之梦”。

颜回问仲尼曰：“孟孙才，其母死，哭泣无涕，中心不戚，居丧不哀。无是三者，以善处丧盖鲁国。固有无其实而得其名者乎？回壹怪之。”仲尼曰：“夫孟孙氏尽之矣，进于知矣。唯简之而不得，夫已有所简矣。孟孙氏不知所以生，不知所以死；不知就先，不知就后；若化为物，以待其所不知之化已乎！且方将化，恶知不化哉？方将不化，恶知已化哉？吾特与汝，其梦未始觉者邪！且彼有骇形而无损心，有旦宅而无情死。孟孙氏特觉，人哭亦哭，是自其所以乃。且也相与吾之耳矣，庸讵知吾所谓吾之乎？且汝梦为鸟而厉乎天，梦为鱼而没于渊。不识今之言者，其觉者乎？其梦者乎？造适不及笑，献笑不及排，安排而去化，乃入于寥天一。”（《庄子·大宗师》）

这段材料讲的是“孟孙氏之梦”。通过前面的讨论，我们发现，几乎所有的问题都集中在这段文本中了，包括“知”与“不知”“生”与“死”，还有“化”的概念。倘若将这段材料与“蝴蝶梦”联系起来比照的话，我们会清楚地看到，庄子所讲的“梦”与“觉”的关系，以及与之相平衡的“生”与“死”的关系，最终都要归结为“化”与“不化”。而这两个问题又正是我们所理解的“物化”的两个意思。而“物化”牵涉出的一个问题就是，应该如何突破主、客之间的樊篱？我们稍后将会讨论。

到目前为止，我们简要地梳理了《庄子》中比较有意义的哲学梦境。我们说，如果我们从“化”的角度理解梦与醒、生与死等问题，把它当作一个哲学概念观照，那么，我们便会发现，在《庄子》中，人的个体生命不仅不是大化流行中的一个刹那，也不是一个微不足道的片段。进入“化”的层次，特别是“物化”的层次，就能够超出梦、醒与生、死，进入一个特殊的领域。这是很特别的，是庄子通过梦境这个精神性的载体提示出来的。进而，还要进入庄子哲学中所包含的“永恒生命”的问题，这也是“孟孙氏之梦”的最后一个命题，所谓“安排而去化，乃入于寥天一”。实际上，这个命题是对“化”的全部问题的一个总结。

请回到问题的原点。首先，庄子将梦作为一种特殊的精神现象，在这种特殊的精神现象中，我们可以合规律、合逻辑地认为他有意识地要将一些精神境界的理论呈现出来。呈现出来之后，就会打破我们世俗意义上的梦与觉、生与死的对立。与此同时，也只有打破了二元的对立，我们才能真正地进入他所要呈现给我们的境界，这样，我们的讨论就非常有哲学意义了。其次，《庄子》中的“梦”与“觉”是对照性的，而这种对照性的背后隐含的是两个世界的对照。具体到《庄子》的文本，它一方面强调“道高物外”的精神境界，另一方面也特别强调与世俗处、与物同化，特别强调在万物之间构建一个合理的关系。进而，我们说，“两个世界”的理论之所以是隐含的，是因为庄子往往将它们融合起来，作为一个东西讲。换言之，在思想上，我们将其划分为两个世界，而在最终追求的目标上，这两个世界却又是重合的。为此，在思想史的领域内，专门的理论分析也需要先将二者分离开，然后再综合起来。这是我们研究的一个基本方法。再次，“梦”与“觉”的问题最终需要通过“化”的概念，及其建立起来的复杂理论才能解决。

五、流变的“化”与永恒的“不化”

若干年前，我曾写过一篇文章，讨论的就是“化”这个特殊的概念。首先，我们应该意识到“化”是个特殊的概念，或者说它很

“中国”，因为在西方的理论语汇中很难找到对应的关系。柏格森讲的“绵延”有些像，“绵延”即所谓的时间延续的片段，我们只能说它有些像，但是却不能完全地概括“化”，其中的原因就在于“化”的复杂性。所以说，它是特殊的概念。其次，在《庄子》的文本中，“化”这个语词在大多数的情况下应该看成哲学概念，当然，也有一些用法不足以成为哲学概念，比如“风化”，而且这个词的最初出处就是《庄子》。日常语言中说到“风化”，我们自然想到社会的风气或者精神的感染力，诸如此类。其实，“风化”就是习俗层面所观察到的稳固规律。但是，《庄子》中却有特殊的用法，是指一只雄性的鸟在树上鸣叫，雌性的在风头下听便可以繁殖，显然，这种特点不足以成为“化”的意义，虽有一些藕断丝连的联系，但也不足以纳入哲学的讨论。此外，从《老子》开始，我们生生不息的生活状态称为“化”，生命起始终结的整体过程也称为“化”。与此同时，生命生生不息所形成的轨迹，所谓“万物之途”也称为“化”。因此，“化”便不是一个形容词。

再次，我们需要考量的是早期思想史料中“化”与“变”的关系。我们说，《周易》的“易”，首先是指变化。论《易》如果不以爻变和卦变为视角，那么，它只是一个僵化的形式体系。事实上，“化”与“易”，都具有精微、微妙的“变”的意思，也就是思想能力之外的神妙不测的“变”。进而，“化”与“易”所具有的对照性，我们又该如何分析呢？所谓“易有三义”，“易”首先是“变易”，然后在其中看出“不易”，即恒常的东西，另外是“简易”，它主要是形式化的符号体系。由此可见，“易”是“易”与“不易”的综合，这对于我们理解“化”很有启发性，我们甚至可以将“易”作为理解“化”的一个参照系。

我们知道，《庄子》中一方面讲“化”，一方面又讲“不化”，甚至是在“化”中看到了“不化”。从理论上看，这二者是对峙的、背反的，况且庄子都是从正面的意义上对其进行讨论的。此外，《庄子》中还涉及“物化”这一重要的概念。我们说，如果不能解决“物化”的问题，那么，我们对于“蝴蝶梦”“孟孙氏之梦”的哲学意义便没有深刻地领悟。与此同时，我们也发现，如果单纯从“物化”所见的语境进行推敲，似乎也还是一头雾水，也还不能清楚地阐释“物化”的精微之意。我的看法是，“物化”要在“化”与“不化”相互对待、相互抗衡、相互矛盾的关系中才能理解。这是我们预先交代的线索，稍后我们将会讨论它的意义。

《庄子》中“化”与“不化”共出现70多次，这也证明了这一概念在《庄子》中不是修辞性的。此外，“造化”“大化”“万物之化”等都与哲学上理解外部世界有关系。简单地说，“化”具有“化”和“不化”两个相反相成的方面。在这种相反相成的关系中，我们推敲这一理论的精微部分，就会发现“物化”是一个非常复杂的问题。“化”主要是指宇宙生灭变化的自然过程，而这一过程又仅仅限于事物的现象。从现象上看，任何一个事物都在“化”。但是，现象的不断运动，其背后的推动者又是谁呢？或者说，这些现象是不是自己就能成为自己的本原，还是另有一个本原呢？如果说，存在这样一个另外的本原，那么，我们一定要通过合乎道家逻辑的方式对其进行理解。

我们知道“万化之途”中有各种各样的物，但是，物不能成为物的本原，这一点在哲学史上屡见不鲜。古希腊时期就曾提出典范性的解决——具体事物的“始基”经过“无定者”“无限”等的洗礼，最终要探求的是“存在”。那么，我们又该如何思考“物”的本原呢？我们说，在道家，特别是《庄子》中，这个问题是非常清楚的，“物”的本原就是“无”或者是“非物”。进而，如果我们推敲“化”的本原，那么，它自然是和“不化”联系在一起的。“化”是“唯变所适”“物极必反”等规律支配下的“物”的世界，而“不化”则指的是恒常的、凝寂不动的本原，甚至可以说，它就是“化”的“本体”。如此分析，我们不难发现，《庄子》中已经叠置了古代哲学发展的几个阶段：“化”相当于前苏格拉底时期的“论自然”，主要讲的是自然哲学，从泰勒斯到毕达哥拉斯一直都是这样的传统。而在巴门尼德、亚里士多德之后，西方哲学开启了另外的一个时代，尤其是从苏格拉底开始，哲学史转变了一个方向——它不再集中于对“自然”的研究，而是转向“美德”之类的领域。反观庄子哲学，所谓“化”，就是“物的世界”的总体规律，而“不化”则具有本体论意义，这两部分是相互对应的。至于“物化”，朱良志在《物化境界三层次》中说，物化是一种精神体验，这并没有错，但是否精确则需要进一步的讨论。在“物化”中，主、客之间的藩篱被打破，对于美学研究者而言，这一点很关键。比如宋代画家郭熙在《林泉高志》中说“每乘兴得意而作，则万事俱忘，及事汨志挠，外物有一则亦委而不顾”。我们说，“兴”是非常复杂的，是文艺研究中不易理解的。关于这一点，王国维在《人间词话》中曾给出非常精深的概括，他认为这就是“以物观物”，所谓“以物观物，故不知何者为我，何者为物”。

正因如此，从事艺术创作的学者特别关注庄子的“物化”概念，因为艺术创作的境界和体道的状态之间是比较吻合的，二者可深入切磋。“物化”即是对一种特别高级的审美经验的概括。而审美的经验又是一座桥梁，它连接着理论理性和实践理性。现代以来，康德的理论就具有这样的特色，正如古留加所指出的，《判断力批判》就是这样的一座桥梁。借助于这种观点，我们说，如果“化”讲的是自然哲学，“不化”类似于本体论，那么，“物化”则是一套包括审美意识、经验在内的精神现象和精神境界的学说。这就是问题的复杂性，并不是我们人为地要对《庄子》进行过度的解释，要把它拔升得很高。哲学家最核心的能力就是思考的成熟性。但是，这种思想的成熟性也不是一蹴而就的。对于庄子哲学，即使经过严密的分析和激烈的辩论，我个人还是倾向于要看到他思想内部的复杂性。

> 死生亦大矣，而不得与之变；虽天地覆坠，亦将不与之遗。审乎无假而不与物迁，命物之化而守其宗也。（《庄子·德充符》）
>
> 若人之形者，万化而未始有极也，其为乐可胜计邪！故圣人将游于物之所不得循而皆存。善妖善老，善始善终，人犹效之，又况万物之所系，而一化之所待乎！（《庄子·大宗师》）

首先，我们回到“化”这个概念。生死问题对于我们每个人而言都是非常关键的大问题。这里的“命物之化”已经具有明显的哲学思考痕迹，它表明死生与“化”是联系在一起的。正如梦与觉的理论，从表面上看，梦和觉是不相关的。在梦境中，我们不知道自己是谁，其中的很多场景和现象尽管不合理，但是，未醒之前却无法打破梦的逻辑。可以说，梦的世界和觉的世界互不相知，其实，死和生也是同理。

“万化”指的是“一化”，是一个无限绵延的过程。对庄子而言，“物”的世界是一个婉转流变的过程，是万化之途无限展开的过程。庄子选择从比较大的视界理解具体的物和整个世界的关系，理解人的生命和宇宙间一切生命的关系，这是具有一定意义的。比如，“万物化作”就是“化”的推行，“变化之流”就是指四季的变迁，同时也将“万物化作”的种种变化涵盖于其中。而“万物皆化”的“化”作为一个整体的过程，实际上有意识地取代了古代思想世界中常见的命运的含义，甚至用“化”这一哲学语汇重新解释了命运的含义。实际上，万化之流本身就是一个不能抗拒的过程，它具有铁一般不可挣脱的必然性，古希腊思想中的“命运”就具有这样的含义。怀特海在《科学与近代世界》一书中曾说，古希腊的思想和古希腊的悲剧是有关联的。而古希腊的悲剧所说明的就是命运，是逃脱不了的命运，譬如俄狄浦斯的弑父、娶母就是先知的寓言。可以说，悲剧给予古希腊思想以深刻的烙印，铁的必然性左右着人们，我们即使求助于神也无济于事，因为神也同样有其自己的命运。这就是庄子的“化”与古希腊的“命运”相接近之处。因此，“化”本身也是不可抗拒、无可奈何的。

诚然，古希腊悲剧的命运是古希腊哲人反思人生意义和价值的结果。将此移植到庄子，我们说，面对沛然而逝的命运牵累，庄子将宿命式的悲剧意识，转化为反思性的哲学洞见。所以，庄子的“化”不太容易与西方的语词相对应，因为它讲述的不是片段，而是整体的过程，即使是局部，也是和万化迁流的整体过程须臾不可分离的。从个体的生命状态看，“化”讲的是从生到死到整体；从宏阔的宇宙图景看，“化”讲的则是终始，是无限绵延的循环不已的过程。总之，“物之终始”“人之死生”都与“化”相关。很多哲学家认为“化”是介于生和死之间的，其间的或喜或悲都会引起情绪上的反应，但是，庄子却认为他们其实都没有洞见到无可奈何的“化”的实质，如果我们知道“化”是不可改变的，那么我们便只能接受，听其自然就是最好的办法。至此，我们的结论即是，“物”是以不断变化的方式在时空中存在的，是一个变化日新的过程，而这种状态就是庄子所谓的“化”。因而，我们以“化”作为自然哲学的基础概念，这在哲学上是具有绝对重要的意义的。

庄子的“化”，有时称作“终则有始”，有时称作“始卒若环”。如果衡量西方哲学自前苏格拉底以来的传统，那么，这种无穷尽的转化的思路则更像是毕达哥拉斯所谓的“变”(becoming)。如果我们将 being 翻译为“是”，那么，becoming 就是“变是”。显然，这和作为存在的本体论理论还是有些出入的，这也为我们接下来讨论“不化”奠定了基础——它不是西方 being 意义上的存在，它开启的是无穷无尽、循环不已的过程。进而，我们想强调的是，“大化流行”的万物之途，这样一种思想背景在《庄子》书中是很显著的，庄子多次强调要将自己融入造化或者大化流行的整体过程中。事实上，我们想和它划清界限也不太可能。如果能够认识到这一点，投入大化之中，那么就能超乎生死、齐同物我。这既是庄子所孜孜以求的境界，也是庄子思想的独特之处。

接下来，我们讨论与之相反的“不化”问题。“化”与“不化”显然呈现出一种偶合对反的关系，二者也必定是矛盾的。这里所谓的“矛盾”，我们必须在道家的对偶概念中进行使用，譬如“名”相对于“无名”、“物”相对于“无物”、“化”相对于“不化”、“有”相对于“无”。《齐物论》讲道，“一受其成形，而不化以待尽”。我们每一个个体生命中，都包含着一些稳定的质素、稳定的性质和特点，它贯穿于我们生命的始终。而这些稳定的部分却不是“形”的范畴，它指的是某些更抽象的内容。所谓“不化以待尽”，“不化”就是这样一种恒常的、不变的、具有稳定性的东西，它处于“化”之上，或者“化”的背后、反面。换言之，在“化”的流变过程中还存在着一些“不化”的因素和层面。这就是庄子在自然哲学范畴的“化”之外拓展出的思考问题的新维度。

现在，我们不妨回顾一下此前的“孟孙氏之梦”。“孟孙氏不知所以生，不知所以死；不知就先，不知就后；若化为物，以待其所不知之化已乎！且方将化，恶知不化哉？方将不化，恶知已化哉？”事实上，这段材料表达的就是一种矛盾对反的关系，这就是哲学思考的特点。此外，在“化”与“不化”的互相对立中，我们要意识到既有“化”又有“不化”，既是又不是的形态。事实上，在日常语言中，我们若想清楚地表达“既是又不是”的东西，阐明与此相关的问题，就必须使用这样的话语。

> 其分也，成也；其成也，毁也。凡物无成与毁，复通为一。唯达者知通为一，为是不用而寓诸庸。庸也者，用也；用也者，通也；通也者，得也；适得而几矣。因是已。已而不知其然，谓之道。（《庄子·齐物论》）

针对物有成有毁这样一种常识性的观念，庄子提出“凡物无成与毁，复通为一”的说法。其中，“其分也，成也；其成也，毁也”是通过一些相反状态的对照，讲述“物”的存在或者生灭变化的规律。而所谓“复通为一”，就是将成与毁、生与死、终与始这些相反的东西看成是一个问题。这里，请大家注意，如果我们将“化”的概念，或者说，“化”与“不化”的问题置于“复通为一”的命题中进行深入的讨论，那么，这里的“通”便尤其值得玩味和推敲。我们说，所谓“通”，其实就是指“化”的过程，指“化”的过程无所不在，并且，在“化”的过程中还包含着“不化”的层面，这样才有可能“复通为一”。这是比较合乎逻辑的。与此同时，我们也注意到古代一些训诂的书，直接将“道”训为“通”，这意味着“道”不是别的，它讲的就是“通”。现在看来，这种讲法对于《庄子》的理解还是准确的。那么，物与物之间何以相通？何以“复通为一”呢？事实上，这必须联系到“化”以及与之相反的“不化”，由此才能“通天下之一气”“道通为一”，而这些命题都与“复通为一”有着藕断丝连的联系。

诚然，庄子确实相当于在本体论的意义上讨论“不化”。关于这一点，道家的典籍都或多或少地留下了些许的痕迹。譬如“生物者不生，化物者不化”（《列子·天瑞》），物都处于变化之中，变生于时。换言之，只要将物放置于时间的进程中，它就都会有所变化。然而，更重要的是，在变的过程中，也就是在化物的过程中，其实还有一个“不化”的层面，这是它的本源。这就是为什么庄子在讲“化”的同时也还要讲“不化”。此外还有“与时变而不化，从物而不移”（《管子·内业》），甚至在《淮南子》《文子》这些道家后续著作中，关于这一点也反映得非常充分。由此可知，“不化”所讲论的不是物理，不是外部世界的规律问题。事实上，庄子在此将他的哲学思考和哲学语境进行了更深、更进一步的拓展，拓展为理解我们生活于其中的人文世界，理解我们的性命。换言之，是针对人的本性、针对人生的切近经验处理一些更为广泛的问题。进而，我们发现，所谓的本体论层面，实际上是将一系列的、多层次的问题联系在一起了。

> 古之人，外化而内不化，今之人，内化而外不化。与物化者，一不化者也。安化安不化，安与之相靡，必与之莫多。（《庄子·知北游》）

这里的“外化”，就是指我们外部形体、形态的变化，甚至是死亡。而“内不化”则是指精神上的意义没有改变。“今之人，内化而外不化”，这句话似乎有些批评的口吻，其实将它用到任何一个时代，即使是我们现在这个时代也是一样的。接下来，“与物化者，一不化者也”，这里的“物化”和前面作为概念出现的“物化”没有太大的关系，它是指和物一起转化，而这其中又有一个固定的“一”，这个“一”是至高不化的。实际上，无论我们思考政治学问题、伦理学问题还是心性论问题，“化”与“不化”的关系都为我们奠定下一个基础，使我们在更广阔的哲学思考空间有用武之地。所谓“内不化”的理想就相当于我们常说的“精神境界”。《山木》篇说“圣人晏然体逝而终”，圣人的境界就是生死无变乎己，将生和死看作是一个世界。那么，何以如此呢？我们说，庄子贯通生死的方法就是“化”的整体性，只有“化”才能突破这两者之间的鸿沟。“化”与“不化”，人死之后精神境界并没有消失，由此，人的价值和意义便不再只封闭于人的肉体生命中，并不是肉体损坏了，精神价值也就不复存在了。

> 夫天下也者，万物之所一也。得其所一而同焉，则四支百体将为尘垢，而死生终始将为昼夜，而莫之能滑，而况得丧祸福之所介乎！弃隶者若弃泥涂，知身贵于隶也，贵在于我而不失于变。且万化而未始有极也，夫孰足以患心！已为道者解乎此。（《庄子·田子方》）

这段材料中包含一个重要的命题——“贵在于我而不失于变”。在万化迁流的过程中，我们固然可以虚与委蛇、因物因时，随万物的波流一齐运动，但是，关键在于“贵在于我”，要有判断和把握，要有内心的世界，进而才能“不失于变”。与此同时，“且万化而未始有极也”，生命也并非是以死亡作为一个大限的。正如前面所言，《庄子》中隐含着一种永恒生命的观念，这种观念可以超越死亡的界限。如果说我们常人的肉体生命是以“物”的形态出现，那么，“贵在于我而不失于变”的“我”便可视为精神的存在。而庄子所谓“真性”“性命之情”“诚心”等与“道的真理”相关的种种阐述，其实讲的都是“贵在于我”这个大写的“我”。这个“我”相当于“吾丧我”的“吾”。因此，理解“内不化”“贵在于我”的基础即在于获得了“道的真理”或者说在内在的精神体验中呈现了“道的真理”。显然，《庄子》中的“化”“不化”“内化”“外化”等问题，与自然哲学的诸问题相比更进了一层。它拓展出一个十分广阔的思考空间，我们可以将复杂的人生经验容纳于其中并加以考虑。所以说，“不化”确实有其复杂性。

此外，包括《庄子》在内的道家著作，经常会将“神”和“化”结合起来讲，譬如“神与化游”“变化若神”。我们说，“神”的含义十分复杂，其中的一个含义就是指对于“道的真理”的洞见能力，因为我们无法言说的种种状态就需要用这样的符号进行提示。所以，沿着道家的思想逻辑，我们便很容易理解“神与化游”。“神”相当于“葆光”“天倪”等对于“道的真理”的直觉体验，这样的体验可以“化游”，就是说它本身是不化的，它与“化”达成了某种和谐的关系。换言之，将自己的生命与大化的整体联系在一起时，还保留了精神高于物外的境界。还有一种说法是“精通于灵府”，

“精”与“神”的含义相似，而“灵府”我们一般解释为“心”，但实际上不能解释为“心”。古人常把“心”看作一个小房间，房间里还有几个院子，一进来的院子住的是思量的心，再往后、往里走得更深入一点就是“精舍”，住着“精”或者“舍”，这也称为“灵府”。又比如，庄子将机心与常心分别之后，常心所住之处就是“灵府”。因此，“灵府”并不是一般意义上的心。正因如此，陶渊明说“形迹凭化往，灵府常独闲”。可见，陶渊明确实已经达到了一种很高的思想境界和艺术成就，在他的思想中对于道家哲学的领会还是非常深入的。

六、物化：审美意味和永恒生命

最后，我们讨论“物化”的问题。首先，“物化”要在“化”与“不化”的相互对立关系中理解，它是介于“化”与“不化”之间或超乎“化”与“不化”之上的一个概念。我们前面讲到的“蝴蝶梦”，对它的精确表述应该是“庄周化蝶”，庄周化为蝴蝶。这是“物化”的第一个出处，所谓“周与蝴蝶必有分矣”，庄周梦为蝴蝶的状态称为“物化”。由此可见，“物化”所欲解决的一个问题，就是“蝴蝶梦”中“梦”与“觉”这两个世界如何贯通的问题。实际上，“梦”与“觉”，“生”与“死”，它们都是通过“化”贯穿起来的，而在这种贯穿中“化”本身又并没有变。这样，我们便能将在常识的观念中对立的两个世界打破，将主客、梦觉、生死放在一个更大的背景下重新思考，通过这样一种方式重新界定我们生命的价值和意义。这才是“物化”理论的核心。

> 工倕旋而盖规矩，指与物化而不以心稽，故其灵台一而不桎。忘足，屦之适也；忘要（腰），带之适也；知忘是非，心之适也；不内变，不外从，事会之适也。始乎适而未尝不适者，忘适之适也。（《庄子·达生》）

工倕在进行实际操作的时候，“指与物化而不以心稽”，达到一种本能的动作。我们观察普列特涅夫弹钢琴的时候，他的手就好像是在自发地动作，而不诉诸理性思考予以支配，这就是实践知识、实践智慧的特点。我们说，庄子在实践的知识中讲“指与物化”，讲手与对象不分彼此、合为一体，甚至是自发的、本能的动作将它们连接在一起的，这对于艺术创作而言是非常重要的。随后是“故其灵台一而不桎”，“灵台”即深层意义上的心，“一而不桎”即非常地专注，没有束缚、非常活跃。

一般而言，我们要想操作工具就必须借助于手，手就是工具的工具。而庄子哲学强调的是，我们与外物的关系，“心”“手”“物”这些对象之间的关系，必须达到一种合理的状态才能体会“道的真理”。在此，请大家回忆一下《养生主》篇“庖丁解牛”的故事。庖丁解牛“合于《桑林》之舞，乃中《经首》之会”。本来杀牛应该是肌肉撕裂的声音，而庄子这里却在讲述一种美妙的音乐。他把我们生活中的血腥场面转化成了艺术表演，这是具有重要意义的。那么，庖丁何以能够“游刃有余”呢？这是因为他“依乎天理”“因其固然”。请大家注意，庖丁手里的刀不是一般的刀，一般人的刀用几天就钝了，而庖丁手里的刀已经和他达成了和谐、理想而非与物相离的状态。由此，我们说，“心”“手”的合一是非常重要的。

又比如《列子·黄帝》篇讲述列子御风的状态时说：“心凝形释，骨肉都融；不觉形之所倚，足之所履，随风东西，犹木叶干壳。竟不知风乘我邪？我乘风乎？”这是说列子和风之间已经泯合为一了，这也正是我们强调的克服了主、客之间对立的“物化”。关于这段话，苏东坡评价为“风不知有我，我亦不知有风”，进入了这样一种状态。文艺学中讲的“以物观物”“无我之境”也都与这些内容相关，比如与苏东坡同时代的文与可，苏轼说他“画竹不见人”——“岂独不见人，嗒然遗其身。其身与竹化，无穷出清新”。这里的“竹化”就是说他所画的竹子已经和人融为一体了。塞尚也曾说过这样的话：我们要想画一幅画，就要忘了，使我们的内心沉寂下来、平静下来，然后我们的手拿着画笔在画布上才能勾勒出物的本质。换言之，画家如果要想深入了解他所描绘的对象，以至于与它融为一体，就要在客体中，在自己所要表现的对象中发现自己。我们说，以上这些正好可以与庄子的思想相互映照。这样，我们便将“物化”引发出的问题，与我们的生活经验、艺术创作的内在体验联系在一起了。此外，我们再看陶渊明的《饮酒》诗的名句：“采菊东篱下，悠然见南山。”有一种评论说“境与意会”，指的就是“境”与“意”、“情”与“景”完全地融合在一起。我们在这句诗中没有看出刻意的痕迹，这是很了不起的。采菊的时候本没有打算看山，但是山却映入了我的眼帘。我与山之间没有功利的目的性考虑，或者通过思考而使我与山结合在一起。这种介于有意无意之间，非言说可尽的意义就是所谓的“通乎物之所照”，它启示的境界是非常了不起的。

由此可见，庄子“物化”概念的意义在于，既揭示了庄子与梦中的蝶、与水中的鱼之间的关系，也揭示了庖丁手上的刀、手与牛之间的关系，更强调了列子与风之间的关系。凡此种种共同开辟出一种特殊的哲学思维——没有落入主客两分的窠臼，突破了主客两分的模式。它摆脱了古希腊以来固定下来的主客二分的哲学范式。显然，中国哲学与古希腊哲学形成了一种强烈的对照，“物化”并不是以一种对象化的思考方式进行的，从这种意义上讲，“物化”比西方的“契合”更深入一层。《达生》一篇曾追问“物与物，何以相远”的问题，也就是物与物之间彼此不同的根据是什么。然而，结合这一讲的讨论，我们想要追问的却是“物与物，何以相近”。这里的“相近”在《庄子》中有很多类似的描述，比如“同”“大同”“玄同”“通”等等。对于庄子而言，这肯定是有意义的问题。尽管庄子对此没有给出具体的答案，但是，按照我们对于庄子的理解，我想有以下几个概念或命题值得大家关注，比如“通天下一气”“道通为一”“物化”。“道通为一”是指主体消融于对象之中，无分主客，呈现出主客混合、主客消融的境界。“物化”是基于“化”与“不化”并超越于“化”与“不化”的对待关系。我们看到，以“物化”的理论为基础，便可以更加清晰地阐释物与物之间的相通关系。进而，将“物化”的理论联系到“梦与觉”的问题，若想打破梦觉、生死的隔膜，穿越梦觉、生死之间的鸿沟，就必须通过“化”。也可以说，在《庄子》中，既隐含了一个永恒生命的观念，同时也隐含了一个多维世界的概念。一个世界与另一个世界之间的关联，正是通过“化”“物化”这样的桥梁建立起来的。或许，这些思想对于现在来说是骇人听闻的。但是，请大家注意，这些内容都是不寻常的，它们都是哲学家脑子里的系统建构。从这种意义上讲，庄子哲学取得了超越前人甚至睥睨千古的卓越成就。

第十一讲　游心乎德之和：逍遥自由的精神

今天我们讲“逍遥”。《庄子》的第一篇就是《逍遥游》，“逍遥”代表了庄子哲学的核心内容和基本特征。那么，“逍遥”是什么意思呢？

一、精神高于物外

考诸早期典籍，“逍遥”这一语词并不习见，《礼记·檀弓上》记载孔子将死有“逍遥于门”的说法，《楚辞》中也多次出现“逍遥”一词。或许，我们不能排除“逍遥”是楚方言的可能性。此外，“逍遥”语词也不见于《说文解字》，一般考证认为“逍遥”两字原作“消摇”，例如《礼记·檀弓上》《淮南子·原道训》，但是，我个人以为，从思想的角度分析，这种做法意义并不大，问题的关键并不在这里。《淮南子·俶真训》还将“逍遥”写作“霄雿”呢。同样，查字典往往也找不到什么答案。比如说我们翻开《方言》，会看到这样的话：“遥、窕，淫也。九嶷荆郊之鄙谓淫曰遥，沅湘之间谓之窕。”这对于把握庄子语境中的“逍遥”有什么意义呢？试想，倘若将“逍”“遥”两字的意思分别说清楚，把字典的意义讲解得非常透彻，就能准确地揭示“逍遥”的思想含义，透彻地理解庄子哲学了吗？当然不能。从语文学的规律上看，“逍遥”是连绵词、叠韵词，道家著作中常见的叠韵词还有“恍惚”“混沌”“倏忽”“窈冥”等。这些词的一个特点就是，构成它的两个字的字义相近或相同，字序颠倒而含义不变，比如“恍惚”可以写成“惚恍”，语文上不分彼此也毫无差异。此外，连绵词和叠韵词的另一个特点是，它们往往表征状态，这一点非常重要。

由此，我们便需要追问，“逍遥”一词究竟是不是一个严格意义上的哲学概念呢？这个问题涉及如何从哲学的角度理解“逍遥”在庄子哲学中的地位与作用的问题。实际上，从哲学上分析庄子的“逍遥”还是比较困难、棘手的。因为中国哲学研究的基本参照系还是西方哲学，应该说，比较典型的哲学形态，比如古希腊哲学，都意在强调知识而不是意见，强调获得真正的知识而不被意见所支配，并由此形成比较精确的概念和严格的论述方法。然而，按照这样的哲学传统、参照这种理论范式阅读庄子的《逍遥游》篇，分析和把握“逍遥”的精神实质确实相当困难，我们常会有怅然迷惘无所适从之感。

此前的几讲中，参照古希腊以来西方哲学传统的理论视角，我们越发觉得庄子哲学已然显示出复杂的面向，越来越倾向于心性论、精神哲学和境界形而上学的理论旨趣。为此，我们不得不大幅拓展理论视野，以适应庄子哲学的理论范围。与此同时，我们当然也渐渐失去西方哲学较为成熟的范式赋予我们的参照系。这样一来，我们便进入了庄子哲学，也可以说是中国哲学最具特色的部分。总之，在前面的讲述和分析中，我们坚持通过与西方哲学进行参照，在深入的对话、切磋的背景下展现庄子哲学的主要内容和基本思考特征。希望大家能够留意这种方法，并能在方法论上保持强烈的自觉，因为这对于中国哲学的研究来说十分重要，甚至具有典范意义。

我常讲，无论是教学还是研究，《逍遥游》一篇无疑都是一个挑战。我个人的阅读经验是，开卷欣然，不忍释手，终篇之时，却是云里雾里、不得要领。或许我们会觉得这一篇很高很妙，但是，它妙在哪里呢？哲学意义又是什么呢？如何针对那些“妙味”进行清晰而有条理的理论分析与阐述呢？这才是更复杂的问题。

接下来不妨主题先行，首先探讨一下“逍遥”的本质。《庄子》“逍遥游”的理论本质就是“精神高于物外”，也可以说《逍遥游》隐含了古代哲学的自由理论。“精神高于物外”的“精神”与现代汉语中的“精神”有些不同，古之“精神”含义复杂，交织于复杂的身体因素之中，与身体的机制和生理的状态不无关系。身体和思想具有隐秘联系。这里的“精神”二字并不是在身心两元分立的意义上使用的，“精神高于物外”描述的是一种状态、一种境界。在庄子看来，“道”不是物而是物的本原与根据，与此同时，“道的真理”又可以在“通于神明”的精神状态、精神境界下呈现在无知、无为的“常心”——“心中之心”中，换言之，所谓“道”，乃是某种特殊的精神状态和精神境界。因此，“精神高于物外”也就是“道高物外”“澄澈神明之精，以与天和相婴薄”“以道观之”的另外一种说法，而“逍遥游”即指高迈超越的精神境界（不仅仅是思想境界）。这就是庄子哲学所说的“自由”，换言之，经过梳理与重建，我们可以在庄子哲学的内部确立“自由”观念。

所谓的“自由”观念，章太炎先生曾说，《逍遥游》所展示的“自由”、《齐物论》所阐论的“平等”，乃庄子思想的核心。显然，他是以近代的观念作为参照，重新发现了《庄子》的价值。事实上，构筑我们现代“自由”观念的思想资源大多是西方近代以来的社会政治运动及其哲学思考，近代哲学中的“自由”含义就是自由选择，自己决定自己的命运，不依靠上帝和鬼神，德国古典哲学的核心之一就是“自由”。康德哲学尽管十分复杂，但“人是自由的”这一命题则是他最后且最根本的命题。哲学家的工作，其所有的深刻思考、所有的抽象论证最终都将指向一个归宿。中国古代思想世界中的“自由”语词最初可能出自高诱的《淮南子注》，出自道家的思想语境之中。它的意思是“从自己出”，并没有近代哲学以来所讲的“意志自由”的含义——别人不可以强迫我，这是近代观念中有关人性乃至人的价值的一个基础。由此，我们清楚地意识到，古代所讲的“自由”与现代所讲的“自由”差别很大，而我们讨论的则是庄子的“自由”。

庄子通过“逍遥”和“游”的概念阐述了古代哲学的“自由”观念。我们说，庄子的“自由”概念具有如下的特点：首先，它不是“意志自由”，因为意志自由需要诉诸主观意愿。其次，它包含有“被动智慧”（passive wisdom）的意义，道家所说的“自由”确有这样的特点。相比之下，儒家一般不讲“自由”，儒家也几乎没有使用过这样的语词，这更说明庄子哲学中的“自由”问题值得另眼看待。那么，问题的关键在于，我们如何理解庄子哲学中的“自由”

问题?

其实,《庄子》中的“自由”是相对于“有待”这一概念而讲的,而与“有待”相对的又是“无待”,整篇《齐物论》几乎就是旨在阐明和论证这一点。所谓“有待”,就是有所凭借、具备各种各样条件的意思。我们之所以在这间教室听课,正是因为具备了各种各样的条件才能如此,比如,你有学籍,选修了这门课,在食堂吃饱了饭有力气走过来,等等。有一次,费孝通先生在北大讲社会学,讲到社会角色和社会圈子时,他说,在座的各位将来毕业后,就会知道这是很重要的人生资源,因为你拥有了一个社会圈子作为自己事业发展的背景。然而,这种种的社会圈子,在庄子哲学的角度看来,却都是“有待”,它可能产生负面作用,甚至陷入异化状态,因此,庄子更强调“无待”。而所谓的“无待”,就是摆脱所有的条件。那么,摆脱了所有的制约、束缚和条件之后,剩下的又是什么呢?剩下的就是最本质、最重要且不可让渡的那个东西,剩下的就是人性中最核心的部分——“自由”。实际上,“待”或者“有待”是生活中的常态,几乎所有人都不可避免地凭借他人、依赖社会以安身立命,但是,我们知道,庄子擅于从反面思考问题,揭示日常生活中习焉不察的真理。

《庄子》中记载了一则很有意思的“列子御风”的故事,同样,这个故事也载于《列子》。我们先来看看庄子是怎么说的:

列子御风而行,泠然善也,旬有五日而后反。彼于致福者,未数数然也。此虽免乎行,犹有所待者也。若夫乘天地之正,而御六气之辩,以游无穷者,彼且恶乎待哉!(《庄子·逍遥游》)

列子乘风飘飘然而来，自己觉得挺了不起，可庄子却觉得他的境界还不够高、不尽妙，质疑说，你毕竟还有待于风，所谓“犹有所待”。庄子的意思是说，把“风”这个因素也去除掉，不要凭借它，才可称作“无待”，这就凸显了自由的意义。进而，通过“无待”分析庄子的“自由”，便不能不提到“独”与“立”。因为“无待”就意味着“独”“立”。庄子曾说“遗物离人而立于独”，“独”“立”尽管是孤零零的，但却可以傲然“独与天地精神相往来”，这是何等的气象！顺便提一下，《列子·黄帝》更发挥了物我混冥之物化说，其述列子之“神游”曰:“心凝形释，骨肉都融；不觉形之所倚，足之所履，随风东西，犹木叶干壳。竟不知风乘我邪？我乘风乎？”可以视为对庄子“无待”思想的进一步发挥。

我们说，“自由”这一概念，它并不是一个经验的东西，换言之，它并不出现在经验中，日常经验中的我们也感觉不到“自由”。“自由”如果是一种感觉，那就意味着你的眼睛能够看到，鼻子能够闻见。我们当然可以说闻见了自由的气息，但这只是比喻而已，不是对它的真实描述。那么，我们可以经验的又是什么呢？我们可以经验的都是“不自由”，亦即“自由”的反面。那么，按照道家的思想逻辑，对这种种的经验上的不自由加以否定，即加个“无”之后，就等于“自由”。“自由”就是所有“不自由”的反面。庄子曾说，鱼在水中优游于水，它根本感觉不到水的存在，但你把它放在岸上，没有了水，它便有了失去水的痛苦知觉。由此可见，道家思想自有其独特逻辑，我们应该通过认真地思考发现其中的逻辑。

总之，“逍遥”本质上是一种精神境界，也是一种特殊意义上的“自由”。换言之，庄子的“自由”理论，交涉于心性论、精神哲学和境界理论等多个层面，这是我们理解庄子自由理论的基础。而心性论与境界说作为某种哲学理论又是中国哲学所独有的，是在西方哲学中找不到明确对应物的。那么，对于心性论和境界说的探讨与把握，以一个不恰当的比喻说就是孤军深入，因为我们并没有一个参照系，也找不到一个与它相似的理论形态可以互相比照。在此，我们再次回顾之前的讲授与讨论，我们分析了庄子哲学中的“知识论语境”，展开了人性论和伦理学的探讨，也花费不少时间澄清了道物关系——相当于今天所说的“自然哲学”“本体论”的内容。由此，我们发现，庄子哲学的这些重要理论，似乎都指向了一个更加重要的方向，即心性论。我们说，这种思路与观点是逐渐形成的，它足以概括庄子哲学的理论特征。而“逍遥”的概念及其理论正体现出心性论哲学的核心内容与主要特征。

二、卮言提示逍遥之境

庄子更通过“卮言”描摹其“逍遥游”的精神境界，正如他以此刻画出“道的真理”的性质与特点一样。“卮言”是庄子哲学叙事的重要方式，它与“寓言”“重言”合称“三言”。然而，“卮言”似乎比其他两“言”更为重要。“卮言”是一种什么样的语言？它在庄子哲学理论中的建设性作用又是什么？以前我们语焉未详，现在则可以通过具体的文本讨论之。

今天我们选取讨论的几段庄子文本几乎都是“卮言”，因为庄子特别善于运用“卮言”构建起一套“精神高于物外”的“逍遥”理论，而这些理论又是庄子哲学的核心部分。“卮言”不是修辞意义上的一种技巧，倘若只将它看作是文学上驰骋想象的一种功能，那么，便还没有理解“卮言”的意义。认识“卮言”在哲学思维和表达上的重要作用，这是我们所要进行的基本工作。我们说，“卮言”反映了庄子语言中最特殊的部分，庄子关于精神自由的描述，都是通过“卮言”这种特殊的话语来表述的。表面看来，“卮言”更像诗，更像文学的语言，是诗性的智慧，而非严谨的逻辑论证。事实上，卮言诉诸诗意的言说，或者说，庄子以这种形式讲论他比较核心的理论，这些都不足以说明庄子不具备严谨思考、逻辑论证的能力。相反，通过前面几讲的讨论，我们发现，庄子具有强有力的逻辑能力和精确的讲论能力，他的理论结构相当严谨且条理清楚。既然他并不缺乏这样的本事，那么，讲论“逍遥”和“精神高于物外”的时候，他为什么要启用“卮言”呢？这是很耐人寻味的。

以我们对于哲学发展史的把握来看，哲学最早的发轫期，是一个理性主义长足发展的时期，只有这样，我们才能进入一个反思的阶段。理性精神发展到一定程度，便使用逻各斯来表述。逻各斯不仅是一种原则、规律，它还是一种言说。这种特别的言说，它所针对的就是神话。所谓神话，其明确的指向就是一些古代的传说、传奇，诸如荷马史诗中讲述的那些非人非马的怪物、人神同构等等。而哲学与历史，作为人文科学都是一种逻各斯，即一种清晰的论证。我们说，庄子并不缺乏这种逻各斯的精神，但是，他倾向于用与逻各斯相反的方式讲述他的核心理论，这其中自有他的道理。

首先，“卮言”容纳了更多的思想解释和体验的空间。“逍遥”作为一种精神状态必须诉诸内在体验，因为人的精神状态本身就属于切身体验的范围，这和物的状态还不一样。物的状态具有时间、空间、动量等要素，我们可以借此把握物的性质，而我们的精神层面更复杂。但是，“卮言”打开了一种哲学言说的方式。其次，结合前面的“无名”理论，我们知道，“卮言”更加充分地体现了道家的“不言之教”。换言之，“卮言”就是“不言之言”或“无心之言”。在各种各样的古代注疏和笔记中，“卮言”往往被理解为不是一般意义上的“言”（言说与表达）。譬如《逍遥游》中“藐姑射之山，有神人居焉”一段，“藐”与“邈”相同，是邈远的意思。这里的“姑射山”也出现在《山海经》中，其中的《山经》《海外经》都曾提到“姑射之山”“北姑射之山”，《海内北经》还说“列姑射，在海河洲中”。这说明，《庄子》的一些素材来自传说，他以此为基础，加工形成了一种典型的“卮言”。譬如“有神人居焉，不食五谷，吸风饮露”等内容就是《山海经》中所没有的。这是第一个例子。由此可见，庄子倾向于采纳神话、传奇等“五经”“六艺”所不载的文本素材作为“卮言”的素底，取舍之际，显然隐含着比较重要的思想意义，因为“诗云”“子曰”的儒家经典与所谓“怪力乱神”的诸文本（如《山海经》）之间差异明显，思想上的对峙性也很强烈。

另外的一个例子是《至乐》篇“鲁侯养鸟”的故事。这个故事在《国语·鲁语》中曾有一个简略的记载：有一种叫“爰居”的海鸟（有人以为就是凤凰），一动不动地在鲁国东门之外停了三天，大家都觉得很奇怪，以为要发生什么事情。于是，臧文仲便率领人们祭祀这只鸟。这是史册上记载的一个非常简短的故事，庄子对此进行了艺术的加工，将其改编成为这样一段思想文本：

> 昔者海鸟止于鲁郊，鲁侯御而觞之于庙，奏九韶以为乐，具太牢以为膳。鸟乃眩视忧悲，不敢食一脔，不敢饮一杯，三日而死。此以己养养鸟也，非以鸟养养鸟也。夫以鸟养养鸟

者，宜栖之深林，游之坛陆，浮之江湖，食之鳅鲦，随行列而止，委蛇而处。彼唯人言之恶闻，奚以夫譊譊为乎！咸池九韶之乐，张之洞庭之野，鸟闻之而飞，兽闻之而走，鱼闻之而下入，人卒闻之，相与还而观之。鱼处水而生，人处水而死，彼必相与异，其好恶故异也。故先圣不一其能，不同其事。名止于实，义设于适，是之谓条达而福持。（《庄子·至乐》）

这个例子表明，《庄子》中以“卮言”的方式表述的一些内容，在某种程度上取材于古代传说，甚至《国语》的一些内容也有可能取材于当时口耳相传的一些传说。但是，与史书相比，《庄子》形成了自己独特的叙事方式。首先，他对故事素材进行了近乎无限量的夸饰，随后话锋一转，事与愿违，在贡献了大量祭品之后这只鸟突然死了。紧接着，庄子评论道，这不是根据鸟本身的特点来养鸟，而是以人的方式来养鸟。很明显，这已经进入了哲学讨论的语境。庄子认为“以鸟养鸟”应该“栖之深林，游之坛陆，浮之江湖，食之鳅鲦，随行列而止，委蛇而处”，保持鸟的自由与自在才是问题的关键。表面上看，这些夸饰都是一些文学上的修辞，但是，修辞本身并不是他的目的。庄子的最终目的是指向一个结论。具体到这段材料，其结论即是究竟应该“以鸟养鸟”还是“以人养鸟”？这个问题本身便意味着需要进入更复杂且更绵密的哲学语境中进一步地讨论。

由此可见，“卮言”与庄子的哲学思考确实是紧密地结合在一起的，这是“卮言”出现的重要意义。作为“不言之言”“无心之言”，庄子思想中超绝名相、精微隐秘的部分都需要以“卮言”的形式讲述。“卮言”既可以使人进入一个开放的思想文本，同时，它又拒绝了某些人的进入，倘若有些人不理解、不认同这种言说方式，则将不得其门以入。总之，庄子高谈阔论“逍遥游”之时，并没有吝惜笔墨，他用渲染性的、夸饰性的甚至表面看来属于文学性的方式讨论“逍遥”，终究还是为澄清某些哲学问题服务的。下面，我们将具体地讨论与“逍遥”若干相关的问题并探析其具体内容。

三、乘物以游心

我们反复强调，“逍遥”与“游”的概念及其理论比较复杂，但却是庄子哲学的核心内容。然而，《庄子》中“逍遥”语词出现的次数却并不多，就有六七次。诚然，词频的统计在某些时候不具有特别重大的意义，但是，在另外的一些时候却有助于我们更好地分析问题。试想，一个在七八万字的文本中仅出现六七次的语词，我们为什么说它非常重要呢？其实，还有一个与“逍遥”非常接近甚至几乎同义的语词，出现的频率比较高，这个语词或概念就是“游”。据此，我们可以说，“逍遥”—“游”这一概念非常重要，因为它在《庄子》中被反复地、多方面地加以阐述。

所谓“逍遥游”，“逍遥”指的是一种状态，“游”其实也是指一种状态。如果一定要在二者之间加以分别的话，我们只能说，“逍遥”更偏重于精神境界的展现，“游”则主要描述行动的性质和状态，而这两个语词的含义是非常接近的。不仅如此，庄子更将这两个语词强化为哲学概念。日常话语中的“游”往往意味着诉诸行动，称其为“有目的的行动”也未尝不可。可是，“游”本身并不具有某种严格意义上的“责任”意味，同时，它也并不具有强制性。从哲学上讲，“游”具有“无目的性”，这层含义无疑是由庄子所赋予的，旨在排除和瓦解那种“目的性”行动。所谓“目的”，从一个比较宽阔的视野分析，人的任何行为都在“人文动机”的支配之下，这是人与动物的不同之处。比如，一只生活在沼泽中的兔子，你猎杀它时，它会逃窜，由于它对沼泽的地形非常熟悉，它便能够在里面自如地跑。显然，这种行动方式与人的行动方式非常不同。人追逐一个猎物，不达目的誓不罢休。人的行为模式——“人文动机”，一般都是社会性的。这种社会性的“人文动机”在常人看来是有价值的，是人所从事的有意义的社会行动的指针，然而，庄子哲学中的“游”却要解构这种“人文动机”。因为在道家看来，强烈的目的性往往会给人们带来灾难，小到个人生活琐事，大到社会政治运动。

心理学上曾经有个实验，内容是在地上放置一个没有瓶盖的瓶子，然后试图将一根筷子扔进瓶中。这个实验在我们精神松弛的情况下往往很容易完成。但是，如果附加上一个条件——扔进去奖励一百万，否则砍掉一只胳膊。在这种情况下，人们的手往往会颤抖，从而很难扔进去。这就是心理学上的“目的性颤抖”。也就是说，在目的性很强的时候，我们的行为就有可能偏离正常的状态。不仅如此，从整个社会、人类生活共同体的角度看，盲动的社会政治运动总会造成非常深重的创伤与苦难。所以，我们亟须反思、检讨人类社会行动背后的种种“人文动机”。鉴于此，我们说，道家哲学的确非同凡响，它有自己非常深刻的洞见。尽管道家也承认完全没有任何的目的是不行的，但是，一旦有人强调这种目的性的话，道家便会从反面揭示出这种做法的弊端。道家对于“人文动机”的抵制和反对集中地体现在《庄子》“游”的概念中。

以上我们不惮词费地反复讨论了道家的精神实质。下面，我们将使用道家自身的话语对其进行精确的描述——

> 今子有大树，患其无用，何不树之于无何有之乡，广莫之野，彷徨乎无为其侧，逍遥乎寝卧其下？（《庄子·逍遥游》）
>
> 子独不闻夫至人之自行邪？忘其肝胆，遗其耳目，芒然彷徨乎尘垢之外，逍遥乎无事之业，是谓为而不恃，长而不宰。（《庄子·达生》）
>
> 古之至人，假道于仁，托宿于义，以游逍遥之虚，食于苟简之田，立于不贷之圃。逍遥，无为也；苟简，易养也；不贷，无出也。古者谓是采真之游。（《庄子·天运》）

这表明“逍遥”的核心在于“无为”。我们说，“自然”与“无为”属于两个层次的问题，相较起来，“无为”或者“无”的理论更广阔、更深远。而这些更广阔、更深远的内容又是同精神哲学——“精神高于物外”的理论相关联的。

接下来，我们着重分析“游”这个概念。尽管庄子“卮言”式的论述恍惚其辞，不容易把握明确的指向，但是，只要我们找到一种合乎其固有逻辑的方式，就有可能呈现庄子的思想特征。实际上，庄子关于“游”的论述大致可以分为以下几类：

> 乘云气，御飞龙，而游乎四海之外。（《庄子·逍遥游》）
>
> 乘云气，骑日月，而游乎四海之外。（《庄子·齐物论》）
>
> 游乎尘垢之外。（《庄子·齐物论》）

这几条材料无疑都是对于超人（神仙）的描述，也是对逍遥境界的描述。马王堆曾出土了一幅帛画，叫作《驭龙图》，画中描绘的是仙人骑着龙的场景。更为重要的是，这幅画是同道家类文献放置在一起的。显然，这一类论述的特征就是“游乎……之外”，“游乎四海之外”“游乎尘垢之外”都是“游乎方外”。

> 乘夫莽眇之鸟，以出六极之外，而游无何有之乡，以处圹埌之野。（《庄子·应帝王》）
>
> 故余将去女，入无穷之门，以游无极之野。（《庄子·在宥》）
>
> 吾愿君刳形去皮，洒心去欲，而游于无人之野。（《庄子·山木》）

这一类表达的特点是“游……之野”“游……之乡”，都是“无”或“无人”之境。这表明一种什么样的思想倾向呢？事实上，当我们跟随着庄子进入这样一种语境时，便会发现，中国文化在很大程度上经受了庄子气质的熏染。比如，写意的山水画，画面中经常没有人，只是画一个亭子或者一个房间，所谓“亭下不逢人，夕阳淡秋影”。即使有人，也是一个孤立的人，不会是一群熙熙攘攘的脑袋挤在一个画面中。由此，我们便可想象这样一个画面：在寂寥空旷的宇宙中，在没有人的宇宙中，突然地出现这么一个“逍遥游”的人。不仅对于这个人，对于整个世界来说，都赋予了特别的意义。这是值得我们认真思考的。

> 出入六合，游乎九州，独往独来，是谓独有。（《庄子·在

宥》）

夫明白入素，无为复朴，体性抱神，以游世俗之间者……（《庄子·天地》）

人能虚己以游世，其孰能害之！（《庄子·山木》）

唯至人乃能游于世而不僻，顺人而不失己。（《庄子·外物》）

庄子在此反复地讲述“虚己以游世”“游于世”，这里的“游于世”其实就指“游于人间世”。如此看来，“游乎九州”“游（于）世”便和“游于无人之野”“逍遥乎无事之业”存在着矛盾和出入。难道这两种“游”完全风马牛不相及吗？甚至，这一类与“游乎四海之外”也不太一样。我们说，前两类“游”的特点和性质与“游”的第三种形式反差强烈，理论张力明显。那么，我们又该如何认识它们之间的差别呢？

乘物以游心，托不得已以养中。（《庄子·人间世》）

游心乎德之和。（《庄子·德充符》）

游心于淡，合气于漠，顺物自然而无容私焉。（《庄子·应帝王》）

吾游心于物之初。（《庄子·田子方》）

胞有重阆，心有天游。（《庄子·外物》）

实际上，前面三种类型的“游”，其分歧只停留于表面。更重要的是，《庄子》文本自身已经展现出弥合上述分歧的某种倾向——他提出一种新类型的“游”，即“游心”。较之前面三种类型，“游心”

更能凸显庄子“逍遥”思想的特质。这是因为“游”不是能够看得见的，凡是能够看见的，都只是呈现于外的表象。而既能游于纷扰的人间世，又能穿行于无边的旷野的“游心”便只能转为某种内向精神的超越。如此看来，将前面三种类型的“游”都归结为“游心”是具有相当的合理性的。另外，“游心”的“心”不是机诈、巧伪的心，它指的是“无心”、寂然不动的心。因此，我们需要从“常心”和“无心”的层面理解“游心”，需要在心性论的脉络中思考“游心”，思考“逍遥”和“游”这两个概念及其理论。

进而，如果以庄、老的区别与联系为视角，那么，“逍遥”理论无疑是对“道德之意”的深化。老子开创的道家学派，经过庄子的继承和发扬，“道德之意”一直都是道家的思想框架与核心内容。与老子相比，庄子超越了社会政治和伦理的层面，表现得十分挺拔，具有一种“道高物外”的精神气质。此外，《庄子·山木》篇的“乘道德而浮游”更鲜明地将逍遥的境界归结为“道”与“德”，我们说，“乘道德而浮游”的另一种表述就是“游心乎德之和”（《庄子·德充符》）。由此可见，“游”依托于“道德之意”并且也丰富了“道德之意”，而“和”（即和谐）则属于关系范畴，这就意味着最高意义上的“和”（和谐）只能是普通的和谐。“游心乎德之和”针对的问题就是世人沦丧于与物相刃相靡，盲目而可悲的状态。庄子认为，这是人的“倒置”，是一种头朝下的生存状态。而“逍遥”与“游”这种最高意义上的和谐，则超越了一切的对立关系，其核心意义在于而且系于精神升华和境界超越，可见“道高物外”与“游心乎德之和”实际上是一个意思，都是表达超然物外的境界语。“逍遥”“游”的概念及其理论明确指向了这种心性论语境下的精神境界，同时也只有诉诸心性论和境界哲学才能真正理解和把握“逍遥游”的哲学意义。

四、独与天地精神往来

庄子哲学关于精神境界的阐述既丰富又深刻，应予更多的关注，值得我们多费一点笔墨，多花一点口舌，继续讨论其中的相关问题。下面两段话大家可能比较熟悉：

> 泉涸，鱼相与处于陆，相呴以湿，相濡以沫，不如相忘于江湖。与其誉尧而非桀，不如两忘而化其道。（《庄子·大宗师》）
>
> 孔子曰："鱼相造乎水，人相造乎道。相造乎水者，穿池而养给；相造乎道者，无事而生定。故曰，鱼相忘乎江湖，人相忘乎道术。"（《庄子·大宗师》）

“逍遥”既是一种超然物外、邈远的精神境界，也是一种沉潜人世、游戏的人生姿态。若想达到这种境界、姿态，就不得不忘怀得失，忘怀名利，从精神上解脱人生的缧绁——编织起来的密不透风的社会关系网络。因此，庄子特意点化了一个“忘”字，进而，以哲学思想的穿透力讲论人的精神解放问题，这就是“相忘于江湖”的理论。

庄子说，池塘干涸了，鱼都聚集到陆地上，鱼和鱼之间为了表示相亲相爱，便相互用唾液解决危难，缓解饥渴，成语“相濡以沫”就出自这里。然而，庄子话锋一转，更进一步地论说起“相忘于江湖”的道理——如果不是不可抗拒的外部原因（比如大旱金石流、土山焦），如果能够自由选择，就不要讲求相爱和仁义，让鱼自在从容，优游于水，提供给它们自由的条件和环境。每一个自由的个体需要拥有一个条件和环境，如果鱼没有水的话，那还谈什么自由？接下来，庄子的问题则更有针对性。与其表彰尧舜诋毁夏桀，不如“两忘而化其道”——让老百姓进入自化的状态。所谓“人相造乎道”，是一种特别的表述，指的是不受干扰，具体而言，就是尧舜桀纣不干扰老百姓自生自化的过程。这确实是有些特殊的想法。最终，庄子的结论是“鱼相忘乎江湖，人相忘乎道术”，这里的“道术”是指学说理论和统治方法，包括仁义、仁政等等。由此可见，“逍遥”和“忘”相得益彰，“忘”暗示了或指向了解构，即解构不合乎“道的真理”的种种关系，解除人陷溺其中的各种束缚与窠臼。

接下来，我们再看看庄子怎么描述“神人”的：

> 之人也，之德也，将旁礴万物以为一，世蕲乎乱，孰弊弊焉以天下为事！之人也，物莫之伤，大浸稽天而不溺，大旱金石流、土山焦而不热……（《庄子·逍遥游》）
>
> 至人神矣！大泽焚而不能热，河汉冱而不能寒，疾雷破山、飘风振海而不能惊。若然者，乘云气，骑日月，而游乎四海之外。死生无变乎己，而况利害之端乎！（《庄子·齐物论》）
>
> 奚日月，挟宇宙，为其吻合，置其滑涽……圣人愚芚，参万岁而一成纯。（《庄子·齐物论》）

庄子不惜笔墨，反复讲述境界的高超，以及由此而来的人内在的不可思议的能力。我们说，这些特点都是讲“人”的，都在讲“精神高于物外”，而这种人生境界、精神境界的高度却不见于西方哲学。西方哲学致力于证明问题、澄清混乱，甚至认为境界和气象都是文学性的东西，与哲学无关。然而，境界与气象对于中国哲学而言，却是中心的议题。以前，我写书时，认为逍遥像是在高山之巅、冰雪之间的自由自在的生活，是一种生活的理想、一种境界的状态。这种理想与状态需要经过理论上的跋涉——从道物关系到如何获得洞见，再到对于人的本性、社会利弊的复杂讨论，最终达到境界的层面。这的确是只能诉诸内在精神体验，因为庄子讲的不是物的问题，而是与“道”相关的，必须进入主客合一的精神状态。

我要强调“逍遥”或者“游”，或者“自由”的理论，从根本上讲都是一种实践形式。至人之至行的状态就是“游”。《庄子·达生》篇说，“至人潜行不窒，蹈火不热，行乎万物之上而不栗”，这就表明“道的真理”都是实践性的。“道行之而成”的命题的“道”不能归结为道路的意思。作为哲学概念，倘若没有实践，“道的真理”便不能实现。所以，实践的性质集中体现于“逍遥”和“游”中，“道行之而成”的“行”就是逍遥游。

讲述庄子的知识理论时，我们也曾指出庄子的洞见，很重要的一部分是实践的知识。庄子追求的“道”与“玄德”的状态，仅依据沉思等心智层面的苦思冥想是不够的，必须付诸实践。只有在实践中才能理解“道”，因为“道”是不能言说的，实践的知识是很难表述的。就像打太极拳，你如果不打，我说得天花乱坠你也还是不知道应该怎么打。所以说，必须要在打的过程中讲解才有意义。除非你拥有了类似的体会，遇到了同样的问题，太极拳高手给你讲述的那些才有意义，这就是实践知识的性质，这也是它同理论知识的不同之处。显然，“逍遥”的理论与心性相关，它必须进入“无为”的“心”，并在这种心的层面上展现出理论的特色。这是我们强调的一个方面。

若然者，其心志，其容寂，其颡頯，凄然似秋，煖然似春，喜怒通四时，与物有宜而莫知其极。(《庄子·大宗师》)

汝徒处无为，而物自化。堕尔形体，吐尔聪明，伦与物忘；大同乎涬溟，解心释神，莫然无魂。万物云云，各复其根，各复其根而不知；浑浑沌沌，终身不离。(《庄子·在宥》)

同乎德而心居矣。(《庄子·天地》)

古之人，在混芒之中，与一世而得澹漠焉。当是时也，阴阳和静，鬼神不扰……(《庄子·缮性》)

古之人，同气于天地，与一世而优游，当此之时，……犹在混冥之中。(《淮南子·本经训》)

上神乘光，与形灭亡，此谓照旷。致命尽情，天地乐而万事销亡，万物复情，此之谓混冥。(《庄子·天地》)

请大家注意，“解心释神”“莫然无魂”“阴阳和静”等都是道家心性论的特征语言。这些话语，如果没有实践性的知识作为指引，我们便会以为庄子是在说一些不着边际、不靠谱的话。实则不然，这其中都隐含着实质性的内容，否则作为经典，它也不可能经受得住时间的考验，很快即会被后人剔除。

最后一个话题，让我们讨论一下庄子的“独与天地精神往来，而不敖倪于万物”命题。从表面上看，这一命题显示出某种两面性，一方面是独立的、超越的，而另一方面又是与万物、世俗之间的亲和力。“独与天地精神往来”一句使我们领略到庄子精神的高迈与卓然不群。但与此同时，“不敖倪于万物”一句又表明，庄子是用“齐物”的精神与万物打交道的，是一种与万物等量齐观、平等的态度。这是十分特别的。倘若孤立地理解，我们便不知道它想要表达的是什么，或者即便知道这种说法很有力，也不太好理解。事实上，近代的一些学者已经发现《庄子》中“平等”的观点是非常强烈的，比如，章太炎就曾专门讲，《庄子》中的这部分内容与近代以来的“自由”“平等”没有什么区别。“平等”与“自由”，看似毫无关联，但是，通过对“游”“游心乎德之和”“乘道德而浮游”等诸多命题的分析，我们了解到，在庄子的哲学语境中，这二者其实是统一在一起的，可以讲得通的。

这一句的后面说的是“不遣是非”。我们的社会环境和社会语境要求我们必须要有是非的观念，大是大非必须要分得清楚。然而，庄子却说“不遣是非”，意思是说不用排除是非。包括《庄子》在内的道家文献所提及的“独与天地精神往来”中的“天地精神”，实际上，与心智层面的“精神”还不能完全等同，因为它还要更基础一些。而这种基础的运用往往又被心智中联想起来的、理性产生的种种观念、名相所遮蔽、所压抑。道家正是要将这种基础性的精神焕发出来，因为这种精神与精神之间的交流比心智层面的、名与名的交流更本质。进而，天地万物之间都有这样的一种精神，彼此之间也可以相互交流。这本身就是一种特殊的天人合一理论。

第十二讲　道行之而成：技艺和游戏精神

一、技艺和游戏隐含的问题

这一讲是关于技艺和游戏精神。《庄子》中出现许多手艺人，这些手艺人的范围非常广阔，范围广阔本身便表明其中隐藏着重要的意义。我们说，日常生活中屡见不鲜的技艺给予我们的启示，在哲学的思考中，更具体地说，在庄子哲学的思考框架中予以认识是非常有必要的。与此同时，李约瑟注意到《庄子》中讲述了许多与技艺相关的内容，讲得神乎其技，并称之为“技巧的章节”。这是很有意味的。为此，我们这一讲即将《庄子》中涉及“技艺”的几个章节汇聚起来分析，探讨其中究竟谈论了什么问题。

此外，我们还想讨论另一个问题——游戏精神。什么是游戏精神？这部分的体验不是特别容易讲。实际上，我们若想将它分析清楚，就必须联系人类活动中的一种特殊活动，即游戏。学龄前的儿童，他们主要沉浸在游戏之中。游戏的一个非常明显的特点就是，它没有任何功利目的。我们知道，明确的功利目的性支配着人类行动，所谓人文动机中的一个常项或者说常量。换言之，我们所做的事情都具有一定的动机。与之相比，游戏则没有任何的动机，游戏具有很强的消遣性质。正因如此，庄子总是以游戏的态度看待许多问题——你很严肃地倡导仁义礼智，认为没有仁义礼智国家天下就会混乱，而庄子却从反面说，仁义礼智才会造成天下的混乱。所以，《庄子》明显地体现出一种嬉笑怒骂的戏谑气质，于是，我们便将这种气质、这些内容看作是“游戏”，包括技巧的章节中出现的一些东西，也都具有游戏的性质。

那么，游戏精神究竟是指什么呢？在此，我们不太倾向于为它下一个定义，但是，却可以通过几个例子为大家解释一下什么是游戏精神。比如狄尔泰，他就具有一种游戏精神。他的游戏精神体现在哪里呢？他养了三条狗，分别以人的名字命名，而这三个人又都是他的论敌，包括狄德罗、卢梭等等。命名之后，狄尔泰每天早上都会为它们梳洗、打扮并喂饱它们，但之后就以各种方式开始折磨它们。他就是用这样的态度对待这几条狗，同时，这也折射出他对于它们完全是消遣性质的。正因如此，我们说狄尔泰具有游戏的精神。又比如米兰·昆德拉，他所传递出的气质也具有游戏的性质，因为他常常把一些看起来很重要、很严肃的问题，用滑稽乱俗的形式表现出来。然而，读过米兰·昆德拉的书的人都知道，他的体验是非常深刻的。在大家都无可奈何的时候，他常会作出一些反常的抗拒性举动，而这种抗拒性的举动又都是很滑稽的。或许，在他看来，日常意义上的这类行动与它们所体现出的社会价值可能是完全相反的，包含的意味也是相反的。这种反讽的意味是非常强的。当然，我们还可列举金庸笔下的令狐冲。他将生死置之度外，确实有点儿游戏精神。事实上，透过《笑傲江湖》，金庸将他自己身上的游戏精神完全地赋予令狐冲。同样，《庄子》中也有很多消遣性质的文本。为此，早期有些著名的汉学家就以此评判《庄子》，说这是一部最深刻也最具有消遣意味的书。

可以说，我们这一讲所涉及的问题，在哲学的讨论中是特殊的，属于哲学讨论的边缘话语。但是，我们想要强调的是，就庄子哲学而言，我们反而不能忽视这部分内容。同时，我们也想提示大家，无论是技艺的章节还是游戏的精神，都与哲学领域的一个特殊门类——审美的理论存在一些联系。席勒曾说，审美的本质就是游戏。游戏是最基本的人类活动同时也是最高级的活动，就是无功利、无目的、游戏的活动。而人正是在这种游戏中得到所谓“人性”的解放。而技艺，也可以说是艺术创作，其规律和过程都具有千丝万缕的内在联系。但是，庄子谈论技艺和游戏时，所包含的意思更广阔也更深刻，他不仅仅局限于我们今天所说的艺术活动。诚然，庄子所讨论的许多哲学问题，我们都很难将其纳入西方哲学的典型理论范式之中。倘若进入那样的构造，它们便会被肢解得不像庄子的东西。不知道美学的进一步发展，是否需要汲取更多的中国思想资源，如果有必要的话，这或许是一个重要的宝藏。

既然提到审美理论，我们不妨再综合地讲述几个问题。我们说，庄子影响了禅宗，这是毫无疑问的。在中国哲学史的课上，我们也曾讲过，佛教进入中国之后，经历了几百年漫长的中国化过程。这一过程中当然涉及很多的步骤，首先就是格义，通过僧肇、道生、智顗这些里程碑式的人物不断地中国化，最终发展出禅宗。

而禅宗这一形态，实际上与印度佛教的形态有很大差别。如果说确有所谓的“中国艺术理论”，那么，禅宗和庄子共同奠定了中国艺术的理论。早些年，徐复观先生写过一本书叫作《中国艺术精神》，我们读完以后发现，其实他只讲了一句话：中国的艺术精神就是庄子。现在看来，这个问题也还是有用的。尽管这表明《庄子》中的许多素材与艺术创作的关系，但实际上，庄子的技艺与艺术还有很大的差别。因为不是只有琴棋书画才属于高雅的艺术创造，在技艺的章节中，庄子更将一些生活的元素当作“艺术”，不曾将二者分离开来。技艺与艺术，本身就处于一种原始的、混沌未分的状态，这在古希腊人那里也是如此。古希腊的早期，艺术和一般的技艺就是不可分割的，甚至是完全一致的，且都与生产生活息息相关。

与此同时，这也意味着“道不远人”，并不是距离我们十万八千里的才是“道”，庄子的“陆沉”“目击道存”就是讲“道”在我们周围。我们总是过迟地意识到奇迹就在我们身边，我们总是认为“道”距离我们很远，实则不然，我们能活着本身就是一个不可思议的现象。所以说，我们在生活中本来就可以打开“道”的门户，一个非常重要的门户。况且，庄子笔下的人物本就不是一些冠冕堂皇、道貌岸然的人，更多的是一些普通人，他们既不是君子也不是小人，不是儒家所赞许的，也不是儒家所诋毁的，他们就是一些普通人。然而，对于庄子来说，这些人却是得道的人。此外，庄子也还描述了更多的稀奇古怪的人，他们也都可以把握、体会“道的真理”。古代思想家中，唯有庄子能够具备如此强烈的“齐物我”的平等精神，这本身也是非常特殊的。因此，我们说，《庄子》的技艺章节、游戏精神与艺术的理论或审美的理论是有关联的。这是第一点。

除此之外，《庄子》的技艺章节、游戏精神还与伦理学相关。试想，伦理学解决的是什么样的问题？伦理学致力于解决的就是生活秩序的问题。然而，无论是游戏的章节还是技艺的章节，它们都是我们生活的组成部分，甚至是真正的普通百姓生活的组成部分。它所讲述的首先是生活的秩序，是在这样的一种社会关系中处理问题。这是技艺章节与游戏精神的意义。伦理学有一个重要的命题，就是最终且最高的伦理学即是美学。伦理学强调明确的目标，但是，美学总是以自我的体会为目标。我们如何理解呢？实际上，依照我们此前分析的头绪，美学的审美活动与我们日常的其他活动（比如经济活动、政治活动）的不同之处在于，它是超功利、无目的的活动。正是在这种意义上，我们说，最终极的伦理学是美学。不仅是超功利的，在这背后还有人与人之间关系的彻底改变。

伦理学将“人是自由的”作为实践理性的准则，但是，在现实的社会生活中，却有种种的关系牢牢地束缚着你，让你得不到伦理学所追求的自由。倘若能够解脱出来，真正实现超功利、无目的的自由，那便已经进入了一个和原来不同的领域。我们如此分析，并不意味着庄子在理论上确有这样的构想，我们只想表明庄子的哲学体现了这一点。对于所谓伦理学的社会关系，庄子更愿意在更大、更广阔的范围内思考，这是我们强调它的原因。这部分内容固然比较理想，可我们却专注于考虑它的理想性质。如果一个社会真正实现人人平等，完全地发挥人性，使人成为自由的人。那么，这样一个自己赋予自己活动以价值和意义的社会，该是什么样的社会呢？——这样的社会，人的一切活动反而都是人自由的创造。我们的痛苦即来源于不是自由的创造，不是自愿的劳作。因此，倘若人的一举手一投足都是自由的创造，所有的技术变成艺术，所有的人成为艺术家，这样的社会就是理想的社会。

以上是我们在理论上分析的框架，我们今天就是要在这样的框架中讨论技艺的章节与游戏的精神这两个问题。我们反复强调，真理居住在生活中。如果不是生活的真理，那就不是真理，也就和我们没有任何的关系。这一点十分契合庄子讲述的所有内容。

二、技进乎道

首先是技艺的章节。从“物化”的角度分析，艺术创造中“心手相应”“笔墨相和”等特点，与我们日常生活中得心应手的体会是贯通的，它们说的是同一个问题。我们说，“道”是无形的、不可见的、恍惚杳冥而不可致诘的，同时，我们也将“道”看作是真理。这个真理，只有我们体验到它，它呈现在我们的内心深处，或者说，从内心深处涌现出来的时候，才相当于“得道”。所谓“得道”，不是说“道”是个东西，不是这个意义。对于“道”的这种性质，看似不易理解、不易捕捉，但其实，它离我们的生活并没有那么远。在庄子的思想世界或者精神境界中，他也未曾将艺术从生活世界中剥离出去，把它当作另外的东西加以推崇，他从来没有，反而认为艺术与我们日常生活中所发生的东西是一致的，这就是庄子为什么讲述许多与技艺相关的例子的原因。这些例子看似平淡无奇，可是却在道家哲学中具有重要的地位。究其原因，是因为“技”有可能近乎“道”。这里的“技”，我们应当作广泛的理解，比如打乒乓球也是“技”，它指的是非常广泛的实践活动。

我们说，《庄子》于实践活动中体现出的实践知识与智慧，在哲学上是非常特别的，它与理论的知识很不一样。实践的知识不容易掌握，正如我们刚开始学骑自行车时因为掌握不好平衡，总是摔跤，可是，当我们掌握了平衡之后，便不会忘记了。我们说，有手艺的人，他的手艺和他的身体，乃至生命都是融合在一起的，须臾不可分离的，并不是说他将他怎么做的道理讲出来，告诉我们，我们也能同样做，没这么简单。此外，实践活动也还讲求状态，比如竞技活动，倘若没有竞技的状态就什么也做不成。体育局训练运动员，就是按照比赛的规律，把节奏安排好，状态调整出来。这样，临场发挥时才能保持水平。写作也是如此，需要进入一种创作状态，有人称之为“失魂落魄”，有人名之曰“神的昵近”，否则便是“江郎才尽”。可以说，确有这样的状态左右着人们的创造性活动，实践活动的特点即在于此。然而，这又往往是不可解释的，古代哲学家在这些细微处感受敏锐，把握了实践智慧的特征。我们在逻辑能力方面，自信可能会超过庄子，但是，对内在经验所依赖的精神状态的意义的深入理解，未见得比庄子更进一步。我们要注意这一点。

庄子强调“技进乎道”的可能性，认为通过实践智慧把握、体验“道的真理”，在实践智慧中呈现“道”就是可能的途径、重要的门户。显然，这种观点不见于儒家。孔子虽然也讲“游于艺”，但却与此没有多大的关联。孔子强调的“艺”就是日常生活中常见的活动，不是别的其他东西。如此看来，庄子的“道”包含着这样一条重要的内容——通过对生活经验本身的深入体验就可以达到“道”，普通人也可以，并没有什么特别复杂的。在技艺的章节中，庄子呈现出实践知识的这种特点，根据他所呈现的内容，我们可以进一步地提炼问题。其中，最重要的问题就是，技艺的章节试图表明的是“道的真理”的实践特点，同时也暗示出“道”的世界与生活世界的内在联系。以前，我们也曾讲，庄子的两重世界是重合的，我们在思想上可以分别解析，在语言上可以标记不同的标识。然而最终它们是一个东西，这就需要我们放下语言的固着性。同样，“道”的世界与生活世界也只是一个世界，如果在生活世界中有一个“道的世界”，那么，它会为生活世界本身所不能解答的问题，提供定位的系统和明确的目标。

> 庖丁为文惠君解牛，手之所触，肩之所倚，足之所履，膝之所踦，砉然响然，奏刀騞然，莫不中音。合于《桑林》之舞，乃中《经首》之会。文惠君曰：“嘻，善哉！技盖至此乎？”庖丁释刀对曰：“臣之所好者道也，进乎技矣。始臣之解牛之时，所见无非全牛者。三年之后，未尝见全牛也。方今之时，臣以神遇而不以目视，官知止而神欲行。依乎天理，批大郤，导大窾，因其固然。技经肯綮之未尝，而况大軱乎？良庖岁更刀，割也；族庖月更刀，折也。今臣之刀十九年矣，所解数千牛矣，而刀刃若新发于硎。彼节者有间，而刀刃者无厚；以无厚入有间，恢恢乎其于游刃必有余地矣。是以十九年而刀刃若新发于硎。虽然，每至于族，吾见其难为，怵然为戒，视为止，行为迟，动刀甚微，謋然已解，如土委地。提刀而立，为之四顾，为之踌躇满志，善刀而藏之。”文惠君曰：“善哉！吾闻庖丁之言，得养生焉。”（《庄子·养生主》）

那么，究竟什么才是技巧的章节呢？以上“庖丁解牛”的故事表明，宰牛竟然成为艺术创造的活动，所谓“技盖至此乎”，文惠君感慨庖丁宰牛的技艺或许已经达至顶点。但是，庖丁回答说，他关注的是“道”而不是技。其中，“官知止而神欲行”是我们已经分析的知识论语境，感官沉寂下来，自动地不起作用，“神”（技艺的神奇力量或实践智慧）才能蠢蠢欲动。此后的内容便在讲述刀与牛之间达成了一种和谐的关系，而并非相刃相靡的矛盾关系，我们知道，用刀切软组织是很费刀的。但是，庖丁的刀却能保持原样，没有丝毫损伤，说明了手与刀、刀与牛的关系不是那种矛盾敌对的关系。庖丁持刀的手，正体现自由创造的特征。在其背后“技近乎道”并且可以用自己的语言表述手与刀的关系，达成这种关系确实不容易。正如艺术家常讲的“胸有成竹”或者“胸无成竹”，也都是在讲书画创作的过程中心手和笔触之间具有一种复杂关系。我们说，是庄子开创了理解这种关系的先河。进而，牛像土一样被分解、瓦解了。前面我们曾说有些版本在此混入了注文，其中，“牛不知其死也”就是一个强有力的提示，指的是庖丁和牛之间那种典型的主客矛盾关系已经融化消解。其实，“道”也是具备同样的意义，因为“道”和我们每个人都是不隔膜的。

最后，文惠君又说“善哉！吾闻庖丁之言，得养生焉”。这里东一句西一句是比较恼人的问题，为什么《养生主》一篇出现这样的寓言——通过解牛得到的启发最终转移到其他的主题上？事实上，在战国中期前后，“生”和“性”是一样的，二者并没有划分得很清楚。后来所说的“性”也多沿着“生”的角度。“性”这个字是在“生”的基础上加上“忄”创造出来的，其他添加“忄”的字也是战国中期以后才出现的。我们说，经典化之后的战国中期前的书中如果出现“性”字，那必然是后人不断抄袭、不断再理解的结果，不是之前本来就有的。其次，通过对文本内在理路的揣摩、推测，“庖丁解牛”与狭义的养生并无关联，其中隐含的是心性论的旨趣。在庄子看来，狭义的养生比较低级，而且也没有什么过多的意义，庄子在此讲的是“性”。从这个角度出发，文惠君的话就并不突兀了，因为他从表演层面的技艺中所得到的是心性上的启示，是与心性的问题联系在一起的，二者在理论上具有同构的关系。如此，这段话才能理解得比较完整。

> 桓公读书于堂上。轮扁斫轮于堂下，释椎凿而上，问桓公曰：“敢问，公之所读者何言邪？”公曰：“圣人之言也。”曰：“圣人在乎？”公曰：“已死矣。”曰：“然则君之所读者，古人之糟魄已夫！”桓公曰：“寡人读书，轮人安得议乎！有说则可，无说则死。”轮扁曰：“臣也以臣之事观之。斫轮，徐则甘而不固，疾则苦而不入。不徐不疾，得之于手而应于心，口不能言，有数存焉于其间。臣不能以喻臣之子，臣之子亦不能受之于臣，是以行年七十而老斫轮。古之人与其不可传也死矣，然则君之所读者，古人之糟魄已夫！”（《庄子·天道》）

这一段讲述的是轮扁凿轮的故事。轮扁凿轮需要把握住劲儿，因为劲儿不够弯不动木质的车轮，劲儿过猛又会折断。所以说，这里面的技巧性很高。实践知识的特点就是“得之于手而应于心”，是得心应手的实践，但却不能讲述、不能传授，因为理论上所说的都只是可能性。“有数存焉于其间”的“数”就是规律。由此推想，在轮扁看来，古人若有什么心得、心传也是如此，精华的东西都是难以言传的，怎么能够写在书上告诉别人呢？所以，桓公所读都是古人的糟粕，能够诉诸语言、文字的都是次要的。我们摘选这个故事，目的是让大家了解实践知识的特点。

> 达生之情者，不务生之所无以为；达命之情者，不务命之所无奈何。养形必先之以物，物有余而形不养者有之矣；有生必先无离形，形不离而生亡者有之矣。生之来不能却，其去不能止。悲夫！世之人以为养形足以存生；而养形果不足以存生，则世奚足为哉！虽不足为而不可不为者，其为不免矣。
>
> 夫欲免为形者，莫如弃世。弃世则无累，无累则正平，正平则与彼更生，更生则几矣。事奚足弃而生奚足遗？弃事则形不劳，遗生则精不亏。夫形全精复，与天为一。天地者，万物之父母也，合则成体，散则成始。形精不亏，是谓能移；精而又精，反以相天。(《庄子·达生》)

从这条材料开始，我们几乎要涉及《达生》篇的全文。我们讲述庄子的哲学思想时，非常强调的一点就是，要将庄子的所有概念和命题置于它们出现的具体哲学语境中加以考查。比如，讲“庄周梦蝶”的时候，我们就会把它和上文的“罔两问景”结合起来，而不是将每一个寓言都孤立地看待。进而，我们首先讨论《达生》一篇的特殊性问题。《达生》一篇几乎全为《列子》所继承。《列子》这部书在流传的过程中曾经一度失传，直到魏晋时期才又突然重新出现。按照史籍的记载和文献学的分析，古本的《列子》中也有一篇名为《达生》，我们现在所见八篇本的《列子》虽然没有《达生》一篇，但《庄子·达生》篇的故事却基本上都出现在这部书中，而且还进行了一些添油加醋的再构造。这其中的原委，是一个非常值得研究的问题。

我们说，《达生》前面的这段文字似乎与后面的内容有一些脱节，因为从第二段开始便是“痀偻承蜩”“操舟若神”“养斗鸡”“吕梁泳者”“削木为鐻”等典型的技巧章节，与我们前面讲的“庖丁解牛”“轮扁凿轮”的故事是一样的。这里所谓“达生之情”“达命之情”的“情”不是情感的“情”，而是“实”，即性质的意思。中间部分是有关有无、生死问题的讨论，最后的结论是“形精不亏，是谓能移；精而又精，反以相天”。这句话不是特别容易理解，所谓“能移”就是“能化”，即可以化成其他的东西，“精而又精”与其他文本中出现的“神之又神”也都是指“化”。类似的概念在《庄子》中还有很多，比如“修胸中之诚，以应天地之情而勿撄”（《庄子·徐无鬼》），即进入一种“诚”的状态，“诚”与“神明来舍”的“神明”是一样的，都是指一种体道的状态。

其实，这种观念在后世也有强烈的反响，我们现在还常说“精诚所至，金石为开”。这个成语源自《史记·李将军列传》中“李广射虎”的故事，刘向在《新序·杂事四》中也记载了一个关于“熊渠子”的类似的故事，大意是：李广出门打猎时，看见草丛中有一块大石头，以为是一只老虎。所以，“嗖”地一箭射过去，看到没动静就以为老虎死了，走近后才发现原来是一块大石，石头已经被射穿，随行的人都赞叹不已。后来，李广又在原地重复多次试射，但是箭却怎么也射不进石头了。原因在于他已经失去了所谓的“应激状态”，这也是现代心理学上的一个概念。一个真实的故事是说，一架飞机北极迫降，飞行员下来修理飞机，突然感觉背后有“人”在拍他的肩膀，回头一看原来是只北极熊，惊吓之中，他一下子本能地跃坐于飞机上面。飞机至少两米多高吧，毫无疑问，飞行员此举一定打破了世界纪录，但这出于“应激状态”，而竞技场中的跳高运动员往往没有这样的“应激状态”。同样，古人当然也相信这种“精诚”的状态，进入这种状态我们就“能化”。《越绝书》记叙欧冶子铸剑干将、莫邪时，特别提到他“因天之精神，悉其伎（技）巧”，“精诚（或曰精神）上通于天”。这样的例子尽管表面上看来有点儿极端，但我们的目的是让大家了解，古人在这些方面的理解一点都不逊于我们。

> 子列子问关尹曰：“至人潜行不窒，蹈火不热，行乎万物之上而不栗。请问何以至于此？”关尹曰：“是纯气之守也，非知巧果敢之列。居，予语女！凡有貌象声色者，皆物也，物与物何以相远？夫奚足以至乎先？是色而已。则物之造乎不形而止乎无所化，夫得是而穷之者，物焉得而止焉！彼将处乎不淫之度，而藏乎无端之纪，游乎万物之所终始，壹其性，养其气，合其德，以通乎物之所造。夫若是者，其天守全，其神无郤，物奚自入焉！夫醉者之坠车，虽疾不死。骨节与人同而犯害与人异，其神全也，乘亦不知也，坠亦不知也，死生惊惧不入乎其胸中，是故遻物而不慴。彼得全于酒而犹若是，而况得全于天乎？圣人藏于天，故莫之能伤也。复仇者不折镆干，虽有忮心者不怨飘瓦，是以天下平均。故无攻战之乱，无杀戮之刑者，由此道也。不开人之天，而开天之天，开天者德生，开人者贼生。不厌其天，不忽于人，民几乎以其真！”（《庄子·达生》）

这一段是子列子和关尹子的对话，它与《达生》篇的结尾部分存在着一些呼应的关系。“物与物何以相远？夫奚足以至乎先？是色而已”，这句话是讲物与物的区别在于每一物都有其独特的形形色色。随后，“藏乎无端之纪，游乎万物之所终始，壹其性，养其气，合其德，以通乎物之所造”一句又与我们曾经讲过的“物化”理论是联系在一起的，“能移”“能化”“反以相天”指的也是同样的意思，即“通”，克服人与我、主与客之间的隔阂，破除他们之间的藩篱，这在哲学上是非常重要的。

> 仲尼适楚，出于林中，见痀偻者承蜩，犹掇之也。仲尼曰：“子巧乎！有道邪？”曰：“我有道也。五六月累丸二而不坠，则失者锱铢；累三而不坠，则失者十一；累五而不坠，犹掇之也。吾处身也，若厥株拘；吾执臂也，若槁木之枝；虽天地之大，万物之多，而唯蜩翼之知。吾不反不侧，不以万物易蜩之翼，何为而不得？”孔子顾谓弟子曰：“用志不分，乃凝于神，其痀偻丈人之谓乎！”（《庄子·达生》）

孔子将痀偻丈人捕蝉的成功秘诀归结于“用志不分，乃凝于神”，即用心非常专一才能焕发“神明”。所谓“神明来舍”，不论我们讲得多么复杂、多么具有神秘主义色彩，在此处也还是要还原它在生活中的朴素本质，其实，它指的就是进入一种纯一、专注的状态。与此同时，这一段所涉及的还是心与手，以及对象之间的关系问题。一般而言，我们会将心与手看作是主、客或者主、次对立的关系。然而，庄子的理解却不同，他极力突破的正是这样一些对立的关系。我们当然可以分析这些技巧的章节同我们的日常经验是多么的符合，但这些都不是问题的关键。我们说，技巧章节的根本问题在于如何理解主和客、心和手的关系。因此，我们只有在

“道”的世界与现实世界的关系这一视角下关照这些技巧的章节，才能洞察到庄子的真正意图。

> 纪渻子为王养斗鸡。十日而问：“鸡已乎？”曰：“未也。方虚憍而恃气。”十日又问，曰：“未也。犹应向景。”十日又问，曰：“未也。犹疾视而盛气。”十日又问，曰：“几矣。鸡虽有鸣者，已无变矣，望之若木鸡矣，其德全矣，异鸡无敢应者，反走矣。”（《庄子·达生》）

这里所谓“德全”的“德”，就是指鸡的“性”，《论语·宪问》的“骥不称其力，称其德也”的“德”也是指马的“性”。这一段是说，斗鸡进入一种“木鸡”般的境界，鸡的本性才能完整地发挥出来。这当然是一种比喻性的说法，它比喻的是人如果能够保持其本质特点，即使是“呆若木鸡”，那也是相当厉害的。显然，这一段在技巧的章节中嵌入了一些心性话语。

> 孔子观于吕梁，县水三十仞，流沫四十里，鼋鼍鱼鳖之所不能游也。见一丈夫游之，以为有苦而欲死也，使弟子并流而拯之。数百步而出，被发行歌而游于塘下。孔子从而问焉，曰：“吾以子为鬼，察子则人也。请问，蹈水有道乎？”曰：“亡，吾无道。吾始乎故，长乎性，成乎命。与齐俱入，与汩偕出，从水之道而不为私焉。此吾所以蹈之也。”孔子曰：“何谓始乎故，长乎性，成乎命？”曰：“吾生于陵而安于陵，故也；长于水而安于水，性也；不知吾所以然而然，命也。”（《庄子·达生》）

这个故事讲述的同样也是“性”“命”的问题，这在技巧的章节中是一个不曾轻易改变的主题。“庖丁解牛”的故事中，尽管我们没有特别明显地看出“性命”的内容，但是，通过后面的分析，我们知道文惠君所谓的“吾闻庖丁之言，得养生焉”的“养生”就是指“养性”。

> 梓庆削木为鐻，鐻成，见者惊犹鬼神。鲁侯见而问焉，曰:“子何术以为焉?”对曰:“臣工人，何术之有！虽然，有一焉。臣将为鐻，未尝敢以耗气也，必齐以静心。齐三日，而不敢怀庆赏爵禄；齐五日，不敢怀非誉巧拙；齐七日，辄然忘吾有四枝形体也。当是时也，无公朝，其巧专而外骨消；然后入山林，观天性，形躯至矣，然后成见鐻，然后加手焉，不然则已。则以天合天，器之所以疑神者，其是与！”（《庄子·达生》）
>
> ……
>
> 工倕旋而盖规矩，指与物化而不以心稽，故其灵台一而不桎。忘足，屦之适也；忘要，带之适也；知忘是非，心之适也；不内变，不外从，事会之适也。始乎适而未尝不适者，忘适之适也。（《庄子·达生》）

接下来，首先是“梓庆削木为鐻”的故事。鐻本身只是个小玩意，但鲁侯见梓庆削鐻之后却向他询问方法。梓庆回答说，我一个工匠“何术之有”，倘若有的话，就是我在“削木为鐻”的过程中“未尝敢以耗气也，必齐以静心。齐三日，而不敢怀庆赏爵禄”，这与《庄子·田子方》篇的“宋元君将画图”的故事是一样的。它们都强调要完全地消解功利之心和所有目的性的东西，解构那些外在支配着我们的东西，去掉这些东西之后，我们才能真正地进入创造性的活动。所谓“忘吾有四枝（肢）形体也。当是时也，无公朝，其巧专而外骨消；然后入山林，观天性，形躯至矣”，然后看到这个鐻，将手放在上面，手便可以与鐻相合，进入一种“以天合天”的境界。由此可见，这一段对于自由创造活动的内部规律做出了非常明确的阐述。

隔一段是“工倕旋而盖规矩”的故事，我们再回顾一下。这一段的重点在于“指与物化而不以心稽，故其灵台一而不桎”，很专一也很灵活。我们说，技巧的章节看似只是讲述一些技巧，但是，我们需要观察庄子在此特意地安排什么样的人物出场，其实，技艺章节的人物，不似先秦诸子中经常出现的士君子，也不属于历史传说中的人物，更不归言于圣人——黄帝尧舜大禹，抑或伏羲神农等，而是让生活中常见的普通人将这些技艺呈现出来。

综上所述，《庄子》的技艺章节包括以下两点：其一是所谓体道的境界或状态，就是指技艺进入一种自由创造的状态。换言之，一旦进入了自由创造就可以体道，就能洞见到“道的真理”。因为实践性的知识只有在实践中才能呈现，它不同于理论，讲述种种的因果关联也并不具有太大的价值和意义。这是我们反复强调的。与此同时，这也意味着“道”的世界、“道的真理”不是缥缈而不可得见的，它与我们普通人的日常生活是有关系的。只要你进入那样一种状态，充分地发挥你的本性力量，将你自身的特点展现得非常鲜明，那么，你就是一个得道的人，就可以与道徘徊，“入于寥天一”等。事实上，这种经验在我们的生活中也表现得很清楚。画家凡·高曾说，一个普通的人，他有可能其貌不扬，或许还有可能形容猥琐，但是，一旦痛苦真正地抓住他，他自身的性格鲜明地焕发出来之后，他便会成为一个光彩夺目、熠熠生辉的人。这意味着只要我们将人性的潜力发挥殆尽，就都是有价值的。我们说，技巧的章节给予我们的正是这样的启示。其二是技巧的章节中也隐含了一些更加深入的心性问题。它确有这样一个层面，正如我们讨论梦和觉、化和不化的问题一样，我们要了解这其中的复杂性。

三、游戏精神

现在，我们进入本讲的第二个问题，庄子的游戏精神。游戏的精神，我们并没有为它下定义，而是希望借助几个例子，使大家明了这是一种特殊的精神气质。我们说，写作《庄子》这部书的人，他的气质是非常特殊的。所谓“嬉笑怒骂，皆成文章”，如此形容庄子再贴切不过了。如果说庄子“逍遥”，那么，我们在“逍遥”中也看到了他的沉痛；如果说庄子沉痛，那么，我们也会看到他有一种自我的解脱。与此同时，这种解脱又是极有体系的，它是一套深刻的理论，也是一种高远的精神境界。

庄子莫名的痛苦来源于他的沉思和洞察。他的哲学思辨解构了许许多多世俗价值，包括其他的诸子百家认为有价值、应该维护的东西。这本身是很痛苦的，当然也有精神上的快感，“痛并快乐着”嘛。我们说，哲学家和快乐的猪相比，哲学家是痛苦的。他的痛苦来自他看到了常人所不能看到的东西，经历了难以忍受的价值崩溃。同样，我们在哲学的道路上也会经历这些——或许以前你认为是重要的、天经地义的那些东西，在一夜之间发现它们都不可靠了，甚至塌陷了。然而，更让哲学家感到痛苦的是，通过自己的思考，他们发现前人谆谆教导的、呕心沥血教授的所谓正面的东西，其实也都是不可靠的，很多都是以虚伪苍白的价值观进行蛊惑与欺骗。由此，他便只能在虚无中停留。事实上，哲学家之所以成为哲学家，他就是要忍受这样的孤寂与痛苦，因为他必须在一个人的旅程中找到走出荒原的意义。因此，庄子的解脱状态，比如“逍遥”便部分地来源于游戏的精神。因为游戏的精神常使一些看似严肃的问题变得滑稽无伦。过去，有的人曾批评庄子“滑稽乱俗”，实际上，这正是他的优点。没有滑稽，没有乱俗，没有调侃与自我调侃，没有消遣与自我消遣，没有戏弄别人反过来再戏弄自己，就不可能在复杂的头绪中找到解脱的办法。

我们讲《庄子》这部书，同时也针对庄子这个人。事实上，我们并不想把这些统统还原为庄子的个人际遇，甚或是由庄子本人的独特性所造成的，而是想在一个更具必然性的视野下分析其中的哲学问题，探讨其现实针对性和理论意义。这样，我们发现，思辨的庄子与游戏的庄子，其实是以不同的方式告诉我们同样的一种道理——不要自以为通过一般意义上的感性或者理性就能把握这个世界，甚至把握真理、垄断真理，当然，也不要以为流俗所遵循的道德原则就是合理的。儒家所讲的仁义正是庄子所要破斥的，他致力于揭露的正是仁义背后的东西。这项工作也是后来尼采的工作，尼采所从事的一项重要的工作就是对于道德谱系的检讨。在《朝霞》一书中，尼采讲到，基督教倡导所谓的“爱人”，就是别人打你的左脸，你要将右脸也伸过去让他打，这就是对他人无条件的爱。然而，尼采却要揭露这种“爱”的本质，他认为，这样一种爱是来源于奴隶的道德，来源于奴性与怨恨的。在古罗马时代，在强权压制的情况下，他们所推崇的所谓无条件的爱，所谓的伦理与善德，实际上，都是一种无奈的选择。尽管满怀怨恨，但也无可奈何。我们说，这种揭露当然是很深刻的。

进而，《庄子》反复地告诫我们，更不要以为有所谓的价值，不要以为所谓有价值的东西就不可以颠覆，它们都是可以颠覆的。因为时间和条件都是会变的，只要价值依附于其上的那种制度、条件，随着时间的推移而不复存在，价值也会随之消亡的。由此可见，庄子的目的在于劝导我们不要盲从于他人，不要盲从历史上的东西，也更不要被虚名和实利所支配。拥有如此这般的洞见，他便可以启用各种各样的办法讲述。所以，庄子以游戏的姿态看待许多问题，体现出一种比较张狂、放肆、不拘于俗的游戏精神。而这种游戏的精神中既有悲剧的意识，同时也有活力与动力。归根结底，所谓“游戏精神”，其更核心、更本质的意思是，不从功利的角度，不从现实的角度进行考量，比如“仁义”、比如“王道”。

另外，我们还有必要重申游戏精神的语言策略问题。我们说，庄子的游戏精神中最表面的东西就是它的语言特征。“汪洋恣肆”“荒唐之言”“无端崖之辞”等言说方式都旨在打破一些常规。事实上，语言也包含一些深刻的政治、社会背景，也就是说，语言背后隐藏了某种权力运作的基础。尽管我们平时看不见它，但是，古代社会却离不开这样的一种体制。我们说，庄子完全有能力驾驭各种文风，可他为何偏偏采取这样一种特别的方式呢？其实，这是庄子的特殊设计，他所针对的无疑是日常语言背后的基础。

庄子经常挖苦儒家“明于礼义而陋于知人心”，特别是在《盗跖》一篇中，孔子与盗跖的对话将这一点体现得淋漓尽致。这篇对话的震撼性很强，以至于后世儒家一提起便会痛恨庄子。实际上，如果要将对话中所讲述的道理逐一辩驳清楚的话，还真不容易，至今还未看到有什么人能从理论上分析出盗跖说得如何不对，孔子说得如何对。我们说，在哲学领域，特别是在伦理学或政治哲学的范围内，庄子都对“浮名”，也就是“名”的虚伪性和第二性进行了深刻的揭露。在老、庄的视野中，“名”并不是最重要的，最重要的是“无名”。“无名”的作用就是解构“名”，把“名”限制在它所应处的范围内，进而揭示“名”的局限性。理性的功能常常在于借助“名”为自己树立丰碑，理性倾向于用概念的思维展现自己，而这样的理性和名言，在庄子看来却是沆瀣一气的，并且这种情况又与我们内心所追求的道德是捆绑在一起的。总之，一个问题往往具有多种不同的方面，在庄子的哲学思想中，这既是他对话的对象也是他批判的对象，他竭力破除的正是这些内容。当时，所谓的仁义礼乐是常态伦理，可在庄子眼中，它们无非都是用来驯化人的，是把人改造成社会所需要的那个样子。正如技艺的章节中所言，只要你将性命充分地发挥出来，实现了你的自性，这就是德全，就是你所达到的最高境界。这是庄子告诫我们的问题。

应该指出，庄子的游戏精神，也是解毒的良方。那么，毒从哪里来呢？其实，毒来自我们的内心深处。我们追求仁义本身就说明我们已经被毒害了。同样，我们推崇礼乐文明，可是，这个文明的内部就聚集着各种各样的毒素。这是庄子哲学所讲述的道理。因此，庄子的游戏精神，一方面体现在他语言的风格，另一方面体现在他哲学的气质。庄子的这种哲学气质，实际上带来的是一种不屈不挠的反异化精神，同时，也意味着不屈不挠的解构姿态。此外，这种游戏的精神又是同超目的、超功利的审美意识结合在一起的。我们知道，很多人认为美学也是一种意识形态。保罗·德曼就曾写过一本名为《美学意识形态》的书。在这本书中，他所想要阐明的问题就是揭露，揭露看似与现实的权力运作没有丝毫瓜葛的审美意识其背后都有一套复杂的意识形态机制。其实，庄子通过技艺的章节启示我们的也是这些。倘若我们能够真正进入康德讲述的非目的、超功利的美学意识形态，那么，所达成的一个共识就是艺术的活动是自由创造的活动，它的本质就是游戏。这一点在艺术理论中有着强有力的传统。因此，有了艺术理论所讲的这种特殊的关系，我们便可更加准确地理解庄子的精神境界了。

接下来，我们再举两个《庄子》中的例子。《庄子》一书中记载的庄子的故事，在过去的考据学家，特别是古史辨以来的考据学家看来，都是伪作。但现在看来，这些结论都不准确。一个比较准确的看法是将《庄子》这本书看作庄子学派的作品集。那么，这其中所记载的庄子的事迹，不管是真是假，就都完全可以理解了。第一个故事是庄子妻死，鼓盆而歌。有人认为他不近人情。庄子却说，老子曾讲"天地不仁，以万物为刍狗"，我的妻子命终，就是达到她的"化"所决定的终点，我在这里哭哭啼啼根本没有什么意义。第二个故事是讲庄子自己的。庄子将死，弟子们哭哭啼啼地准备厚葬他。可是，庄子却说，我以天地为棺椁，以日月为连第，以星辰为珠玑，以万物为我自己的祭品，你们在这里哭哭啼啼的都没有用。弟子说，我们害怕的是鹰和鸟会把你身上的肉叼走吃了，我们心里面悲痛觉得不忍。庄子说"在上为乌鸢食，在下为蝼蚁食"，如果你们不厚葬我，我被鹰吃了、被鱼吃了，这都没什么关系。即使你们厚葬我，我也会被蝼蚁吃掉，结果还是一样。我们说，这都是一种典型的自我消遣方式，也是游戏精神的一种典型的表现。

最后，想提醒大家的是，阅读古代哲学文本，特别是《庄子》

文本的重要方法就是一定要通过对于哲学语境的理论分析看出其中的问题。我的经验是，如果我们将这些问题提炼、分析出来，我们便会发现这里面有一些作为哲学概念的固定语词是不会轻易变动的。我们会发现与之相关的思想更是不能随便解释的，因为它有着十分稳固的基础。与此同时，以游戏的精神看待文本，我们也会发现庄子在文本与思想之间会有意地设置一些张力，这些张力将有助于我们进一步地思考。也就是说，我们要在这些张力中更好地体会庄子哲学的言外之意。希望大家能够充分地体会这些说法，并在阅读《庄子》的过程中更好、更合规律地深入了解它。

第十三讲　我们与庄子不期而遇

今天是最后一讲，我想谈的题目比较特别一点儿——“我们与庄子不期而遇”。为什么要讲这个题目呢？庄子虽然生活于千百年之前的古代，但他的身影仍出没于现代甚至后现代的世界，他没有消失，也未曾远离，因为他留下了不朽的哲学经典——《庄子》。现代或者任何时代的哲学思考中怎能没有庄子？特别是当我们沉浸在思想世界中的时候，就会和庄子不期而遇：苍茫时分的蓦然回首，灯下偶然的惊鸿一瞥，半梦半醒之间的惺惺之悟，游离于喧哗与骚动的若有所思，痛苦与狂喜之心潮沉寂后的妙音，凡此生活中闪现思想光辉的瞬间，都会有某种空谷足音、他乡遇故交的莫名感动，当然还有那种不可解释的兴奋。庄子就是这样的空谷足音，神交已久的故旧，至少对我来说是如此。在这个高科技的现代世界里遇到庄子很有趣，有点儿光怪陆离，有点儿想入非非。也就是说，在思想世界之中古今的隔绝被打破了，时空穿越成为可能，而古今思想的对话和会通，必然会生发出新的东西，因为思想碰撞、交融和变异正是思想创造的前提条件之一。试想如果我们起庄子于地下，让他穿越到现代，将会怎样？或者说他还会发出什么样的惊世骇俗的话语呢？想当年方东美先生在美国大学里讲授庄子的时候，曾问学生，如果说庄周穿越了两千年的时空，到了今天的美洲大陆，看到这个世界变成这样，他会有什么感想呢？大家都哈哈大笑，说肯定被吓跑了。当然，这只是个趣话。但可以肯定的是，庄子的反应一定出人意料。提到这件事儿并不是为了打趣儿，而是说我们现代人在解读庄子，在从事自己创造性的工作的时候，往往会有一些意想不到的发现，而这些发现竟然会与庄子的思考不谋而合、殊途同归。这是不是很有启发意义呢？为此，我希望从启发意义的角度梳理出几个问题，与大家一同谈谈我们与庄子不期而遇于现代世界。

一、对现代科学思维的启发

近代以来，科学技术高歌猛进，几乎主宰了一切。但同时我们也要看到，探究更基本问题的自然哲学还没有死亡，还在继续发展，而且为理解我们的世界，特别是我们生活于其中的自然世界——宏观尺度上的宇宙，或是微观尺度上的世界作出了巨大的贡献。人文学科也是如此，虽然它正面临着被边缘化的困境。为了理解这个多元化、多层次的世界抑或宇宙，人类开拓出一条思想长流，而哲学的探讨始终是这条思想长流的主航道。这就是哲学思考的意义，也是庄子哲学留给我们的思想遗产。哲学曾经受到科学的驱役，但直到今天，我们仍能发现自然哲学思考对于现代科学知识体系的建设性贡献。相反，今天的哲学研究界却觉得自然哲学行将就木，难以恢复元气。这是我们感到比较悲哀的地方。现如今，整个世界哲学领域的创造活力都有些匮乏，有些萎靡不振，原因之一就是不能从现代科学有关自然问题的前沿讨论中提取一些自己所需要的东西，跟踪不了这个进展，因为专业化发展太迅速了。前几讲中，我们谈论过庄子关于道物关系的深刻思想，特别是他自觉地从物的规律的角度确立了“道的真理”的思想向度。庄子很特别，比如他讲“道无终始，物有死生”，从终始的角度讲出了两个很重要的结论，一个是物处于不断地流变转化的过程之中，这个过程称之为“化”。必须指出的是，作为过程的“化”具有整体性，不是一个局部的问题，它具体而微地体现了宇宙的整体性质。这一规律也是自然哲学永远不能回避的问题。另外一个就是，庄子提出了一些惊世骇俗的想法，他否定了“道”是可以通过因果规律来把握的，或者说，可以通过因果规律把握的是物，而“道”则处于因果规律之外。由此一来，从道物关系的角度看，既然说“道”是物的本原，那么，对于物的究极真理，因果规律也不能完全地解决。这里面隐含的思考的深刻性，请大家悉心体会。众所周知，作为科学研究及其信念基础的因果律，几乎是一个牢不可破的东西，它相当稳固也十分坚固。被科学家奉为圭臬的因果规律不仅吻合于古希腊哲学，它还是古希腊哲学理论范式的核心之一。然而，庄子的深刻洞见正在于，他看到了因果规律并不能解决所有问题。这一洞见本身具有很强的启发意义，以现代的观点来审视，我们说因果规律确实发生了强烈的动摇。何以见得？不妨通过以下的两个例子说明之。

第一个例子是相对论的出现，颠覆了之前绵延已久的时空观念，因果规律因之变得恍恍惚惚、摇摇欲坠。1905年，爱因斯坦构思狭义相对论时，他是如何思考的呢？他认为，光速不变是一个基本原理，除此之外，包括参照系在内的经典力学基本规律都没有那么重要，宇宙间光速不变且是运动极限的原理才是更为基本的。这是非常重要的创见和洞见，发前人所未发。由此一来，爱因斯坦借助相对论，精确而深刻地解释了时空关系的相对性，传统意义上的时间均匀流逝、空间各向同性的观念被打得粉碎，作为经典力学基本信念的因果规律，因其所依赖的稳定的时空观念被打破了，也随即变得模糊不清了。换言之，因果规律取决于明晰的时间序列，其前后关系是固定的。然而，从相对论的视野来看，在接近光速的条件下，时间概念完全不同了，所谓的前后也成了问题。特别是狭义相对论分析了同时性的概念，具有颠覆传统观念的重要意义。可以说，爱因斯坦相对论深刻地改变并挑战着既往以因果规律为基础的世界观。第二个例子是量子力学和统计力学，它们直接挑战了人类思想世界中最为稳固的必然性概念。我们过去讲必然相对于偶然，实际上，现代物理学的宠儿统计力学、量子力学、热力学的基本原理都是统计规律——诉诸概率的规律。经典力学或牛顿力学的动力学方程，可谓因果律和必然性的具体体现；求解这样的方程，正常的话应该得出一个确定性的解，或者是0. 142857，或者是1，或者是根号2，或者是3. 1415926，总之是一个准确的数字。然而，统计力学的动力学方程却完全不可能求得这样的精确解，它只能给出一个概率，一个可能性的估计。正如天气预报说，今天下雨的概率是84%，老爷爷听了疑惑而且生气：那是下还是不下呢？显然，这是从决定论、必然性、因果律的角度提出的问题，这是他的观念；然而很遗憾，这并不适用于判断天气这种复杂的动力学系统。应该说，与过去相比，我们的必然、因果概念发生了很大的变化。

因果律和必然性概念是西方思想世界的重要基石。对此，诺贝尔奖得主普里高津（I.Prigogine）教授经常引用下面几段话，以期说明问题：

> 古人是完全知道世界是流动性的，是变动不居的……但他们虽然认识到这个事实，却又惧怕这个事实，而设法逃避它，设法建造永久不变的东西，希望可以在他们所惧怕的宇宙之流中立定。他们得了这个病，这种追求永恒不朽的激情。他们希望建造一些东西，好让他们大言不惭地说，他们，人，是不朽的。这种病的形式不下千种，有物可见的如金字塔，精神性的如宗教教条和柏拉图的理念本体论。
>
> 关于知识固定可靠的感觉对我们来说是如此深刻，以致我们从不会去怀疑它。甚至当我们观察到某个十分神秘的现象时，我们仍然相信我们对它只是短暂的无知，但这一现象必定符合普遍的因果律，因此发生此类现象的原因迟早总会被我们找到。我们周围的自然界是既和谐又合理的，正像人类的头脑一样。我们每天的活动都意味着完全信赖自然规律的永恒性。
>
> 他们（西方思想家）寻求包罗万象的图式，宇宙统一的框架。在这个框架中，所有存在的事物都可以被表明是系统地即逻辑地或因果地相互连接着的。他们寻求广泛的结构，这结构中不应对“自然发生”或“自动发展”留下空隙。在那里所发生的一切，都应至少在原则上完全可以用不变的普遍定律来解释。

是啊，倘若有人质疑人类追求稳定、明确知识的信念，我估计多半会被认为是呓语或者神经错乱。这是人类思想世界的坚实基础，没有它的话就麻烦了。我个人的经验是，早期思想史包含了太多对于异常或神秘现象的解释，大部分解释又相当牵强，为什么呢？因为他们的理论知识旨在解释宇宙间、生活中的万象，当他们观察并经验到某种神秘现象，或者面对解释不了的现象时，宁可相信它背后隐藏的秩序或规律，由此他们就找到理由，根据因果律或者其他什么规律，给出一种解释或答案。这一点甚为必要。总之古代哲人往往认为，我们周围的自然界既和谐又合理，更符合人类头脑的逻辑，我们每天的活动正是按照这个规律进行的，这个东西是稳固的。一个典型的例子就是，西方的思想家致力于寻求一个包罗万象的图式，一个解释宇宙万象的统一理论框架，其中，所有东西都可以系统地、逻辑地、因果地相互联系在一起，彼此之间都不是偶然的。即便是莱布尼兹、牛顿和爱因斯坦也都倾向于认为，宇宙间的一切都是必然，“偶然”是没有认识到那个“必然”。经典力学作为近代科学的典范，自然也具有这样的牢固信念。只有等到现代科学，特别是复杂性科学发展与成熟之后，人们才更进一步地认识到，“偶然”和“必然”的截然两分既没有意义也没有必要。因和果、偶然和必然的概念都是人类进行思考的基本范畴，它们相反相成，又被称为“对子”。老、庄哲学思维的一个主要特征就是，成对出现的东西（包括概念和范畴），是分析和认识事物的重要基础，与此同时，又必须从它们之间的矛盾张力中推敲事物的复杂性，讨论道物关系的问题时更需如此。因为成对出现的东西毕竟只限于描述、说明和刻画“物”及其规律，它不能阐述万物的本源和本原——“道”。何以如此呢？因为“道”从本质上说是独立的、孤立的，是不成对的。这样一来，我们发现，庄子的思想可以穿越两千年的时空，和我们现代的一些思考发生联系。耗散结构理论创始人普里高津（复杂性科学研究重镇布鲁塞尔学派的精神领袖，后来在美国工作）说，我们需要一个新的世界观、新的自然观、新的自然哲学理论，需要在废墟上重建某种统一的宇宙论和自然观，以为人类科学知识的新基础。重建就需要一些新的思想来激活。那么，激活思想的资源在哪里呢？普里高津特别青睐庄子所讲的一段话：

> 天其运乎？地其处乎？日月其争于所乎？孰主张是？孰维纲是？孰居无事而推行是？意者其有机缄而不得已邪？意者其运转而不能自止邪？云者为雨乎？雨者为云乎？孰隆施是？孰居无事淫乐而劝是？风起北方，一西一东，有上彷徨，孰嘘吸是？孰居无事而披拂是？敢问何故？（《庄子·天运》）

普里高津对这段话拍案惊奇，充满敬意。“天其运乎？地其处乎？”天是动的吗？地是不动的吗？“日月其争于所乎？”日月是在自己的位置上运动吗？“孰主张是？孰维纲是？”谁来控制这些有规律的现象呢？“孰居无事而推行是？”是谁没有意识地控制，却又在背后支配着这些运动呢？接下来，“云者为雨乎？雨者为云乎？孰隆施是？孰居无事淫乐而劝是？风起北方，一西一东，有上彷徨，孰嘘吸是？孰居无事而披拂是？”更进一步地强化了万物万象，生灭变化，皆出乎“自然而然”。最后又抛出了这样一个问题：“敢问何故？”显然，这里提出的“故”有点儿画龙点睛的意思。实际上，这个“故”就是因果，或者说意味着因果关系。前人注疏此段时，很多人感慨，庄子这里一口气提到的几个问题，似乎比《天问》还深刻。主要是因为其中包含的一些思想不容易把握，他们越想越奇妙，越不能理解就越觉得讲得好。我们看到，尽管古代注疏对这段话很关注，但却不太清楚它究竟在说些什么。我们不妨分析一下。

首先，问题的关键在于，庄子对因果规律抱有深刻的戒心，强烈质疑其适用范围和合理性。耐人寻味的是，庄子的启示并没有对“敢问何故”给出一个明确答案。这也是庄子的“惯技”，即他就是要在“是”和“不是”之间保持必要的张力。一般情况下，他不会明确告诉你这个问题的答案“是什么”或“不是什么”，而是游离于两者之间，有点儿模棱两可，这种思想方法是不是很有趣？那么，作为身处现代科学研究前沿的科学家，普里高津又是怎样考虑的呢？他说：我们站在新的综合的起点上，要创立新的世界观，这个时候我们会意外地发现，中国固有的有机自然观，特别是庄子曾讨论过的对偶然与必然超而越之的态度，很有启发性；而自古希腊以来西方科学传统所信奉的因果、必然性、铁的规律，却不值得一提，因为它们跟“道”相比并不是最根本的东西。放眼自古希腊以来的西方思想世界，都找不到这样的观念，庄子思想的确很特别。这是我们首先要讲的一点。如果要超过以经典力学为基础的自然哲学，就不能不创立某种新的自然哲学、新的自然观，而这种新的东西反而能够从中国哲学特别是庄子哲学找到启发性的端倪。可见，即便是现代科学的前沿，也需要多方努力，以重新思考某些基础问题，中国古代哲人的思考往往是“他山之石，可以攻玉”。

下面这个例子也和庄子有点儿关系，也非常有趣。我们知道，近代物理学的发展过程，几乎一直都伴随着探讨基本粒子的不懈努力。探讨基本粒子的思想源于古希腊，那个时候的哲人探求“多”中的“一”，寻求“杂多”里的“始基”，并形成了一种趋向于德谟克利特、恩培多克勒为代表的原子论的思想逻辑。古希腊时期的哲学和物理学尚未分化，原子论既是哲学的，也是物理学的。从物理学的角度看，近代以来粒子物理研究的理论基础实际上一直没有变，仍是古希腊的原子论。原子论是这样一种思想：找到一个最小的物质单位，这个最小的物质单位又是同一的东西，原子之间没有任何差异；根据这种同一性，原子之间的不同组合构成了林林总总的大千世界，万物万象，所有的东西都由原子构成。原子论就是这样一种解释万物基础和构成的思想，它是古代希腊留给我们的思想遗产。沿着原子论思想或思维模式对基本粒子进行的探讨，就是追索更小的、最小的、最基础的东西（始基），然而，我们很快发现，这条道路越走越艰难，越研究越复杂。我们简单概括一下：物理学家和化学家一开始研究原子的时候，要找到有限的元素，有一百零几种，是有限的。随着研究的不断深入，进入更复杂、更微观的层次后，问题便越来越复杂，越来越不容易讨论了。比如说，夸克理论是现代意义上的原子论，然而目前比较成熟的夸克模型都相当复杂，起码有六七种夸克，甚至更多，更要命的是粒子与能量（例如光）之间的界限越来越模糊，这直接导致了对基本粒子的探讨越来越复杂、越来越棘手。物质无限可分的思想似乎也在旁敲侧击，新的更小、更基础的粒子不断被发现，原子论的思维日益进入死胡同。这时，日本物理学家汤川秀树适时地反思了原子论思维的局限，真可谓洞见。汤川秀树这个人很特别，他出身于日本颇负盛名的汉学世家，父亲是汉学家，哥哥和弟弟都研究中国历史，也是汉学家。哥哥贝冢茂树研究中国历史，颇有建树，弟弟小川环树研究文学，写过《中国诗中的风和云》。汤川秀树很小的时候就熟读《庄子》，庄子的思想已然深入到他的生命深处。他研究基本粒子时，有一天突然若有所悟，想起了庄子所讲的浑沌故事：

> 南海之帝为儵，北海之帝为忽，中央之帝为浑沌。儵与忽时相与遇于浑沌之地，浑沌待之甚善。儵与忽谋报浑沌之德，曰："人皆有七窍以视听食息，此独无有，尝试凿之。"日凿一窍，七日而浑沌死。（《庄子·应帝王》）

据汤川秀树说，这个故事是他儿时在父亲书斋中读到的。他解释了一下这个故事的大意：南方之海的帝王名儵（或异体字"倏"），北方之海的帝王名忽（"倏"和"忽"都是非常迅速，跑得很快的意思，"倏忽"一词也指转瞬之间或一眨眼工夫），中央的帝王名浑沌。南、北两个帝王有时相聚于浑沌处，得到浑沌的真心款待，儵、忽回去后，便商量着怎么报答浑沌，他们说：人都有眼耳口鼻七窍，能看、能听、能吃、能呼吸，可浑沌这家伙却什么也没有，真是太可怜了。给他凿出七个洞吧。于是他们每天为浑沌凿一个洞，七天之后，浑沌却死了。为什么想起这个寓言？汤川秀树说：我常年从事基本粒子的研究，目前已有三十多种基本粒子被发现，但是它们的个性，却都像迷一样难以琢磨，这样，就必须超越基本粒子，去做进一步的思考和探索。因为我们希望看到的最基本的元素，至少不该有三十多种吧，而且它不会是一个固定形状，也不会是已知基本粒子中的某一个。这个所谓的最基本元素，最终也可能分化为各种基本粒子，但现时却处于分化之前，用一个现成的词语，可以叫它"浑沌"。这时，我忽然想起了这则寓言。海森堡教授在思考超越基本粒子而存在的最基本元素时，用了"原物"（urmaterie）这个词。称原物也好，浑沌也好，都是可以的。

可见，汤川秀树于《庄子》的浑沌寓言若有所悟，并以此深刻地反思了原子论的理论脉络以及“原子论式思维模式”，难道不是正面地说明了《庄子》对自然哲学的启发意义吗？实际上，海森堡也许偏离古希腊—近代以来的原子论式思维模式更远，他强调了怀德海式的一个观点，即当代科学与哲学中没有实体概念的地位，因为在他看来，与其说微观层次的“基本粒子”是“实体”，还不如说能量即实体。进而，汤川秀树还谈到了他的“新的理解”：“我发现‘儵’和‘忽’原来很像基本粒子，当它们各自活动的时候，并不起任何反应，可是当它们自南自北而来，在浑沌的领地上会合，就产生了基本粒子的冲突。尽管这么解释会导致一种二元论，但可不可以说，浑沌，就是把基本粒子带入时间、空间的那个东西呢？”

汤川秀树只是从《庄子》得到了启发，却无意于把《庄子》过度“现代化”。他说：“自然不必拿古人去附会现代物理学，距今两千三百年前的庄子并不了解今天的原子学说，然而他的思想却与我们今天的研究相似，这是有趣并且令人惊讶的。”

如果说汤川秀树设想了一个最基本粒子，它不像传统的原子论理论模式下的基本粒子，这样一种最基本粒子似乎可以称之为“无”！“浑沌”这个语词所包含的思想内容足以说明这个问题。而海森堡考虑用“原物”这个词代替基本粒子，指称物的本源，又和老子所讲的“朴”有什么区别？似乎并没有什么区别。后者说明了什么呢？无论是汤川秀树也好，还是我们也好，或者起庄子于地下，我想大家一定不会幼稚地认为，庄子在那个时代已经预见到、意识到现代物理学探讨的内容。但是，他却形成了探讨此类问题的思想方法、思维模式，它们之间是可以互相参照的。明确了这一点，我们才会比较清楚，庄子对原子论思维模式的扬弃是很有意义的。也就是说，即便找到最小的、细小到毫微乃至最后看不见的“基质”，在庄子看来，也还不是“无”，还不是“道”。无论尺度上多么小，总还有比这个小得多的更小的东西，无论多么大也还有相对更大的东西。这一点，在前面讲“道物关系”特别是讲“大小”问题的时候，我们已经详细地讨论了。庄子似乎本能地拒斥原子论思维模式、科学思维模式，他很早就洞见到用那样的方式、方法是不够的，或者说是有缺陷的。汤川秀树的过人之处就在于，他也洞见到沿用这种探寻越来越小、越来越基础的东西的方法，沿着这种直线的思想，必将走进一条死胡同，为此，我们必须反过来讨论这个问题。浑沌的故事给他带来了新的启发。与此同时，这个例子也很好地说明了，面对现代的科学和自然哲学的语境，道家哲学在讨论问题时有它独特的魅力和价值，这是比较重要的。

李约瑟先生的中国科技史、文明史研究似乎也很能说明问题。他在皇皇巨著《中国的科学与文明》里面特别推崇道家的“有机的自然观”。作为西方科学传统内部响当当的专家，李约瑟的分析非常透彻，具有一定的代表性。按照他的分析，“有机的自然观”所以重要，是因为西方的思想总是在两种对立的想法中非常地纠结。所谓“两种对立的想法”，简单地说，就是人与自然的对立和疏离。那么，西方思想家又是如何理解外在于我们的自然世界的呢？近代以来，存在两种比较重要的观点：一种是自动机的世界，认为自然过程是自动的，就像钟表一样，上了发条之后叭叭叭地走。当然，谁拧动的这个发条就是另一个问题了，牛顿写《自然哲学的数学原理》时也提到了这个问题——自动运动的原因是什么？他认为是上帝。另外一种与之相对的观点是，宇宙之所以是和谐的，之所以是可以理解的，都是因为上帝的主宰，也就是用上帝创造、主宰世界的神学理论来解释。目前，一些研究中国哲学史的学者认为，“真宰”就是背后的规律和主宰，亦即支撑、支配现象的实体。实际上，庄子并没有这层意思。我们知道，在庄子的笔下，自动机的宇宙论图式就是季真所主张的“莫为”理论，这一点郭象也赞同。“莫为”的理论认为，万物万象都是自动的、自化的，自我支配的，不需要另外的解释。除此之外，庄子的笔下也还提到接予，接予的主张与季真相反，是“或使”说。所谓“或使”，是指宇宙间、自然界呈现出的规律，好像有一个什么东西在摆弄它。对于这两种针锋相对的学说，庄子并没有偏颇，他没有倾向于任何一方的意思，因为两者都各有其道理，然而却都不对，都不是究极的道理。实际上，庄子没有给出一个明确的答案，这很高明。从现代科学揭示出的宇宙复杂性来看，在相对复杂的现代思想中，我们也发现了庄子思想鬼魅般的影子，他无疑更耐人寻味且富有启发性。所以说，道家哲学思想并没有死灭，它不只是属于过去的东西，我们研究的目的也并非将其作为博物馆里的陈列物，希望大家理解这一点。我们说，对于“因果规律”，庄子持质疑的态度；对于“敢问何故”，庄子也并没有给出明确的答案。事实上，庄子就是在“是”与“不是”这两者之间保持着张力，他不会明确地讲出“是什么”或者“不是什么”之类的答案，而是在两者之间，他的思想方法很有趣。现如今，一些处在科学前沿的科学家也是这样考虑的。他们说：我们站在新的综合的起点上，要创立新的世界观，这个时候我们会意外地发现，中国的有机的特别是《庄子》里面讲的对偶然与必然的超而越之的态度，对我们产生了深刻的影响。他们认为，一些所谓“铁的规律”与“道”比起来都不值得一提，都不是根本的东西。放眼西方世界，没有“道”这个东西。这是很特别的。所以说，若要超过以经典力学为基础的自然哲学，要发明或者创立一种新的自然哲学、自然观的话，就需要多方的努力，这其中不能排除中国古代的哲学思考。

二、与现代哲学思想的共鸣

下面我想谈谈现代哲学语境中的庄子哲学或道家哲学，限于时间也限于水平，只能简单谈点儿浅见。德国哲学家海德格尔与老子、道家思想的缘分匪浅，这一点人所共知。不少学人已不惮笔墨，讨论了海德格尔哲学与道家思想之间的关系，中文系研究文学理论的人似乎更加热衷。从哲学研究角度分析，张祥龙教授的著作《海德格尔思想与中国天道》尤其深入而且卓有建树，大家可以参考。我这里就不多说了。我想重点谈一谈庄子和尼采。我们大家都知道，陈鼓应老师最喜欢庄子和尼采，对此做过精彩研究，也经常讲这一问题。我们接着讲，继续讨论之。庄子跟尼采有什么关系？其实没有关系。今天我们的讨论如果说是有什么关系的话，都是理论上的，也可以把它转化为我们生活中、思想中的一些问题，使之进行理论上的对话，从而建立起某种精神联系。因为庄子和尼采尽管相隔数千年、相距数万里，但他们所面临、所针对的生活中、思想中的那些问题，他们的内心冲突、精神矛盾、思想焦虑却可能有共同点。既然有共同点，就会激发出某些类似的想法，不是吗？这是合理的考虑。那么，我们如何看待这个问题呢？倘若我们将庄子放在现代观念或后现代思想视境中予以审视，又当如何呢？我们知道，在现代、后现代思想谱系中，尼采是一个很重要的坐标，是一个很重要的思想资源。大家对尼采的兴趣越来越浓，并不是因为他是一个诗人般的哲学家，他的语言像庄子一样恍惚其辞，这只是皮毛，皮相之论而已。在我看来，最重要的是尼采对之前整个的西方文明给予了颠覆性的打击，他企图颠覆它的努力是使大家不得不重视他的原因。从这一点上看，老庄也好，尼采也罢，他们在思考方法和现实针对性上几乎是步调一致的。他们的目的都是揭露，揭露一个表面上看起来不可动摇的、十分坚固的信仰体系，他们都要重估、颠覆以及打击这个体系，揭示它的局限性和不合理性，这就是他们共同的气质。

我们知道，尼采思想的针对性很强，他的宿敌就是基督教。他指出，基督教往往抛掷出一些永恒的、反人性的主张，并且打着道德的旗号招摇过市。尼采旗帜鲜明地说，我就要反对它。以此反观庄子哲学，我们同样也能明显地看到这样的一种特点和气质。对于当时流行于世的正面价值，比如仁义，庄子也给予了无情的揭露和彻底的批判。我们说，庄子哲学的批判性是不折不扣、毫不妥协的，他致力于揭示以仁义为核心的道德伦常不过是地方性的知识，而并非一种普遍的东西。随着时间的推移，或者随着社会结构的变化，它也终将改变，这样的东西又怎么能说是恒常的呢？所谓“仁义”，在他看来，就是一个有形迹的东西，有形迹的东西固然是有局限性的，它同无形的“道”或者说无形的道的真谛根本不在一个层面上。庄子哲学思想的核心即在于此。尽管庄子也说了一些惊世骇俗的话语，但那正是对于当时病态社会的批判。从而，我们可以说，庄子与尼采不约而同地反对偶像、埋葬偶像，并从权威的阴影之下将自己的思想和精神解放出来，这个意义是等同的，这有什么区别呢？完全一致。

那么，如果我们进一步思考的话，尼采关于 eternal return（永恒的轮回）的一些思想，和《庄子》还是有一点点接近的。就是说，永恒轮回的想法还是比较明确的，它也同赫拉克利特的思想有点相似，赫拉克利特说，“太阳每天都是新的”，只要是现实发生过的事情，就都会再次出现。《快乐的科学》里面讲一个人睡觉了，魔鬼在他耳边讲，这世界的一切包括你在这儿睡觉、你梦中的场景，总有一天还会出现，不停地出现，这个世界就是这样不停地转。其实，作为尼采的思想资源，赫拉克利特和庄子确有某些接近的思想，我们在讲“化”的问题时也提到，赫拉克利特讲的“变是”，不是 being（是）而是 becoming（变是），这是很特别的。这是一个同古希腊其他哲学家不一样的想法，而它确实和“化”的概念有一些可以相互切磋的意思。我们讨论庄子的生死、梦觉等问题时，曾反复提到庄子哲学中隐含了永恒生命的思想。这个永恒生命能够穿越生死的界限，也可以突破物我之间的隔阂。倘若从“物”的角度来看“化”，从“道”在物中不离于物的角度来分析，这其中还贯穿了一层“不化”的意思。这就是庄子哲学思想的复杂性。可见，庄子虽然和尼采有点接近，但在某些方面还是更接近于赫拉克利特的思想。

从尼采开始，西方思想界发生了若干重要的变化，对基督教的抨击动摇了西方文明的重要基础。为此，我们可以将尼采及其后的哲学工作归结为以下的两个问题，它们实际上又都和中国古代的思想，特别是庄子的思想有一些可以相互参照之处。

第一，尼采抛掷的道德谱系和庄子的毁弃仁义是一致的，可以说，他们二人反思和批判伦理道德的意识是最强的，显示出不屈不挠的斗志。实际上，我们说不论哪种思想，一般来说对于道德的批判都是发人深省的，它们揭露出流俗的道德，正面价值中潜藏的虚伪性——那种本来具有局限性，却非要把自己装扮成没有局限性的东西，这种揭露是非常有力的，是一个非常重要的突破口。因为我们在道德之上或者道德体系背后挖掘出它的象征或基础，并对其彻底地加以审视和批判，所以说是非常有力的。我们看到，受到尼采思想刺激和推动的存在主义就是这样做的。

我个人愿意把陀思妥耶夫斯基的小说看成是存在主义的文献，陀思妥耶夫斯基说过一句让我记忆犹新的话，他说，你要想毁灭一切，什么都不需要去做，你只需要取缔人类关于上帝的观念就可以了。这是最核心的一点，因为上帝代表了人类正面的价值。人之所以能得到拯救，人之所以能生活、能有希望，都是因为上帝，整个西方文明就建筑在上帝的观念之上。你把它去掉，旧的世界观自然轰然倒塌，其中的一些旧的道德也将全面覆灭。这样一来，新的东西才会出现。我们说，陀思妥耶夫斯基讲的这一点在气质上和道家的思想，尤其是庄子的思想比较接近。庄子直接去除圣人的观念，包括尧、舜、禹、汤，甚至也包括黄帝。我们知道，战国中期的时候，黄帝的地位正在形成，正在发生一个巨大的变化，他被确立为一个圣人，确立为中国文化的一个象征。但奇怪的是，在《庄子》这部书里面，黄帝的形象有点游移不定，他有时以正面的形象示人，有时却又是一个祸乱天下的罪人，甚至连小孩都不如，是一个对道的真理非常隔膜的人。那么，这其中透露出什么消息呢？其实，答案已经给出了：对于这些偶像，庄子要全面地推倒。他认为，战国时期逐步酝酿的，从黄帝一直到文、武、周公的所谓圣人，他们都有自己的局限性，质疑并且取缔这种圣王观念，实际上是把人解放出来，让人自己对自己的自由负责。我们说，这是庄子很重要的一个思想，这种思想和自尼采以来的思想精华，从正面来讲没有什么隔膜。

第二，无论是尼采还是庄子，他们都看到了这样一个问题：每个个体，每个生存的个体、有生命的个体都面临着与存在——那个更本质的存在，那个比我们生命更广阔、更复杂的存在——的联系和交涉，并且其中还包含着一些棘手的困难，难在不易或者说无法诉诸抽象思维、概念语言来表达（那个存在）。这种困难是很纠结的，你怎么能“说”？“说”出日常生活中的每一滴感悟，“说”出生命—精神深处的微妙体验，我个人认为诸如此类的精神经验很难通过世故的人类语言予以表达或转述。你用什么名相和概念来讲它呢？更不用说阐明了。试图通过“说”，通过抽象的概念表达，让别人也和你有同样的感悟，那是完全不可能的。抽象的思维压根儿无视存在中的具体性和时间性，无视曾经发生过的事物和过程，尽管这点稍微有些抽象，但却需要我们联系之前讲过的《庄子》中内在体验的向度一起考虑，即那种体验的知识，道的真理。为什么说“道行之而成”呢？因为它是一种体验的、实践的智慧，跟其他的东西不一样。这些内容都是吻合在一起的。

三、与市场经济逻辑的契合

通过上述这两个问题，我们看到，庄子像幽灵一般出其不意地出现在现代思想的各个角落，他们和庄子的思想都有着非常深刻的联系。谁能说尼采的思想不深刻呢，谁又能说现代复杂性科学不是针对古典科学的一次革命呢？下面，我想更进一步地重新回到现代语境，在更高、更广泛的范围内再次讨论一下这个问题。我们不难发现，庄子的思想或者说老庄以来的道家传统，反而比较容易同现代性的思想、后现代的思想相吻合。

过去有这样一个说法，叫作计划经济是儒家的，市场经济是道家的。这种粗陋、肤浅、不确切的说法尽管不值得一提、不值得推敲，但也多少说明了一些问题。打个比方说，计划经济诉诸“看得见的手”，那么市场经济则依赖于优势“看不见的手”，这表明计划经济和市场经济两种经济制度隐含了不同的逻辑，如果我们愿意的话，不妨把前者称之为“有为”、后者名之曰“无为”。

从计划经济制度到市场经济体系，不仅仅是制度设置的转变，同时也是思维模式、思想取向的转折。概言之，计划经济制度在“逻辑上”包含了控制——与玄德理念相反——的概念，例如行政命令、专家治国、政治挂帅和意识形态壁垒。计划经济显然就是老子所说的“以智治国”之一种。而市场经济则诉诸“看不见的手”。老子说“大道废，有仁义”（《老子》第18章），又说“上德不德，是以有德”（《老子》第38章），从反、正两个方面阐述了解构人文理性支配下的政治、社会与文化观念的理论倾向。庄子曾批评说，黄帝、尧舜“以仁义撄人之心”，而“天下大骇”（《庄子·在宥》）。比较起来，道家思想确实比其他诸家都更吻合于市场经济的逻辑。老子所说的“小国寡民”曾遭到长期诟病，可E.F.舒马赫却说：“小是好的。”这个看起来微不足道的命题竟然成了我们今天因时而动，构建“小政府，大社会”的思想资源之一。八十年代风行一时的一本小书叫《小的是美好的》，作者舒马赫是名噪一时的著名经济学家。书中讲的就是在市场经济体制下，通过看不见的手来进行调节，同时也应该匹配一套小的政府，把权力让渡给社会。有些人就用《老子》里讲的“小国寡民”、《庄子》里讲的“至德之世”来比附这个问题。讲这些离我们的课堂主题好像有一点远，不过我们的目的在于说明道家的哲学思想在我们的日常生活中有一些显现。我们平常讲的“顺其自然”或者“道法自然”等命题都和道家哲学有关。“道法自然”这个命题一方面具有实然性（to be），它描述了自然界的事物本来的一种状态，另一方面它还具有应然性（ought to be），即一种社会规范性，我们的社会如果要进步，必须要效法自然。这种观念是非常具有启发性的，显然，德国古典哲学家已经看到这一点，市场经济的“看不见的手”诉诸一种自发的调节，自然的过程就是用这样一种最省力、最经济、最巧妙的方式来运作的，其他的任何一种方式都不可能比它更高效。自然形成的一些构造都非常完美，比如我们在不同的物体上都可以发现“黄金分割”的规律。道家所讲的“自然”包含了一些自发的过程，它同自亚当·斯密以来的自由主义经济学有着一种相应的契合关系。

在现代思想纵深的条件下，我们继续分析《庄子》的思想，需要理出一个头绪来。这个头绪是什么呢？老、庄都讲“自然”，但是庄子所讲的“自然”在部分意义上和“无为”是相关的，和“自由”也是有联系的。我们先提示这样一个脉络，接下来的工作就是更好地把它挖掘出来。与此同时，“自然”和“无为”的关系也需要更好地厘清。这里，我们想强调的是，“自己而然”或“自己如尔”这个意义上的“自然”和我们后来讲的“精神境界”或者伦理学上讲的“自由”相关联。把这个问题提示出来，并和现代的一些思想加以对照，是非常有趣的。我们知道，自由主义思潮主张，按照自生自发的秩序所形成的市场已经包含了一套逻辑，这套逻辑的背后必须建立一个民主的制度——具有法制的保障，言论公开、信息对称。总之，他们所要研究的并不是一个简单的经济问题，而是这种自生自发的秩序及其背后以市场经济为逻辑推导出的一套对人权的保护同自由的价值之间的关系。我们说，这个问题和庄子的哲学思想之间仍然具有一定的相关性。奥地利学派的传人哈耶克在其《自由秩序原理》里深入讨论了基于自发的市场过程，构建自由秩序的问题，其中他围绕“自生自发秩序”（spontaneous order）观念，展开了涉及政治、社会、经济和法律各个层面的关于“自由”问题的广泛分析与讨论。“自生自发秩序”的基本含义是“自然”“自足”的状态，这和亚当·斯密所说的“看不见的手”异曲同工，都是指“计划经济逻辑”的反面，哈耶克有时也用“非设计的秩序”表述之。如果比较一下道家思想的话，是很有启发性的，也是饶有趣味的，比如说他提出的“无知”概念，是不是与道家所说的“无知”似曾相识？其实，哈氏所说的、有点儿含混与迷惑的“无知”概念，就是古希腊（科学）理性精神 epsiteme 的反面，这一点尤其意味深长。因为“道”与“玄德”落于一般意义上的知识论（epsiteme）之外，所以说它们亦具有了某种“无知”的特征。进而言之，这种“无知”的确切含义就是：道或玄德超越了感觉认识和理性（包括人文理性）所能把握的知识。

四、与艺术实践真理相印证

庄子的思想领域非常广阔，它投射到现代的影子也异常斑驳。

下面我们通过若干的例子继续分析讨论，领略一下庄子对艺术真理的洞见如何穿越了时空，抓住了诗人与艺术家的心。首先讨论一下，道家特别是庄子所说的“无言”“独化”对于审美理论或诗学的启示与影响。苏东坡的千古名句：

> 盖将自其变者而观之，则天地曾不能以一瞬；自其不变者而观之，则物与我皆无尽也。（《前赤壁赋》）

这句话出自《庄子》，庄子也曾说：

> 自其异者视之，肝胆楚越也；自其同者视之，万物皆一也。（《庄子·德充符》）

显然，苏东坡点化了庄子的思想。这几句话的深刻之处在于，揭示了相对性的物化迁流中所蕴含的恒常，很有些“一沙一世界”“刹那即永恒”的意味。事实上，庄子哲学特别适宜于艺术作品本源的讨论，也吻合于艺术的真理。这一点有目共睹。徐复观先生曾在其著作《中国艺术精神》中宣称，中国艺术精神即庄子哲学的精神。古今中外的艺术家往往能够在《庄子》中找到自己的身影。这些问题我们前面都曾提到过，这里就不多说了。

庄子经常讲：“藏金于山，藏珠于渊。”（《庄子·大宗师》）意思是说，把东西放在应该放的地方。人民英雄纪念碑放在天安门广场，没有人敢把它搬回私藏，既不可能也没必要。下面我们就详细地讨论一下这段出现于《大宗师》的话，先来看看它的上下文：

> 夫藏舟于壑，藏山于泽，谓之固矣！然而夜半有力者负之而走，昧者不知也。藏小大有宜，犹有所遁。若夫藏天下于天下而不得所遁，是恒物之大情也。特犯人之形而犹喜之。（《庄子·大宗师》）

有人认为这段话与方才提到的苏东坡《前赤壁赋》和《庄子·德充符》的话是一致的，意思是把天下当作公器，而非私藏。一会儿姓赵的来了，一会儿姓刘的来了，都大言不惭地说天下是我家的天下，这就是古代帝王的想法。庄子认为，将天下放于天下最稳固。这看起来比较抽象，但现实针对性很强，思想很可贵。郭象注解此语时说："夫圣人游于变化之途，放于日新之流，万物万化，亦与之万化。"他能够直观地看出这些抽象讨论的现实意义。圣人的藏天下于天下就是这样一种开放的心态。不要把东西藏着、掖着，比如把一摞钱放在保险柜里，在保险柜外边又套上一层保险柜，外边再安个防盗门，这等于向盗贼发出邀请函，因为这些根本拦不住盗贼。所以庄子告诫人们，世俗自以为宝贵、重要的东西，最好变成公共性的、开放性的。这个观念非常重要。我们读来不免觉得很疑惑，这哪里是古代世界的东西？这些思想无疑很复杂，很先进了。其实，更加令人疑惑的是稍早提到的那两句话："自其异者视之，肝胆楚越也；自其同者视之，万物皆一也。""盖将自其变者而观之，则天地曾不能以一瞬；自其不变者而观之，则物与我皆无尽也。"确切地说，庄子和苏东坡所说的"化"不是、更不能还原为"时间"概念。我们今天所理解的时间好像容器一样，容纳了现在、过去和未来，这当然是机械力学的时间概念。"化"的概念里面似乎并不包含运动基本形式的意思，或者康德哲学中使感性材料匹配的形式的含义。诚然，“化”作为过程一定与时间有关，但它却和晚近以来理解的时间差别极大。我们日常语义中的“时间”，比如钟表刻度上的时间，无论计时再怎么精确，把一天当作24个小时或者其他，也无非是诉诸计量刻度的“时间”，它不见得就是物的存在方式及其过程，因为计量器（如钟表）只能刻画物的机械运动。在此，庄子又一次展现了其哲学思想的深刻性和成熟性。对哲学家而言，最可贵的就是其思想的创造性、深刻性和成熟性。事实上，诉诸刻度化的时间和解说性的语言以及语言支配下的感受的误用和滥用，必将掩盖“化”的真正意义。

“化”的概念所以复杂，是因为它既和时间有关系，又和我们现在说的时间是两码事。经过苏东坡别具慧心的点化，“化”已经隐含了宇宙过程其实不能刻度化的道理。叶维廉研究中国诗学，提出这样一个洞见，他说正是因为汉语没有时态，所以中国古典诗很灵活，可以自由地将意象拼合、组织在一起。为此，他大学时就写文章说，不能忍受外国人把中国的诗翻译为英文。他反思说“中国的好的古典诗词，一开始就有自其不变者观之的视野”，因为没有时态。如果要译成英文一定要加上时态，但这些都没用，都是隔膜。显然，在这种视野下所有的活动都是自发的、未经分割的、表里贯通的，是不落入时空的理解框架之中的，是川流不息的现象的本身。叶维廉本人也是一位诗人，他很敏感，看到了这个问题，更强调了中国诗学中很重要的问题。就哲学的基本问题而言，庄子中的“化”是指宇宙万物的真实流程。柏格森的绵延讲的也是这个过程，只不过使用的词不一样。这个过程和时间有点关系，但还不能还原为时间。这是问题的第一个方面，结论就是流俗对于时间有所误解，这种误解积非成是，反而遮蔽了“化”所代表的真实面向。

然而，这样的精神却在中国古典诗的创作中得到了体现，进一步追究的话，要保持原初样态，没有诉诸概念思维梳理、分析的沉默，只能通过诗人的内在体验，当然，也有必要通过理论家的命题将其揭示出来，叶维廉就是这样体会、思考和写作的，他的思想洞见与庄子息息相关。包括《庄子》在内的道家类典籍中使用了很多视觉的语词，这些视觉语词的意义至今还没有得到很好的阐发，我们有必要通过视觉活动直观他的意思。我们说，庄子对“道”保持沉默的意味是明确的，但另一方面他又企图使自己的东西呈现出特殊的意义，使文本变成可以解释、保持开放且不断绵延的文字。进而，我们发现《庄子》的文本本身及其形式乃是经过考量之后呈现给读者的，也就是说，庄子在写作的时候已经考虑到了它被阅读、被误解的可能性，从而设计出了某种刻意保持其文本开放性的文体（理论表达形式）。这非常独特，可谓独一无二、无与伦比，尤其是在古代思想世界中。

诗人和作家诉诸怎样的形式以展现其思想感情，写胸中逸气，抒心中块垒呢？一般而言，形式与内容是相关的。譬如帕斯捷尔纳克的《日瓦戈医生》最后部分日瓦戈写的诗篇，这种形式本身就意味着这部小说趋向于诗！再比如陀思妥耶夫斯基写的小说，叙事比较特别，巴赫金称之为“复调”，这样一种叙事手法和呈现方式是出于有意还是无意呢？当然是有意的。普鲁斯特躺在床上写下的《追忆逝水年华》也很有风格，更是有意用这样的方式，告诉大家他是这样的一种状态。《庄子》是古代思想遗产中最为独特的文本，庄子能使语言如此之透明，正是诗人和作家梦寐以求的。中国的诗最精华的部分大家都能够背诵或熟读，体会上、理解上虽然有所不同，但都没什么困难，没有感觉到别扭和生涩，因为诗歌的语言应该是透明的、不隔的。我们下面要看一看现代思想家思考和讨论的问题，大多涉及语言与世界之间的关系问题；还有不少哲人特别关注时间、过程，借用庄子的话来说，就是“化”，热衷讨论“化”的独特性。我给大家念几段话，看一看现代思想家是怎么来考虑这些问题的。怀特海讲过这样一段话：

> 实际经验里所见的不整齐和不调协的个性，经过了语言的影响和科学的塑模，完全被隐藏起来。这个齐一调整以后的经验便被硬生生地插入我们的思想里，作为准确无误的概念，仿佛这些概念真正代表了经验最直接的传达。结果是，我们以为已经拥有了直接经验的世界，而这个世界的物象意义是完全明确地界定的，这些物象又是包含在完全明确地界定的事件里……我的意见是：这样一个（干净利落确切无误的）世界只是“观念更新”的世界，而其内在的串连关系只是“抽象概念”的串连关系。（《过程与实在》）

的确，经验所见的东西都是紊乱的，但是一旦施加了语言的影响或者有了科学的构造，我们看起来紊乱的世界都变得整齐有序了。那些不协调、不整齐，带有个性化的部分，就会隐藏起来。整齐、调整以后的经验就硬生生塞入了我们思想世界里面。上完课我们可以好好反思一下，我们的思想世界是不是整齐得有点儿可怕。我们总是说城市是一个钢筋混凝土的森林，实际上我们脑子里、思想里到处都是钢筋混凝土森林。我们只能沿着规定好的道路，从这里走、不能拐弯、不能逆行、不能践踏草坪，似乎一切都规定好了。我们从中解放出来谈何容易！作为准确无误的代表，这些被调整以后的经验，我们直截了当地讲就是以因果规律为核心的思想逻辑和文化逻辑。作为一种信念，它存在于我们的思想之中，我们在不经意间就把它当作真理的代名词了，仿佛这些概念就代表了经验最直接的传达。怀特海的意思显然是，这些概念不是经验最直接的传达。我们经验最直接的东西还是那些各种各样的、特殊的、有个性的、具体的形态。结果是我们自以为拥有了直接经验的世界，而这个经验世界的物象意义却是完全被确定的，这样一个干净利落的世界只是一个观念的世界，内在地将其联系在一起的东西只是一些抽象概念，这样我们就陷入了名相的局限性。可以说，这种思想在怀特海那里比比皆是。

诗人马拉美更极端，他声称："所有的语言都是残缺不全的。……当我想到语言无法通过某些钥匙重现事物的光辉与灵气时，我是何等沮丧！"这段话还不能理解为激愤之言，因为它出自诗人的深切体验，发自肺腑。从诗所要表达的意境看，语言都是残缺不全的，都是些鸡零狗碎的东西，实际上它任何有意义的事情都做不了。所以，当诗人一想到语言无法呈现事物本身的光辉和灵气时、语言的局限性太大时，就会感到非常的沮丧，非常的失望。为此，我们需要将诗人自己的这些体验和他写诗的具体经验联系起来看。这些对于诗人、对于艺术家，对于我们日常生活的内在经验来讲都是很关键的。同时，我们也一定要知道，语言以及语言背后的内在机制，是不能给我们提供一些活生生的、真切的经验的，不是经验残缺不全，而是每个人与其他人都有一些区别。它不会给你提供庇护所，给你提供表达、呈现自己的机会和舞台，到了它那里都会一刀切，分割成整整齐齐的小方块儿，你只能待在它给你安排的地方。进入后现代之后，后现代的理论家发现了这个问题，他们发现了语言的问题，从而同中国传统中有关语言的部分相碰撞，他们意识到语言必须重新发明，我们才有可能继续写下诗篇。这背后隐藏的问题，就是要揭明语言同世界的真实或者说应该具有的样态的关系。

譬如海德格尔分析“自然”这个词，他觉得这个词本身就是绽放、涌现，“事物的涌现”，“自身开放（如花的开放）的涌现”。又比如说“真理”，按照海德格尔的解释，真理就是去掉一种遮蔽，进入澄明之境。真理是一种敞开，这是他反复强调的一点。还有eidos，我们后来称为“理念”“相”（“相”是陈康先生的译名，我认为比较准确）的这个词，在海德格尔看来，它的意思就是看某个东西的形，这个“看”不是一般意义（日常语言）上的肉眼看，而是必须用心、用“心眼”看。我们说，海德格尔在澄清这些古希腊的语词时灌注的一些思考，和老庄特别是庄子的思想，还是有一些表面上的相似，存在一些共鸣的。《庄子》中的神明，也是一种光亮，不仅驱散了黑暗也同时呈现了自己。其实，我们对“道”的解释，也是从这个方面理解的。这就是我们今天的主要内容。

最后，我想讲几句回顾和展望的话。庄子所追求的是在一切意识和名相出现之前就已经存在的世界，那个世界更加本原。这其中便涉及语言的一些观念，语言的这些观念，在哲学上是很重要的问题，在文化、政治、艺术等多个领域也是很核心的问题。在哲学上，我们把它归之为语言和世界的关系，这是自庄子以来一直思考的一个问题。直至今天，它仍然是一个常读常新的问题。下面我们用一段话结束今天的讨论，这段话有些总结的性质，是一位西方的学者曾经讲过的。他说，古人完全知道世界是流动的，是变动不居的。他们虽然认识到了这个问题，但仍很害怕这样一个事实，想设法逃避它。逃到哪里去呢？逃到一些永恒的地方，这些永恒的地方都是他们自己构造出来的。追求这种永恒的东西就是一种“病”，追求这种“病”的表现有成百上千种，举例来说，有形可见的东西就像金字塔、各种各样的坟墓等等；精神性的东西就如同各种宗教的教条，乃至柏拉图的理论。然而，这个世界就是不停地变动、不停地“化”的。所谓“化”并不是一个现象问题，在庄子哲学中，化与道物关系关涉得比较深。应该说，庄子哲学在现代乃至后现代的思想中，仍然有自己腾挪婉转发展的余地，解释的空间也是非常大的。正如我们提到的汤川秀树的例子，他读浑沌的故事就读出了关于粒子物理学的独特见解。我们不能说他的解释是过度的或者是错误的，只能说《庄子》的文本本身可以容纳多元的解释，它本身具有一种开放的气质。这种可能性完全有，而且也很合理，这和解释其他的文本是不同的。所以说，倘若回应现在的问题，《庄子》仍然是重要的思想资源，是重要的理论框架。

我们这门课的目的或目标，概括起来，就是梳理庄子思想世界中的几个问题。同时，我们也想提示大家，庄子解决的问题不限于思想世界本身。我记得一句拉丁语的谚语说，思想的问题是不能讨论的。思想的问题永远讨论不了，必须诉诸实践。为了解决思想世界的问题，庄子扩展出一套精神境界的理论，它和思想世界是两个并行不悖的部分。事实上，无论是思想世界还是精神境界，都是在我们内心确立的一个世界。如果我们心中没有一个世界，我们就无法面对现在这个世界。这是适用于任何时代的命题。

后　记

2014年我讲授“庄子哲学”时，本没有将讲稿和讲录整理出版的打算，回想当年讲课的初衷，只是觉得应该为本科生开设“庄子哲学”课程，同时也想讲一点自己多年研究《庄子》的心得，仅此而已。但出人意料的是，选修这门课的同学比较多，各院系各专业的都有，旁听的同学也不少，包括一些社会上的人士和外校的同学。我不认为自己有什么特殊的魅力或者课堂表现有什么风采，那么是什么吸引了大家？首先我想强调，时势比人强，热衷传统文化是当下的风气，我的同行王博教授的《庄子哲学》畅销不衰，一定引发了不少人的兴趣。但更重要的是庄子思想本身的深刻性和消遣性，特别是经过哲学层面的分析和研究呈现出来的“庄子哲学”。说得更浅白、更明确一点儿，就是拙稿旨在发掘蕴含于《庄子》里面的哲学，同时也唯有哲学上的分析研究方能真正阐明庄子思想的深刻意义和重要特征。关于庄子思想的研究文献早已汗牛充栋，但真正意义上的庄子哲学研究仍寥若晨星；另一方面，据我所知，全国高校里像这样讲授庄子哲学的课程几乎可以说是绝无仅有。这其实是促使我下决心出版这部讲记的重要原因。

另外，我觉得“讲记”这种形式也很有意味和意义，值得尝试。古代不少哲学著作都是讲记或者具有讲记的性质，现代亦然，例如吕澂先生的名著《中国佛学源流略讲》，牟宗三的力作《中国哲学十九讲》。记得叶嘉莹先生曾说过，她讲授中国古典诗词时从来不照本宣科，而是将自己对诗歌内容的感触、意境的兴会，自然地流露出来，自由地发挥开来。我对此心有戚戚焉。整理这部书稿，也使我有机会回想当年课堂上的随机兴会和自由发挥，其中既有一些趣闻和掌故，也有一些东拉西扯、添油加醋、枝枝蔓蔓的东西，还有更多的口无遮拦、直抒胸臆的说法，颇有一点儿“书生意气，挥斥方遒，指点江山，激扬文字”的意思。我在这部书稿里刻意保留了口语痕迹和那些孟浪之言，还有那些缙绅先生罔顾的“不雅驯之言”，因为这都反映了真实的见解以及思考状态，也许算得上是修辞立诚吧。顺便说一句，这部书也许算不上细密深入、规范严谨的“硬学术著作”，但却以较深入系统的分析研究作为基础，实际上它体现了我目前正在构思和写作的《庄子哲学研究》的基本思路和部分内容。当然《庄子哲学研究》更专门一点，其中包含了更丰富的细节和更缜密的阐述，可以进一步参看，如果感到阅读这本小书意犹未尽的话。当然最重要的还是阅读、玩味和参透《庄子》本身。

如果没有广西人民出版社吴小龙先生的热情推动，没有他细致而内行的建设性意见，这部小书也不可能以这样一种形态面世。如果没有北京大学哲学系研究生黄一洲、苗玥、李佳轩等同学帮助将讲课录音整理成文，苗玥、张静、柳舟等同学帮助校改样稿，这部书稿也不可能成型。特别是苗玥同学花费了许多时间和心力帮忙董理篇章、条次文句，她清雅流丽的文字使拙稿增色不少。北京大学人文讲席教授陈鼓应先生十分关心拙稿的整编和修改，给了我很多指点和鼓励。对于所有以各种形式推动拙稿出版或者赐教于我的师友和同仁，谨表衷心感谢。

最后，希望大家阅读拙著能够若有所思，开卷有益。

郑 开

图书在版编目（CIP）数据

庄子哲学讲记 / 郑开著.—南宁：广西人民出版社，2016.6（2022.1 重印）
（新师说）
ISBN 978-7-219-09723-6

Ⅰ.①庄… Ⅱ.①郑… Ⅲ.①庄周（约前 369～前 286）—哲学思想—研究
Ⅳ.①B223.55

中国版本图书馆CIP数据核字（2015）第 317380 号

庄子哲学讲记
郑　开 / 著

责任编辑　吴小龙　许晓琰　罗敏超
封面设计　姚明聚（广大迅风艺术）
责任校对　唐柳娜
责任排版　潘艳营

出版发行　广西人民出版社
社　　址　广西南宁市桂春路 6 号
邮　　编　530021
印　　刷　广西民族印刷包装集团有限公司
开　　本　880mm×1240mm　1/32
印　　张　10
字　　数　241 千字
版　　次　2016 年 6 月　第 1 版
印　　次　2022 年 1 月　第 6 次印刷
书　　号　ISBN 978-7-219-09723-6
定　　价　56.80 元